只有医生知道!{3}

张羽/著

江苏凤凰文艺出版社
JIANGSU PHOENIX LITERATURE AND
ART PUBLISHING, LTD

图书在版编目（CIP）数据

只有医生知道！.3 / 张羽著. —南京：江苏凤凰
文艺出版社，2015（2016.11重印）

ISBN 978-7-5399-8787-3

Ⅰ.①只… Ⅱ.①张… Ⅲ.①女性－恋爱－通俗读物
②女性－婚姻－通俗读物 Ⅳ.①C913.1-49

中国版本图书馆CIP数据核字(2015)第238763号

书　　　名	只有医生知道！.3	
著　　　者	张 羽	
责 任 编 辑	孙金荣	
特 约 编 辑	赵 娅	
文 字 校 对	郭慧红　孔智敏	
封 面 设 计	门乃婷工作室	
出 版 发 行	凤凰出版传媒股份有限公司	
	江苏凤凰文艺出版社	
出 版 社 地 址	南京市中央路165号，邮编：210009	
出 版 社 网 址	http://www.jswenyi.com	
经　　　销	凤凰出版传媒股份有限公司	
印　　　刷	三河市金元印装有限公司	
开　　　本	700毫米×1000毫米 1/16	
印　　　张	20	
字　　　数	239千字	
版　　　次	2015年12月第1版 2016年11月第9次印刷	
标 准 书 号	ISBN 978-7-5399-8787-3	
定　　　价	35.00元	

（江苏凤凰文艺版图书凡印刷、装订错误可随时向承印厂调换）

自序

时隔两年，《只有医生知道！3》和大家见面了。

《只有医生知道！》从2010年末开始动笔，5年来，我没有一天不在思考和写作有关的东西，因为我坚信，那些字，对读者有帮助。

曾经有位妇产科主任告诉我，一个病人停经、阴道出血、轻微腹痛，因为看过《只有医生知道！》开篇那个生死时速的宫外孕故事，觉得自己特别像宫外孕，赶紧来到了医院。这位主任在第一时间为她确诊，给她打了一针，问题就解决了。而同一病房当天收治的另外一个宫外孕患者，因为缺乏健康常识，肚子痛还在上班，完全没想过该去医院，最后晕倒在洗手间，被同事送到医院时已经休克，开刀切了输卵管才保住性命。

医生这个行业最大的成就感就是，总会有那么几个人，确实是因为你活了下来，因为你而获得了更有质量的生活。虽说这是一个救死扶伤的行业，客观情况却是，大部分病人谁都能救，多数疾病并不严重或者病人命不该绝，落在谁手里都能活，但是总有那么几个人，是因为你的努力才活下来，开始了新生。对我来说，更幸运的是，除了使用语言、药物、手术刀，笔和文字同样可以用来救人。

生命的无常、人性的复杂与疾病的善变，在医生的世界里被无限放大，面对疾病，医生的无力感并不亚于病人。人世间的真实远比剧本曲折离奇，涉及的医学知识多如牛毛，将二者绝佳地糅合在一起，记录那些真正打动自己、令自己一往情深并深深相信的东西，让故事精彩好看，又能精准呈现知识，最终让读者在健康问题上少走弯路，才是我们的愿望。我自己也是走了无数次的弯路，甚至走的很多是闭环的重复路，或者死胡同，才最终决定写下去和这样写。成书之时，已和最初的设想完全不同，《只有医生知道！3》在我看来，全是意外。

别人来协和进修带家属，老窦来京却"拐"了个病人。老窦雨夜出诊，手取胎盘，造成农村产妇李二苗子宫穿孔。因为怕吃官司、怕影响晋升、怕被同事中的小人陷害，他没敢告诉病人。但是扔下病人不管、甩手就去北京进修，他又于心不忍，便干脆把病人哄到北京，放自己眼皮底下看着，以便最终把病治好。农民小两口虽然傻傻不知道，也有意外收获，在"环三甲医院大生态圈"盘下一个水果摊，彻底告别黑土地，开始了轰轰烈烈的人生创业。

一个处于事业上升期、胆小怕事的小县城医生，在各种怕、各种不敢的重压之下，治好了病人的病，还彻底改变了一家人的人生轨迹，这是一个喜剧，也是一个名不见经传的、善良的小人物行医过程中的大慈悲。故事写到最后，我以一个你必须笑的段子结尾，自己却掉下泪来，为一个人在心里走过的那些弯路、重复路和死路，为中国医生行医的不易，更为中国病人求医的艰难。

俗话说"治病治不了命"，除了讲故事、写知识，我还奢侈地希望能够帮助女性建立起科学素养，认清身体的结构、性别的局限，认清该以何种心态面对生活，确保在人生最关键的几个点上做出的决定都是慎重、知情和自主的。

以前我逢人就劝"早生孩子，多生孩子"，有点儿职业病，或者叫生育控。但任何一个人的三观都不是世界的尺度，任何人都没有资格对别人的生活指指点点。经过反思，我劝别人时有前提了，那就是女性愿意成为母亲，如果她不愿意结婚，也不愿意生育，那完全是个人选择，别说医生，就连父母兄弟也没资格指手画脚。

这世上比真理更重要的，是女性自主选择的权利。

然而，这个选择是有前提的，你可以选择生育，也可以不选择，前提是你要知道，你的生育能力。这个选择的按钮并非永远掌握在你的手里，不是任何时候你都有机会按下，因为你的生育能力并非如影随形，不离不弃。

　　上帝造人是不公平的，每个女人口袋里有多少个卵子可用，不完全一样，人群中每100个女性就有一个会在40岁之前绝经，这叫卵巢早衰，有些女性初潮后只来过几年月经就彻底绝经了，需要长期激素替代治疗。

　　曾有一个停经3个月的38岁女性找到我，希望帮她查查胎儿的情况，检查后我告诉她，你没有怀孕，你可能再也不会来月经了。

　　冷峻的事实就是这样，停经后你真的不知道是怀孕先来，还是绝经先到。人类生育有它的黄金年龄段，在21~30岁，女性处于生育能力的高峰，之后便开始走下坡路。35岁之后，不仅卵子的"库存"变小，卵子的质量也开始下降，不仅不容易受孕，流产的风险增加，分娩有染色体异常先天愚型胎儿的风险也成倍上升。

　　虽然在理论上，女性在绝经之前都有可能怀孕，然而生育力的丧失却是在绝经之前的几年已经发生。40岁女性每个月的受孕几率只有1/100，即使做试管婴儿，成功率也只有30岁女性的10%，而且超过一半的人已经无卵可用，需要靠别人赠卵。2014年加拿大妇产科协会发布指南明确指出：妇产科医生有义务提醒那些二三十岁正处于生育黄金年龄段的女性选择生育，如果不打算生育，需要告知这部分女性，她们在30岁之后将面临生育能力的下降。

　　什么是理想的人生？这太难有标准，或者可以总结为一个人总是在对的时候做对的事情。生育也许并不是女人一生中唯一的大事，但是如果这件事处理不好，会影响人生中的那些真正的大事。

　　看来，我还要把这个职业病捡回来，有生之年，继续唠叨下去。

　　着手写作之时，我已经到了懂得保持沉默的年纪，懂得应该少引发争议，说一些放之四海而皆准的话，做一个精致的既得利益者。医生的职业，不主张整天跑到公众面前喧嚣，它讲究默默耕耘。但我始终认为，在国家医疗改革的大潮中，医生作为知识分子不能集体沉默，医生群体不能被动，要让全社会都知道那些只有医生知道的，让医学殿堂不再神秘高冷，让医患之间的距离越来越小，让医疗真正温暖起来。不仅如此，医生还应该勇敢地走出白色巨塔，进行自我反思以及行业的自我救赎。

范仲淹说"宁鸣而死，不默而生"，思考不会无用，任何话语能够引发思考和讨论就是好的。我是一个对生活没有什么要求但是内心奢侈的人，通过写作，对别人的生活哪怕有一些些的帮助也好，读书不一定能够改变命运，老天管着呢，但这些只当是我作为一名医生发自心底的善意也好，或者哪怕只是作为我对自己所处时代的一个忠实记录。

写作如同修行和积累美德，本身就是回报。它使人获得心灵的安宁，自我肯定和自我接受，虽然自己还是一个谨小慎微的柔弱女子，但是你能感觉到有一个重重的人生砝码放在自己这边，无论世俗的一切如何来烦扰，也无论它来得多么猛烈，你都能沉静抗衡，起码不被吹得东倒西歪，没了分寸，乱了阵脚。

写作是一件孤独的事，困难的时候，你要想象一个有趣的读者、一个真实的人类在看那些字，还要认清自己的痛苦对别人毫无价值，才会甘愿跳出自己，用好听的故事讲述对读者最实用的健康知识和身体智慧。

行医和写作令身体疲惫，都要靠最朴素的劳作和空旷的英雄梦想一点一点推进，这也是我认为唯一值得过的生活。

新书问世，掩卷而泣，我把真心献给你……

2015 年 12 月 6 日 于北京

目 录
CONTENTS

第 七 章

在澳门，这样做医生

一病修得同船渡　第一章

01
|

老窦进京记

八月过后，就是九月，北京有了一丝初秋的清凉。

基层医生来协和进修，不管多大岁数、多高年资，在当地医院当了多大的官，都要跟刚参加工作的住院医师一样白天在病房干活，晚上在各个岗位值夜班。在个人生活方面，他们有着各自不同的模式。

有带着老婆来北京的，大多是男大夫。一年时间不短，人类生下来就生活不能自理，有些男人一辈子生活不能自理，在子宫里喝羊水，生下来吊妈妈胸前吃奶，小时候爹妈给做饭，结婚后老婆给做饭。在他们眼里，女人的主要功用之一就是做饭。老年丧偶后，这部分男人也是最快抚平伤痕，欢天喜地续弦的老头。

　　有带着孩子来北京的，大多是女大夫。她们真心把养育孩子当成和医生一样的事业去做，像阅读医学文献一样，读遍国内外各大流派育儿书籍，在全面综述和荟萃分析后，她们得出结论，孩子不能离开妈，一时一刻都不行。

　　世界上的很多事情，想着难，做起来并不难，仇人小人都没法真正阻挡你，很多美丽的想法没能实现，都是因为被自己掐死在萌芽中、捂死在襁褓里了。雇一个全职阿姨，托托关系花些钱，在协和附近找一家不是那种全北京人都蜂拥而至的热门幼儿园或者学校寄读，就可以既不耽误自己深造，又不耽误亲子关系和爱的陪伴。

　　初衷虽好，但凡事都有坏的一面，获益的同时，风险如影随形，悲催的是一年之后带孩子回到家，发现家里没少啥，但多了个小三儿，还登堂入室了。亲子关系弄挺好，夫妻关系丢了。

　　于是，一些世事洞明的进修医生来北京之前，想方设法把本在家中帮忙的爸妈或者公婆鼓捣走，让老公一个人带娃。通过完全侵占一个人的业余时间，使其在洗澡喂饭陪伴玩耍之余筋疲力尽，手脚都懒得动，再没一点儿精气神用来活动他的花花肠子和生殖器官，最大程度降低男人出轨的可能性。

　　这样也有风险，一个当爹又当娘的超级奶爸，太容易打动一些女人天生乐于奉献的圣母心，投怀送抱在所难免，况且，这事儿本来也不需要太多的时间和空间。

　　这道理，我在第一次性的体验之前就懂。

　　和大志谈恋爱的时候，他家装修了新房子，约我去看。我妈不让去："一个八线城市的小破房，瞎装修个啥，有本事装上四个轱辘，一路推到北京，给你们当新房。"

我一副窘态，说就是去参观一下，哪有那么复杂。

"瞎参观什么，装修的又不是白金汉宫，也不是祖传下来的名门大院，既没古董字画，又没镇宅之宝，有什么好看的。你们两个给我注意点，大丫头大小子的，别整天找机会往我们大人看不到的地方钻。"这是我妈一直以来对我充满恐吓威胁、粗暴直接的性教育。

我知道她暗指什么，脸红脖子粗地急着辩解："那是个空房子，连床都没有，我们能干什么呀，你们这些过来人，怎么看谁都不纯洁。"

我妈被我噎得半天没说出话，气得大拍桌子："反正不让去，有些事儿，不需要床也能完成。"

长大以后我发现，我妈说的都对，但我从来不听她的，我就是要掉进一个又一个必经之路上的深坑和陷阱，灰头土脸、满身伤痕地过属于我自己的人生。

和别的进修医生都不一样，老窦来协和进修没带老婆，也没带孩子，他从东北老家"拐"过来一个女人，叫李二苗。

李二苗是东北偏远小村里的一个农民，关于她的信息，除了我们妇产科医生关注的年龄、月经、孕产次数以及避孕方式，是否识字，具体识几个，一概不详。

02
|

20 出头 4 次流产，胎盘粘连命中注定

我们整天在协和叫苦连天，恨不得拿上大喇叭喊自己是天下第一冤种，其实，基层医生才真心不易。他们不像我们协和大夫，值班就是看好自己的一亩三分地，老窦在当地值班，除了接待已经上门的住院病人、正在上门的急诊病人，还要跟着救护车出诊，负责十里八乡没法上门的女人们。

这些没法上门的女人主要是小病不瞧，拖成大病，瘫在炕上，没法上门；或者毫无预兆，病来如山倒，医生若不及时赶到，轰轰然大厦将倾。

时间不等人，夺命和救命都是一道闪电的工夫。偏远地区紧急呼救，除了开救护车的司机，车上必须有当场就能实施救治的医生和护士，否则一去一回，病人拉到四平八稳的大夫眼前，生命早没了那一口时刻喘着的热气，变作

冰凉的尸体。

话说老窦在基层医院工作的某个晚上，一个紧急呼救电话，把睡在值班室的老窦塞进"哎哟哎哟"直叫唤的急救车，驶往产妇家中。

因为下雨断路，往李二苗家去的剩余那几里路，全靠老窦背着产包打着雨伞两条腿走过去的。迈进李二苗家的院子，平素严重缺乏锻炼的老窦腿一软，栽了个跟头，一条命也差不多只剩半条了。

孩子生得挺顺，六斤多，被大嫂洗干净裹好被子抱到了隔壁屋，可是胎盘没出来，李二苗身下不断出血，人越来越没精神。二嫂胆子大，揪住已经剪断露在外面的一截儿脐带，试图把胎盘拉出来，但是听到李二苗痛得撕心裂肺一般的哭喊，也就赶紧住手，活没招了。

这是一家子还算干净利落的人，知道大夫要来，把李二苗身下垫着的有血的褥子和卫生纸都做了清理，李二苗的屁股不是我们急诊常见的那种血肉模糊，看得出是用湿毛巾擦洗过，这反倒弄得老窦估计不出在此之前她到底出了多少血。

护士给李二苗扎上针，挂上盐水和催产素，迅速扩充血容量，同时促进子宫收缩，这两样都是止血抗休克的好办法。为了评估出血量，自己也能相对清静一点地检查病人，老窦支使那几个叫嚷得比较凶、声音比较大的女家属，把那些血垫子找回来看看。

老窦上前先扒眼睛、摸脖子，看看病人死没死，再摸脉，跳得还算有力，测了血压、心率，还没休克。再看拿回来的那堆血垫子，虽然一家的女眷见了大夫一拥而上大呼小叫哭天抹泪，其实产妇没出多少血，否则早去阎王那里报到了。

正常情况下，孩子生出来以后，不超过 30 分钟，胎盘胎膜也会自动娩出，分娩这事儿才算"老儿子娶媳妇——大事完毕"。

分娩是一个神奇的过程，为什么孩子足月子宫就自主发动阵痛，一股接一股地使劲儿将孩子推向外面的世界，其真正的机制、诸多的细节，医生也不知道。

多数时候，包着胎儿的羊膜在宫颈接近开全的时候自发破裂，大量羊水瞬间冲出产道，这是先行军，是对产道的一次彻底冲刷，让一切可能影响胎儿和母亲的病原微生物和"脏乱坏分子"统统闪开。

六七斤的孩子，几公升的羊水相继离开母体之后，子宫容积迅速减小，原本附着在子宫壁上的胎盘无法随之缩小，于是二者发生错位，继而胎盘剥离，之后，在子宫收缩的强力外推作用下，胎盘娩出。

胎盘的面积和一个乒乓球拍相仿，剥离后，子宫的创面遍布细小开放的血窦，如果没有一个高效的凝血机制，全身的血液一会儿工夫就顺着这些断裂血管流干了。

随着内容物的全部排空，全部平滑肌纤维同时呈现强直收缩，子宫从一个 5 升容积的大皮球迅速团缩成一个柚子大小接近实心的肉蛋。子宫的血管就像深埋在席梦思床垫中的螺旋弹簧，随着平滑肌的收紧，无数藏身于其中的螺旋形子宫动脉被瞬间夹闭，成为重要的产后止血机制。

同时，在断裂血管的局部，无以计数的血小板蜂拥而至，奋不顾身地跳入出血部位，粉身碎骨后层叠在一起，和其他血液成分共同形成血栓，对每一处破损血管进行封堵，成为又一道重要的止血机制。

如果 30 分钟之内胎盘不剥离，或者不完全剥离，或者剥离后没能及时排出，都会阻碍子宫收缩。子宫不收缩，螺旋动脉得不到有效夹闭，就会出血不止。此时血小板几乎没有用武之地，可以想象，在已经决堤的惊涛骇浪面前，多少草包扔进去都是顺流而下，全然徒劳。产后出血是全世界贫穷落后国家的女性因为要做母亲而失去生命的重要原因。

＊　　＊　　＊

子宫底部在孕晚期一直顶到心口窝，生完孩子以后，迅速降到肚脐眼儿以下。老窦伸手触摸宫底的位置，子宫仍然很大，宫底还是很高，起码在肚脐眼儿以上三横指水平。此外，老窦注意到李二苗子宫的前面鼓起一个大包，原来她从上炕生孩子到现在，一直没有小便。

老窦没有贸然进行手取胎盘，毕竟不是在医院，卫生条件不好，应该尽量减少医疗操作。两年前的夏天，老窦也是半夜里坐着救护车，到老乡家的土炕上手取胎盘，止住了要命的大出血，但是继发宫腔感染，高烧不退，最后切除已经变成脓包的子宫，才保住产妇性命。

老窦把家人都赶出去，鼓励李二苗小便，别怕，就往炕上尿。

胎盘残留，为什么不赶紧手取胎盘，而是先让李二苗排小便？这就是老窦治病老到的地方，也是很多年轻医生最容易犯错的地方，他们初到产房，眼睛里什么也没有，只顾盯着屁股，全然忘记膀胱。

分娩的疼痛、精神的紧张、胎头的压迫、特殊的体位，都会影响产妇及时排尿，发生尿潴留，膀胱过度充盈是影响子宫收缩和胎盘娩出的重要因素。这也是为什么有的医生负责的产妇胎盘滞留，教授看过之后根本没出手，只是让护士插个尿管，再稍微牵拉脐带，胎盘就自动出来了。还是道行浅，才会栽在一泡尿上。

在老窦的鼓励下，李二苗拿出一不怕羞、二不怕疼的精神，终于撒出憋了几个小时的一大泡尿。膀胱瘪了，阻碍没了，老窦牵扯脐带，胎盘仍然没有掉下来。这回没招儿了，必须出手探查。

老窦动员家人把炕上的李二苗往下抱，直到把她的屁股撂到炕沿上，再让两个嫂子一人抱一只腿，让婆婆和老公从他肩膀上方打手电筒，尽量模拟手术室照明设备的无影效果，开始检查软产道。

李二苗家的炕矮，老窦只能半蹲，外阴只是轻微裂伤，伤口已经不太出血，他一手在下牵拉露在外头的脐带，一手在肚皮上按摩子宫，胎盘仍然纹丝不动，下面的手只要稍稍用力，李二苗就疼得大呼小叫，看来不是简单的胎盘滞留。

为今之计，只有手取胎盘。医学名词听着高深，实际操作毫无神秘感可言，胎盘不出来，医生就把手伸进阴道，通过宫颈，伸进子宫，把胎盘掏出来。

刚分娩过的阴道很松弛，老窦轻松就把手伸了进去。他戴6号半手套，上过手术台的人都知道，这是标准的女士号码。每次器械护士不无惊讶地给他戴手套时，他总是大眼珠子一翻，不怀好意地解释道，别少见多怪，哥就是手小脚小，其他地方一概不小。

产科医生最好天生一副小手，那种戴8号半手套的男学生，在妇产科首轮面试中就容易出局。做手转胎头或者上产钳之类的阴道操作时，那么大的手伸进产妇身体简直就是灾难，生孩子本身就是巨创，天灾之后又来人祸，时常是孩子还没生出来，医生的一只手已经造成产妇会阴Ⅱ度撕裂。

手再小，体积在，伸到宫颈的时候，老窦发现宫颈紧闭，前方断路。这时候，炕头上土法接生的弊病全来了，如果是在医院生，胎盘出不来的事儿也常有，但孩子刚出来，子宫、宫颈和阴道尚处于完全开放状态，医生很容易就能伸手进去把胎盘掏出来。

距离孩子出生几小时过去了。子宫这东西，说聪明真聪明，说笨也真笨，它也不管里头的东西都出来没有，就糊里糊涂地进入了产后程序，宫颈逐渐回缩，城门行将关闭。

老窦没慌，他让护士抽药，给李二苗左边屁股打一针杜冷丁，右边屁股打一针阿托品，镇静、止痛、解除痉挛的作用全都有了，紧接着就是"话聊"，别紧张，别害怕，放松、放松，再放松，不要夹着腿，胎盘掏出来就完事儿，你听孩子饿得直哭，等着你给喂奶呢，你得好好配合大夫，不出胎盘就出血，血出没了命就没了，明年新人娶进门，你的娃娃谁来疼。

古今中外的大夫谈话，核心精神归纳起来无非六个字：恐吓、威胁、利诱。

经过一番折腾，老窦6号半的小手终于通过略有松动的宫颈，进入子宫，这只手就像伸进一个收口的皮囊，里面一片漆黑，这之后的一切判断，只能凭借手感和经验，一切操作都是盲目的、看不见的，完全是在"瞎"整。

医生的"探囊取物"可没古语描述中那般轻松容易。本以为胎盘就堵在子宫门口，一把掏出来就完事儿了，结果手进去一摸才发现，胎盘像一块巨大的荷叶饼，紧紧贴在子宫壁上。老窦心想坏了，是胎盘粘连，问题复杂了。

"做过几次人流？"老窦像审问犯人一样，大声问道。

"四……四次。"李二苗的男人伸出四根手指头，怯怯地答道。在看到身旁老娘满脸的惊诧，还有恨不得齐刷刷剪断他四根手指的眼神之后，他赶紧缩回手指，眨巴着眼睛，不敢言声儿。

近年来，基层妇产科医院的手术量萎缩，人流、引产已经成为中小医院妇产科的主要经济来源，更是各种妇产科疾病的罪恶之源，是治疗不孕症的医生最厌恶、最痛恨的医疗操作。

人工流产不只是清除胚胎，而是对扎根的小树、深扎的树根以及下方肥沃的土壤的一次全面摧毁。人流手术除了连根拔起刚刚种植下来的胚胎，带走汲取营养的胎盘，还要全面清理那些为孕育生命而迅速增殖变厚的子宫内膜。

子宫内膜分为两层，靠近子宫腔一侧的是功能层，人流主要是刮这层，刮掉了还可以反复再生。靠近子宫肌层的是基底层，损伤后无法再生。

胚胎和胎盘是外来物，拔了也就拔了，冲进下水道，没地儿说理去。但是子宫内膜不然，尤其靠近子宫的基底层内膜，是孕育生命不可再生的温床，老天爷给你多厚就是多厚，刮掉一层少一层，女性一定要加倍珍惜。

对子宫内膜的摧毁达到一定程度或者一定频率时，例如反复刮宫、过度刮宫，势必造成永久性的、不可逆的伤害，再肥沃的土壤也会变成寸草不生的荒漠。

常有女性询问保养子宫的良方，吃什么大补药、喝什么营养汤、抹什么滋润油才能保养子宫。其实女人吃什么喝什么，如何呼吸什么命运，子宫基本不在乎，只要身体健康营养均衡内分泌协调，子宫自然不怠工。

03

|

有时候该子宫决定的，别让大脑决定

老百姓按阴历阳历配合二十四节气掐算日子，妇产科医生通过年龄和月经周期掌握女性的生殖密码。

女性初潮之后的每个月，卵巢中都会有一批新的卵泡开始生长发育，每个月经周期只发生一次排卵，一般只排一个卵，但是同步进入发育的卵泡有十几个。

经过募集、选择，一般只有一个最优良、最强势的卵泡达到完全成熟。发生排卵的一刻，高级中枢发出的促排卵激素就像天空中一道稍纵即逝的闪电，它的能量只够激发一个卵泡发生排卵，此时优势卵泡华丽登场，其余卵泡只能遵循"备胎"命运，按照凋亡程序发生闭锁，永久退出历史舞台。

排卵之前，输卵管似乎早已预知一切，它的伞端像一只温暖的小手，轻柔舒缓地覆盖在卵巢表面。卵子突破卵巢排出的瞬间，立即被这只小手轻巧捡拾，送入输卵管管腔。在输卵管的蠕动和大量纤毛的推送之下，卵子被运送到较为宽敞的输卵管壶腹部位，静静等候精子的到来。

相比卵子而言，精子排出男性身体之后，去向诡异多变，命运坎坷波折。

有时候，它们被射在手中、墙上、下水道，冰冷寂寞而死；有时候，它们被射入上消化道，成为微量蛋白质多肽类物质，接受消化酶的裂解，同普通食物一样被消化吸收，却被赋予太多夸大的美容养颜滋润大补功效；有时候，它们被射入下消化道，可谓菊花残、满地伤。

无奇不有的世间，极其个别的情况下，它们被射入女性尿道，那是因为配偶先天性无阴道，男性不懂解剖，分不清前后，又求偶心切，错把尿道当成阴道性交，世间本没有的路，走的次数多了，也就有了路，狭窄的尿道经过多次扩张，也能变成开阔大道，伴侣发生反复尿路感染和严重尿失禁，苦不堪言，亟待解救。

有时候，它们被射进经过精密电子检测的安全套，无一漏网，窒息而亡；如果有幸进入女性生殖道，还可能遭遇事先埋伏在阴道深部的杀精剂，顷刻间尸横遍野，片甲不留；如果有幸钻过狭窄的宫颈管，进入子宫腔，下一步就是向左走还是向右走的问题。子宫左右两侧各有一条输卵管，只有一侧输卵管里有卵子，一部分精子注定跑错方向，无果而终，这和个人创业、人生打拼的道理完全相同，跑得快没有用，找对方向最重要。

一次射精，会有几千万到上亿个精子进入女性生殖道，经历阴道强酸性物质的杀伤、子宫腔内大量白细胞的围剿，一路厮杀长途跋涉最终进入输卵管，到达卵子周围的精子只剩数百条。它们围绕在雍容华贵的卵子周围，竭尽所能地扭摆舞动，像追求心爱的女子一般手舞足蹈，花样翻新，目的只有一个——进入卵子体内，传递父系遗传物质，延续生命。

虽然理论上只需要一个精子和卵子结合，但是如果此时女性体内只有一个精子，它是不可能凭借一己之力，撬开卵子周身坚硬的铠甲，进入其中的。

受精的过程充满竞争和抢跑，但在决胜之前，对卵子的围攻属于精子的集体作战。数百条精子在卵子周围释放顶体酶，溶解卵子的放射冠和透明带。最终，一个最强壮、跑得最快、选对了方向，并且在最恰当的时机做了最灵敏动作的精子，于天地混沌之中杀出一条血路，钻入卵子体内。

一旦有精子进入卵子，卵子的态度立即发生转变，它由原来的静观和接纳，变为冰冷和拒绝，目的是阻止其他精子的进入，防止产生畸形胚胎。

精卵的结合就像人间爱情的重演，女子恋爱择偶，可以观望，可以挑选，一旦进入婚姻，即使门外有再多追求者，甚至有更好的追求者，都要及时完成态度的转变、角色的转身，如果还是毫无原则地任意接纳，具有高度排他性的家庭很难维系长久，就会面临破裂或者成为现实生活中的"奇葩"或者畸胎。

精子进入卵子，代表细胞灵魂的两个细胞核真情相拥，完成伟大的受精过程。不过这只是生命的起始，如果女性子宫放置了宫内节育器，在预定时间赶回宫腔的受精卵无处落脚，仍然难逃一死。

如果女性服用口服避孕药，或者皮下埋植避孕棒，都会有效抑制卵巢的排卵，精子的奔跑注定是一场没有结果的旅途，方向再对也没有用，因为无论哪一侧的输卵管内，都没有卵子的等待。

*   *   *

整个生育过程的参与者中，子宫是最实在的角色，伴随卵子的募集和发育，子宫内膜开始一刻不停地闷头生长，下次月经之前 14 天，卵子成熟排出，不论是否遇到精子，子宫全然不予理会，继续增殖变厚。

排卵后平均 14 天，子宫将一床温暖厚实的被褥铺就，抬头发现精卵并未相遇，才知自己被放鸽子。此时它并不气馁，果断命令增厚的子宫内膜全部从子宫肌壁剥脱，伴随破裂血管流出的血液，排出体外，这就是月经。随即，伴随新一波卵泡进入发育期，子宫打起精神，从头再来。

所以，对于生育，不管你是否在做准备，你的子宫和卵巢每个月都在做准备，周而复始，从日出到日落，从初潮到绝经。女性只可怜自己每个月来大姨妈辛苦，却不知那是子宫忙碌整整一个月，在知晓没有受精卵到来之时，失望和鲜红的眼泪。女人若问保卫子宫的良方，不如顺势而为，该生孩子的时候生孩子，不想生孩子的时候好好避孕，不轻易人流打胎折腾和伤害子宫，就是对子宫最大的慈悲和恩宠。

多次人流后，月经量通常越来越少，如果子宫内膜损伤严重，发生宫腔粘连，女性在年纪轻轻的时候就可能出现永久性闭经，子宫变成一片没有灵魂的荒漠，彻底丧失生育能力。严重者，连试管婴儿都没有机会做。

试管婴儿的体外部分是由医生辅助精子和卵子结合，成为受精卵，但是胚胎不能一直养在试管里，必须在限定时间内植入子宫。如果子宫坏了，土壤沙化，医生不管多么成功地在体外制造胚胎，不管多么成功地将胚胎移植进入子宫，也不管将多少个胚胎同时移植进入子宫，多么期盼和妄图广种薄收，都是徒劳。

如果子宫内膜损伤不那么严重，还能勉强怀上孩子，然而贫瘠的土壤难以保证收成。因为底子不好而导致反复流产的失望和打击，对女性的身体和精神都是折磨和摧残。

即使勉强把孩子怀大，因为反复刮宫，发生胎盘前置、胎盘粘连、胎盘植入的风险也会成倍增加。胎盘是为胎儿提供能量的发动机，胎盘有问题，胎儿在子宫内的生长发育势必受到限制，孩子长得小，体重轻，抵抗力差，就是老百姓常说的"先天不足"。事实上，并非所有先天的东西都可以赖到老天爷头上，脚上的泡，没有几个不是自己走出来的。

*　　*　　*

医疗条件不好的时候，人流不打麻药，就生刮，残酷而缺乏人道，但并非一无是处。人流在最开始的时候，通过负压吸引胚胎和胎盘，往往不是很痛，接下来是全面搔刮宫腔，这种搔刮在接近尾声，也就是靠近子宫肌层时，会引发一种从腰骶一直蹿向心脑的剧痛，人流床上一直隐忍地咬着嘴唇的女人，这时候大多忍不住要叫嚷起来，这是一种刻骨铭心的记忆。

胚胎等妊娠物被清除后，子宫迅速收缩，医生会发现，原本顺利进出子宫的吸管此刻被收缩的子宫牢牢嘬住。同时，刮匙搔刮子宫肌层，再经过金属器械传递到医生手中的独特感觉，称为"肌声"，类似指甲直接挠在粗糙墙面上的声音和触感。在教科书的记录和老师的言传身教中，出现子宫收缩并且感到"肌声"代表刮宫充分，要停手了。

人工流产是盲目操作，医生无从得知子宫内部的情况，只能凭借经验和手感，在那个年代，没有 B 超的监测，宫缩、"叫声"和"肌声"是促使医生及时收手的三大因素。

近年来，无痛人流像雨后春笋一般遍地都是，广告打进大学校园，打折优惠还能分期付款，一种被称为"幸福小牛奶"的乳白色麻药注入静脉后，没有了人流床上的号叫、肢体的扭动、无法配合下去的挣扎，取而代之的是三分钟无痛和梦幻，花几百块，闭眼睛睡一觉，眼睛睁开时，烦恼没有了。传统人流床上的"叫声"没有了，宫缩和"肌声"在全身麻醉状态下也不那么明显了，医生似乎不像从前那么容易收手了。

医生做人流最怕两件事，一是子宫穿孔，二是人流不全，尤其是后者，除了要再次刮宫，还有各种误工费、营养费、精神损失费，甚至医闹登门。一些医生早已是惊弓之鸟，医疗的每一步都是"如履薄冰，如临深渊"，这八字箴言是医学泰斗张孝骞先生当年对付"病"的态度。当他的后辈学生除了对付病，还要不得已拿来应对"人"的时候，味道变了，心情变了，手下的动作可能也变了，子宫内膜被过度搔刮的可能性，在无痛和没有呼喊挣扎以及身体抵抗的情况下，在没有那么明显的宫缩和"肌声"的提醒下，不能说完全没有增加。

性是美好的，人人都有享受的权利，灵长类动物不同于其他物种，他们是唯一不以生育为目的而进行性交的物种。上床可以只为制造精神的兴奋、肉体的欢愉，但是如果不准备承担孕育、生育和养育后代的责任，一定要做好避孕，一时不能疏忽，一刻不能大意。

别再对市面上的避孕方式指手画脚、挑三拣四，那都是各个时代人民集体智慧的结晶和全世界科学家的研究成果。到目前为止，除了禁欲，世界上还没有绝对完美、百分之百有效的避孕方式。吃药、上环、皮埋、戴套，哪怕你闭

着眼睛任意选定一样并且长期坚持正确使用，都能给你将近 99% 的保护。科学
避孕的成功率虽然还不能达到百分之百，但是绝对高于任何一个信誓旦旦说要
娶你、说要养你、说要为你负责一辈子的男人的兑现率，而任何一次人工流产
可能造成的身体伤害，都远远大于长期使用任何一种科学避孕方法可能带给你
的常见副作用。

04
|

手术刀最害怕遇到的是黄色

吃药怕胖，上环怕麻烦，戴套又嫌不过瘾，皮埋避孕压根儿不知道，就自己掰着手指头计算安全期，或者指望床上完全用下半身思考的男人在激情一刻抽身外射，你不中弹谁中弹？你不吃亏谁吃亏？20出头就做四次人流，你的胎盘不粘连谁粘连？你不受罪谁受罪？简直就是现世报。老窦心里嘟囔着各种吐槽，但是嘴上不能说。

一大家子期待的目光瞅着你，你能说都是人流惹的祸，你能说李二苗活该吗？你能说自己没招儿吗？医生手中无剑，却要化掌为刀，先把胎盘从子宫上"片"下来才是硬道理。

都说医生冷酷、不笑、话少，这些前生后世的恩怨纠结，哪里来得及仔细掰扯？不问前因后果、立竿见影地解决问题，才符合劳苦大众的万分期待。老窦很快找到了胎盘和子宫之间的界限，一只小手拢成圆月弯刀，耍的是烙饼时候的锅铲功夫，一点点把胎盘从子宫壁上往下撬，但是最高的一处，老窦半个胳膊都伸进去了，还是够不着。

必须尽快取净胎盘，否则子宫收缩不良，没法止血，雨天断路，等送回医院说不定气都没了。老窦拿出产包里的一把卵圆钳，伸进子宫，试着夹了几把，位于高处的那块胎盘始终纹丝不动，稍微用力一些，李二苗就痛得嗷嗷直叫，差点儿从炕上坐起来。老窦像拿了烫手山芋，赶紧松开钳子。安慰李二苗好好躺下之后，老窦注意到，刚刚取出的钳子上头，挂了指甲盖大小的一块黄东西。

老窦的一双大眼珠子都要瞪出眼眶，他脸上的汗，唰地就下来了。

取出来的胎盘，被老太太小心装在一个洋铁盆里，按照当地习俗，要留给产妇吃的，据说大补又下奶。一想到新时代的人类就像吃同类一样吃自己或者别人胎盘的伪科学和愚昧行为，老窦就阵阵作呕，不过凭借每天拎着同样大小的一个洋铁盆去街口买半斤大豆腐的生活经验，老窦估计胎盘取得差不多了。胎盘重量一般是胎儿的六分之一，虽然眼前的胎盘已经被抓得稀烂，没法对合在一起检查完整性，但老窦估计怎么也有一斤，见好就收。

东方露出鱼肚白，半夜里翻过白眼儿的李二苗，终于不再出血，仗着年轻力壮，又有老窦的及时果断，她，活过来了。

趁着不太出血的空当，老窦必须赶紧结束这场半夜里的遭遇战，转运病人到医疗的大后方。医院里有战友，有无影灯，有能把产妇双腿架起来的检查床，有B超，还有各种救命药物和医疗家什，在那里，医生的技术有支持，心灵不孤单。

孩子也得抱上一起去医院，土法接生最怕感染破伤风，俗称"七日风"，需要尽快注射破伤风类毒素和免疫球蛋白。

一路上，看着折腾了一晚上酣睡不醒时不时还打起小呼噜的李二苗；小心翼翼抱着孩子视线一刻不曾离开那张可爱小脸的大嫂；有些晕车，大多数时候闭着眼睛头靠车窗，但一直握着小姑娌的手，为她掖被子盖头巾的二嫂；欠着身子，几乎蹲着马步，牢牢按住救护车里没法很好固定的担架车，不让老婆来回晃荡的老公……虽然臭脚丫子和长时间不洗澡形成的特有味道弥漫救护车的狭小空间，老窦心中还是升腾起一股莫名的感动，多和美的一家人，贫穷、落后、没文化、没见过世面影响的只是道貌岸然，却不曾影响至爱亲情。

看到李二苗头上扎眼的红头巾，老窦心中苦笑，农村多年来都给产妇包红头巾，不管什么天气，月子里都门窗紧闭，就怕得产后风。殊不知，土法接生，在没有严格消毒的情况下剪断脐带，才是破伤风感染产妇和新生儿的主要途径，而且一旦感染，几乎无可救治。抽风是因为神经受损，痉挛和八面而来的阴风邪气毫无关系，就是把产妇全身缠满红布，再装进密封罐，也没用。

看到这淳朴有爱的一家人，老窦捶了捶自己猫得生疼的老腰、蹲得酸疼的老腿，还有酸胀发硬的后脖颈子，想这一晚上的泥泞跋涉和惊心动魄，都是值得的。

马上进入市区，司机打开救护车"哎哟哎哟"的喇叭声，将老窦从世人的浓情折回医生的冷静，他又是一头冷汗，那黄色的东西是什么？从子宫里钳夹出来的黄东西，把李二苗痛得像根猴皮筋儿一样弹起来的黄东西，到底是什么？

普通人大都怕血，唯独妇产科医生不怕。性交后出血、绝经后出血、月经淋漓出血、崩漏大出血，还有生孩子、切瘤子、流产、引产、早产，妇产科医生没有一天不是浴血奋战，真正令他们害怕的不是血，是无色透明的液体，还有就是黄色的东西。

开腹手术，肿瘤消灭干净，主刀踌躇满志，忽然肚子里有无色透明液体流动，糟了，漏尿了，不是膀胱破了，就是输尿管断了。要是看见黄色的东西，千万别到处乱抹，十有八九是大便，妇产科历来都有"宁破十膀，不破一肠"的说法，每个妇产科医生都知道，破了肠子的后续处理麻烦大了去了。

人工流产、诊断性刮宫、手取胎盘都是子宫里头做事，除了鲜红的血、灰白的内膜、粉红的息肉、糟烂污秽的癌瘤、血肉模糊的胚胎和胎盘，几乎没有别的什么了，弄出黄色的东西，十有八九是子宫穿孔，钳子或者吸管穿透子宫，进了肚子，把大网膜或者肠子上的黄色脂肪给拽了出来。

子宫穿孔，是老窦最不愿意承认和接受的事儿，但是，一个成年人总不能像鸵鸟一样把头扎到沙子里。如果真的夹破了肠子，很快就会有腹膜炎和肠梗阻。要是夹破了大网膜，要看运气，如果只是夹了网膜上的一块脂肪下来，没碰到大血管，不怕，还就此减肥了，要是夹破大的血管，就会有内出血，病人马上会有生命危险。

老窦坐在李二苗担架车的侧旁，大脑飞速转动，他的一只手始终在李二苗肚子上按摩子宫，为的是让子宫不偷懒，持续收缩，减少出血。心中每有"子宫穿孔"四个字掠过的时候，他就下意识地摸摸李二苗的脉搏，再掀起她身上的花被子，看看下面阴道出血的情况，再欠起身来调调输液管上控制滴流速度的滑轮，生怕输液太慢，扩容效果不够。

现在最救命的设备是 B 超，胎盘掏干净了吗？还有没有残留？掏不出来的东西是什么？是植入子宫的胎盘吗？还有，那黄色的东西是什么？到底从哪儿来的？

李二苗的一般情况不错，血压稳定，脉搏有力，下面也没有活跃出血，老窦没有贸然行动。到了医院，他先让家属办入院手续，自己去查B超科的值班表。非常不巧，当天值班的正是全院有名的八卦神婆，什么事儿她要知道了，全院都知道了。是否穿孔还不清楚，先别乱了自家阵脚，搞不好满城风雨，自己的脸面没处放倒是小事儿，给个人、给科里惹上官司就麻烦了。

老窦的大舅哥是B超科副主任，技术好，嘴又严，老窦赶紧打电话求救。大舅哥闻讯赶到，往李二苗的肚皮上麻利地挤了一坨耦合剂，这冰凉的东西害得李二苗一个激灵跟着一连串的哆嗦，老窦扶住李二苗的肩膀，让她别紧张，一对大眼珠子只顾紧盯屏幕。

探头下，子宫里的情况终于一清二楚，子宫前壁靠近宫底的地方，一块巴掌大的胎盘仍然残留在子宫壁上，胎盘深深扎进子宫肌层，和子宫之间完全没有界限，诊断胎盘植入。

看完子宫，大舅哥手下的探头继续移动。好的超声医生一定不是医生让看头就看头，医生让看脚就看脚，他会主动观察邻近器官，结合患者全身情况，做出最佳诊断。

子宫穿孔听着吓人，但是死不死人还看运气，是否引起严重后果，还看穿孔部位。如果穿孔在重要血管进出的地方，短时间内迅猛出血就很危险。有些地方几乎没有大血管通过，即使穿孔也不会有太多出血，如果病人凝血机制正常，再适当使用子宫收缩剂，多可自然止血，不会休克要命。

子宫直肠陷凹是子宫和直肠之间的一个低洼地带，也是盆腹腔的低洼地带，肚子里如果有液体，不管是血液还是腹水，都会遵循水往低处流的道理，聚集在这个盆腔的最低处。

　　大舅哥移动探头，就是要观察这个陷凹，李二苗并无盆腔积液，但是需要注意，产后的李二苗几乎都是平躺着的，要是有内出血，也不一定都在低处，还可能往上腹腔流动。经验丰富的大舅哥又分别扫描了肝下方、横膈下方、脾下方，还有双侧肾区，都没有积液，这才放心地让老窦推李二苗回病房。

　　电梯里，折腾了一晚上的老窦茫然地盯着显示屏上不停跳动的红色数字。突然，一个响亮的臭屁弥漫轿厢，老窦打了个激灵，明显是被这个屁臭到了，他瞪着大眼珠子，用手激动地指着李二苗的老公问："是你吗？屁是你放的吗？是你放的吗？"

　　小伙子满脸通红地说："大哥，我不敢，不是我，真不是我。"

　　"不是他就是你，是你放的？"老窦又像一只斗鸡似的，凶巴巴地把矛头转向李二苗。

　　李二苗一个女人家，被他这么一问，贫血苍白的脸上泛起红晕，羞臊难当，赶紧把头扭到一边，权当承认。

　　老窦连说："没事儿，没事儿，放屁好，放屁是好事，是好事。"

　　说完，他才注意电梯里还有其他几个病人家属，大家都在暗笑和窃窃私语，他们一定是在议论，这医院的大夫咋这么厉害，管天管地还管别人拉屎放屁。

　　他们哪里知道，放屁的学名是"排气"，说明肠子蠕动的功能存在，肠道通畅，没有肠梗阻。在普通人眼里，这只是一个令人厌恶的不文明的响当当的臭屁，但它却实实在在地崩散了一个妇产科医生从看到钳子上那块明晃晃的黄东西开始，心中笼罩的全部阴霾。

05

|

产后补血王道：吃肉！吃红肉！！

早晨交班，老窦交代了紧急出诊、现场救治、把病人拉回医院的前后经过，他重点描述了雨中赶路的艰难性、手取胎盘的困难性，以及仍有部分胎盘植入无法取出的现状。压根儿没提子宫穿孔的事，当然也没提那块黄东西。

病人情况平稳，但是一大块胎盘组织还趴在子宫壁上，始终是个隐患，随时可能大出血，随着时间的推移，还有后续感染问题。

根据老窦所在医院的医疗水平，下一步有几种选择：

第一种方法是玉石俱焚，为了那块赖着不下来的胎盘，开腹把整个子宫切除，这种解决问题的办法简单粗暴，但在某些情况下是救命的，适合已经彻底完成生育，完全型胎盘植入，而且正在引发致命大出血的危重病人。李二苗才

23岁，这是第一胎，还是个女孩，而且情况稳定，和好人差不多，全家人坚决不同意。

第二种方法是杀鸡取卵，既然胎盘无法从正常途径排出，那就只能把肚子打开，再把子宫打开，直视下清理胎盘，再把子宫整形缝合。好处是立竿见影，剜除毒瘤，保留子宫，将来还能再生孩子。缺点是需要马上开刀，有创伤性。

第三种方法是药物治疗，使用能够杀死有活性滋养细胞的化疗药物，让植入的胎盘坏死脱落，排出体外。这个方法好，屁股上打一针，将那罪恶的胎盘杀死，等待自然排出就行了。不开刀的保守治疗看似不错，但是需要面临化疗药物的各种毒副反应，例如肝肾功能的损害、皮疹、脱发、恶心呕吐、骨髓抑制白细胞下降等问题。另外，在治疗过程中，胎盘坏死脱落，随时可能引发大出血，如果止不住，前功尽弃，还得进手术室开刀。

在这三种方案的交代过程中，老窦不是没有私心，他甚至希望李二苗选择做手术，切子宫也好，只切胎盘保留子宫也好，他也都有机会弄清楚子宫到底有没有穿孔。如果切除子宫，病人丧失生育能力，此生几乎不会再和自己产生任何瓜葛，即使保留子宫，他也起码有机会缝合子宫上的破口，让结局基本可控。

老窦是个讲究人，医生应有的客观立场最终战胜私心杂念，他没有凭借自己的专业知识和三寸不烂之舌左右病人的选择。如他所料，一番交谈之后，李二苗、李二苗的家人意见一致，都是一颗红心两手准备，选择药物治疗，一旦失败，保命要紧，同意随时切除子宫。

一针甲氨蝶呤打到李二苗的屁股上，老窦终于可以放心地下夜班了。

他慢悠悠地骑着因为煞气而没法骑得很快的自行车，把昨晚的事情梳理一遍，终于找到自己犯错的原因。做产科手小是好，那是因为自己长得比较浓缩，个子矮胳膊就短，才够不着高处的胎盘，才会使用卵圆钳，钳子的触觉没有手灵敏，才会失误，造成子宫穿孔。好在自己有些经验，及时收手，否则继续钳夹下去，真不知道会夹着什么、夹破什么，简直不敢想象。

天下事，能成为优点的，就势必会成为缺点。

一脸迷茫的老窦坐在家里，吃着热乎乎的荷包蛋面条，眼前一亮，继而找到了犯错的根源，那就是正坐在沙发上，给他削水果的生他养他的老娘。当初就是老娘非让自己学医，说是人吃五谷杂粮都要生病，世道再变，就算兵荒马乱，有了这门手艺都饿不死。现在想想，要是在工商税务或者人民政府随便做个公务员，不是一样过日子？起码晚上能睡安稳觉，哪里至于这么劳神操心，这下倒是饿不死，早晚要惊吓而死。

老窦苦笑一声，迅速干掉一碗面，蒙头补觉去了。

*   *   *

第二天，雨停了，太阳升起。

老窦走进病房，第一个就去看李二苗，李二苗的大小便正常，肚子不疼，流血不多，也不发烧，实在是争气。老窦进来的时候，她一只手上输着消炎药，另一只手坚强地捧着一碗菠菜汤，喝得正香。

老窦看了一眼床头柜，除了一玻璃罐子红糖水、一盒阿胶口服液，什么也没有。

经历一次阴道分娩的顺产女性，一般出血量在300毫升左右，剖宫产的出血量是顺产的1.5倍，大概450毫升。产后很多女性处于轻度贫血状态，产后10天，血红蛋白才开始上升，可见分娩之后，身体立即进入急速造血状态，此时，造血原材料的供应极为重要，尤其是铁。

多年来，中国人的食谱中长期存在一个补铁误区，那就是认为多吃菠菜能补铁。确实，菠菜中的铁含量高于鸡蛋和猪肉，但是在考虑食物中铁含量的同时，还需要考虑人体对铁的吸收率和利用率。食物来源的铁分为血红蛋白铁和非血红蛋白铁，蔬菜、谷物、蛋、奶酪和贝类中的铁，都属于不太容易被人体吸收的非血红蛋白铁，而牛羊肉、猪肉、动物血中的血红蛋白铁不仅含量丰富，还有高达 20% 的吸收率。菠菜中铁的吸收率只有 1%。从补铁的效率上讲，六七千克菠菜才抵得上 50 克猪肝，照着李二苗这架势，要是全靠菠菜汤补血，估计把脸喝绿了，血红蛋白都上不来。真想补血，就得吃肉，尤其是红肉。

另一个误区就是喝汤大补。食物的鲜美和营养历来是两个概念，鸡汤好喝，是因为鸡肉中的一部分蛋白质被水解成氨基酸分子，配合鸡皮溶解出来的大量脂肪，还有烹调时加入的盐，共同形成舌尖上的美味。就营养成分讲，一只鸡炖汤后，溶解到汤里的蛋白质还不到十分之一，好东西仍然在鸡肉里。

同样的道理，骨头汤好喝，也是因为其中含有大量脂肪，指望喝骨头汤补钙已经被众多营养学专家辟谣。传统煲汤是喝汤弃肉，实际上大量蛋白质、铁、钙都还在肉里，汤中除了脂肪、盐，还有大量嘌呤，尤其是痛风病人的大敌。对于产后虚弱的贫血女性，一定要吃肉又喝汤，才能提供全面和充足的营养。

老窦对李二苗的老公说："她刚鬼门关前走一遭，身体很弱，光喝这些汤汤水水可不行。"

老公忙说："大嫂出去买营养品了，要多吃菠菜和大枣，这些最补血，对吧？"

"对个屁！貌似很懂，其实不懂。别再给她喝那个菠菜汤，嚼 10 斤菠菜都顶不上一两熘肝尖。阿胶还有各种养血美颜口服液都不如硫酸亚铁药片和食补，别花那冤枉钱，补血必须要吃肉，吃红肉。"

"啥是红肉？二苗她最爱吃蒜泥白肉，是不是不行？"二苗的老公被老窦数落得一头雾水，彻底蒙了。

"红肉就是红色的肉，猪牛羊肉都算，怎么做都行，总之不能光喝汤。汤里除了脂肪、盐和嘌呤超标，营养物质有限，好东西都在肉里，得吃干货。还有就是吃动物的血，蒜泥血肠也是好东西，你赶紧去城东农贸市场，那里每天早晨现杀猪，血豆腐最新鲜。"

"可是，她还坐月子呢，咋能吃那些硬菜？"老窦的一番现代营养学理论彻底颠覆了李二苗男人脑袋里那点仅存的保健知识，他表示无法理解、不能照做。

"坐月子是全家人对产妇进行最大程度的关怀和照顾，不是只给她喝一碗没有咸淡的菠菜汤，或者天天小米粥，那有什么营养？坐月子必须营养均衡，鱼肉蛋奶一样都不能少，这才补铁补钙。还得吃新鲜水果蔬菜，才有维生素 C，生血才快，否则贫血一时半会儿好不了，你老婆一动就头晕心慌，怎么出院回家？"

看了病人，教育了家属，修改了医嘱，老窦放心地走出病房。

路过护士台，护士长交给他一封来自北京的公函。原来，他申请去北京协和医院进修的事情终于有了眉目，9 月就要动身，老窦拿着信，加快了脚步，心里想着，没有多少准备的时间了。

06

不交代真相也是一种慈悲

两天后，行囊收拾妥当，离家前老窦心里很踏实，孩子已经上中学，成绩稳定，听话懂事，老婆事业平稳，心态成熟，双方老人身体健康，都没什么慢性病。唯一放心不下的，竟是眼下的这个李二苗。

虽然目前没有内出血、没有肠梗阻和腹膜炎迹象，但是毕竟时间还短，再观察一段时间才能放心。打了化疗药以后，胎盘还没排出来，会不会再次大出血？要是过几天胎盘脱落，但是排不出来，他的同事很可能通过刮宫的办法清理胎盘。那时候，穿孔部位还没完全愈合，同样不长眼睛的器械一定顺着原来穿孔的薄弱部位再穿出去，那样，不仅害了李二苗，也害了自己的同事。

如果药物治疗失败，就要手术探查，不管切不切除子宫，肚子一打开，子宫穿孔的事儿就会败露，万一有坏人在背后作梗，暗中指使李二苗告状索赔，麻烦就大了。

坏人是谁，不得而知。

不过好人和坏人总是不断转化的，没有天生的坏人，也没有一辈子的朋友，单位里很难结成真正的友谊，只有人和人之间永远的利害关系。治疗有波折，病人一直没意见，那是因为他们觉得你没做错什么，一直在帮自己，知道子宫穿孔的真相后，谁又知道他们会变成什么样子？闹医院、闹大夫的背后，如果有巨大经济利益的诱惑，谁知道他们又会变成什么样子？

摸着自己的良心说话，老窦在那种恶劣的医疗条件下，能把病人救回来，实属不易，子宫穿孔也是任何宫腔操作都可能出现的并发症。并发症不同于医疗事故，医疗事故是错误，是可以避免的，而并发症是一切有创性操作都会出现的差误，和误差一样，是人类永远无法消除的。

老窦的心中有理有据，盘算得头头是道，但是他知道，到了打官司告状尤其是闹事的时候，这些统统都是秀才遇上兵，有理说不清。

现实生活中的医生，需要背负和考虑的东西绝不是医疗和技术这么简单。一旦手术台上子宫穿孔被发现和确认，就有可能被"坏人"利用。坏人都是好人变的，他们很少是大街上毫不相干的人，坏人大都来自你的身边。越具有相似性的人，越在同一岗位可能形成竞争的人，越容易成为你的坏人，尤其当你被视为拦路虎或者绊脚石，自己却浑然不知，疏于防范的时候。

即使胎盘如期脱落，自行排出，李二苗顺利出院回家，子宫穿孔的事儿再和老窦扯不上关系，但是并不代表李二苗此生无忧，还有后期的避孕和生育问题。尤其是产后一年之内，是绝对的危险期，这样生龙活虎的一对小两口，正处于性活跃时期以及生育的黄金年龄段，本来就不懂避孕，万一不小心再次怀孕，会有一连串的麻烦等着他们。

手术器械在子宫上造成的穿孔，类似剖宫产时手术刀在子宫上的切口，愈合后都会在局部留有疤痕。

万一受精卵种植在疤痕上，就是疤痕妊娠。子宫薄弱的地方，营养相对差，胎盘为了获取足够营养，就会拼命向深处扎根，别人怀孕的胎囊都在子宫里头，疤痕妊娠的胎囊有可能突破子宫，长到子宫外头去，就有可能造成子宫破裂、内出血、休克，甚至切除子宫等一连串危险。

要是没有那么巧，或者足够幸运，受精卵没有种在疤痕上，下一步就看李二苗的选择了。如果她选择生二胎，这个疤痕薄弱部位可能难以胜任子宫内容物的不断壮大，万一哪天破了，又要出人命。如果她去做人流，发生再次穿孔的机会将成倍增加，即使不穿孔，五次人流后的李二苗，可能再也怀不上孩子了。

医生活着不易，要保护自己的病人，更要保护自己，要和病斗，和病人斗，还要和各种坏人小人斗，真是"其乐无穷"。

想到这里，老窦做了一个大胆的决定，人家都带着老婆孩子闯荡江湖，谁说不能带着自己的病人闯荡江湖呢？这个李二苗，只有自己亲自看管，放在自己眼皮子底下才放心，才对得起自己的良心。

* * *

北京有全国知名的专家教授，医疗设备先进，一定有更高明的办法，说不定到了北京，快刀斩乱麻，很快就能解决李二苗的问题，就能打发她回家，自己也就安生了。

老窦和李二苗、她的老公、她的家人进行了一次语重心长的谈话，核心是动员两口子跟自己去北京治病。谈话的方式，仍是那六字箴言：威胁、恐吓、利诱。

到了北京一个礼拜，李二苗那块胎盘还是没有掉下来，但她的血清 hCG（人绒毛膜促性腺激素）不断下降，这个东西是胎盘组织分泌的，持续下降，说明大部分有活性的滋养细胞已经被药物杀死。但是胎盘总在子宫里头不是个事儿，老窦有点着急。

一到协和，老窦就通过在病房不是特别勤奋但是十分高效的临床工作获得了产科主管庞龙医生的好感，利用一起抽烟和吹牛的机会，老窦向龙哥一五一十讲述了李二苗的病情。

龙哥没说下一步咋办，劈头盖脸就问："这么大的事儿，你怎么不告诉病人和家属？生孩子做手术，哪有十全十美的？手术中戳破了膀胱，捅漏了肠子，撕裂了大血管，都是手术并发症，谁都不能绝对避免。手术做得越多，并发症越多，要是统计我们妇产科谁切断的输尿管最多，几大主任和专业组长一定名列前茅，但这不证明他们的手术有问题，反而证明他们的手术多、手术难、贡献多、功劳大。

"不要因为手术没做好就脸上挂不住，这些失败难道没有意义吗？咱们当大夫的不就是向书本学，向老师学，向失败的病人学，向死了的病人学吗？也只有这样，才能不断总结经验教训，才能避免别人的错误发生在自己身上，才能避免上一个病人的悲剧出现在下一个病人身上。医生不能报喜不报忧，你当了这么多年大夫，怎么连这都不懂？"

面对庞龙连珠炮一般的质疑，老窦早已过了脸红脖子粗的年纪，早已过了急赤白脸为自己辩解的年纪，只是慢悠悠地讲了一个自家科室主任的故事。

主任 20 世纪 80 年代去上级医院进修，因为医院人手少，进修医生也少，教授都是手把手亲自带教。那是一台宫颈癌手术，病人盆腔粘连严重，打隧道游离输尿管的时候非常困难，教授一把钳子夹下去，切开，发现断端是一个扁圆的空腔，赶紧松开钳子仔细辨认，这时，无色透明的液体流了出来，大家都知道漏尿了，输尿管被教授切断了。

教授一点没犹豫，亲自到手术室门口和家属交代手术并发症，清楚地告诉家属，因为盆腔粘连严重，输尿管被意外切断，下一步马上请泌尿外科医生上台会诊，将输尿管重新植入膀胱，并且放置输尿管支架，住院时间要比预想的长，花费要比预想的多，病人也要多受一些辛苦。

家属得知手术台上的病人除了一侧输尿管断了，其他一切都好，丝毫没有埋怨和怪罪医生，只是拜托医生及时采取补救措施，让病人尽快康复。

教授回到手术台，和泌尿外科医生一起将输尿管断端植入膀胱，并且最终完成了这台困难的宫颈癌手术。

然而，术后康复谈何容易，因为尿液反流，输尿管支架相当于植入身体的异物，手术后身体抵抗力下降，病人发生反复的严重的泌尿系感染，寒战高热并且出现脓毒败血症。教授每日数次到床旁探望诊治，并且积极联系检验科进行尿培养，查找致病菌，进行药物敏感试验，同时请来感染科、泌尿外科和肾内科医生多方协作，最终控制了感染，病人出院。

主任学成后回到当地，带领老窦还有几个中层骨干，将宫颈癌手术从无到有一手建立和开展起来，不知救了多少经济条件有限、没有能力到北京上海开刀的病人。

正当大家干得来劲的时候，并发症出现了。做手术就是这样，做一个没事儿，做十个也没事儿，做 100 个就该出问题了。同样的病人，同样严重粘连的盆腔，主任小心谨慎地解剖和分离，结果还是把输尿管切断了。

想起带教老师当年清澈的眼神和勇敢的步伐，主任也面无惧色地走到手术室门口，打算如实交代病情。话一出口，就遭到在场十几个家属的围攻，还是老窦赶忙找来院长和医务处长救场，谈好住院费全免，额外补偿两万块营养费，并且承诺手术结束后立马现金支付，主任才得以脱身，返回手术台继续完成手术。

病人术后的转归和主任进修时候碰到的病人也完全一样，高热，寒战，脓毒败血症，差一点就要感染中毒性休克。

病人总是下午两点烧得最厉害，动辄 39 ～ 40 摄氏度，浑身上下自是难以言说的苦痛。每到这个时候，她的几个儿子就站在病房走廊骂骂咧咧，面对医护人员分分钟就要挨揍的架势，护士长开始还会报警。警察来了问清原委，拿出"和稀泥"的看家本事。

这边劝医生，你们把手术做坏了，怎么也得允许人家摔盆砸碗发泄一下，家属一没打人二没毁坏物件，再说人家亲妈住院需要护理，单纯的语言暴力够不上拘留，你们忍一忍，病人在你们手上，他们也得忍，骂累了自然会歇的。

那边劝家属，都给我老实点儿，手术做坏了又不是医生故意的，手术之前各种危险甚至连死在手术台的事儿不是都跟你们讲过，白纸黑字你们也签过字，拿出一点愿赌服输的老爷们儿精神，再这么闹下去，不光耽误自己的亲妈治疗，还耽误别的病人知道不？那就遭人恨了，下回不是医务人员报警，而是全体病人报警，你们就住不下去了。

护士长隔着门缝偷听了警察的调解过程，后来连 110 都懒得打了。

手术不顺利，病人受苦，主任也不好过。他每天好不容易睡下，又早早醒来，中间还被噩梦频频惊醒，半个月下来，头发白了大半，最后在老窦的强迫下，去看心理医生，借助心理疏导、百忧解和安眠药才勉强扛下来。

主任没有因为一个手术失败，一个病人家属闹腾就止步不前。当地人口基数大，多年来不重视宫颈癌的防癌筛查，有些女人大大咧咧，性生活后有出血，她们经常是洗洗刷刷，垫几天卫生纸也就过去了，不知道要去看病，等到宫颈长出"大菜花"，已经是宫颈癌急性大出血被送到急诊室，病重病急又没钱，如果当地没有条件做手术，病人就只有等死。

吃一堑长一智，打那以后，再有膀胱、肠子破了洞，输尿管切断的事儿，主任不再个个都出去交代病情，而是看人下菜碟。脑子清楚讲理的就告诉，浑不吝的就不告诉，反正病人全麻，啥也不知道，直接叫泌尿外科或者基本外科医生上台，修补了事。主任这样做有他的道理，一是自己尽力做手术了，二是自己尽力弥补了，对得起自己的良心，真相不是每个人都承担得起。这样做起码病房消停了，医生不怕挨揍了，护士扎针手不抖了，可以安心地看病发药了，起码不用担心耽误其他病人的治疗了。

07

|

残留胎盘有时可以自然脱落

生命，是一种死亡率百分之百的性传播疾病，医院，历来是阎王殿驻人间办事处。面对这样一个充满不确定性的未知领域，所有医生从某种意义上来说，都是赌徒。

病人和医生的输赢是绑在一起的，医生的筹码是职业精神和对医术的执着，病人的筹码是配合与信任。赌赢了，一荣俱荣，病人拿回性命，医生拿到信心红利，愿意以加倍的冒险精神和更大的信心更加积极地投入到下一场豪赌之中，疑难重症病人才有绝处逢生的希望和可能。

如果一旦赌输，医生就要赔上个人荣誉、金钱、职业生涯，甚至性命，医生就会越来越保守，或者输了也不敢说，也不敢讲实情。

"龙哥，我虽是小地方的医生，但是我相信全中国任何一个角落的医生，哪怕是村医，都和我一样，都知道自己作为医生应该担当什么，都知道不应该向病人隐瞒真相。一个医生在手术台上的意外，只要不是主观故意的，都应该得到宽容对待。但现实情况不是这样，没有病患的理解，没有社会的支持，没有抵抗风险的能力，医生就算想承担，想光明磊落，他也没有能力去承担。医患关系持久坏下去，医生做事只会越来越保守，医学进步只能越来越慢，而这一切永远不能归咎为医生或者病人单方面的问题，这是社会问题。"

听了老窦的一番诉说，龙哥觉得自己刚才的话说得有点重，在闷头抽了一根烟之后，他将话题转到病人身上："你先别着急，病人不出血就等着，再看看。"

"要是哪天突然大出血，咋办？"老窦问。

"送到急诊室，请放射介入科医生进行双侧子宫动脉栓塞，差不多的出血都能止住，栓塞后子宫缺血，还能进一步加速胎盘退化。"

"要不要现在就给她做子宫动脉栓塞，以防万一？"老窦问。

"不用，不出血就等着，栓塞一次怎么也要一万块钱，对他们家来说，这不是个小数目。虽说这项治疗在我们医院开展得还算成熟，但不代表没有风险。前段时间我听说有家医院做子宫动脉栓塞，结果把一边大腿的动脉给堵了，病人年纪轻轻，子宫保住了，但是一条腿被迫截肢，多惨。所以，不到万不得已，咱们不能让病人又掏钱又冒风险。"

"那就这么等着，什么时候是个头儿啊？"老窦挠着脑袋，显得很是着急。

"是疖子总会出头，主动出击可能自取灭亡，无为而治也是治疗，这不是袖手旁观，这叫期待疗法。"龙哥说了一句俗语，抬出了老子的垂拱而治，最后用了一个像模像样的医学名词，彻底抚慰了老窦一颗焦躁的心。

一个月过去了，东西还没掉下来，不过从 B 超监测来看，残留的东西越来越小，老窦趁中午吃饭的时候再去试探龙哥的意见，龙哥还是一样的话："如果出血不多，没有感染迹象，就等着。"

为了安抚老窦焦躁的情绪，庞龙给他讲了一个国外引产后胎盘残留的病例："国外有个病人，没吃药没打针，就是通过期待疗法，观察了整整一年多，胎盘最终乖乖地排出来。胎盘残留的期待治疗就像一场马拉松比赛，有的病人突然大出血，没有机会再期待下去，做手术了；有的病人发生感染，也没有机会再观察下去，必须清宫；一旦期待时间过长，病人可能率先受不了，心理防线崩溃，在其强烈要求下医生干脆清宫了；有时候是医生受不了了，率先触到底线，于是主动给病人清宫了。只有双方都能挺住，又没有意外情况发生，才能毫发无损地等到身体自然修复自己的一天。"

里尔克说过，有何胜利而言，挺住意味着一切。

确实是艺高胆大，进修刚刚开始，老窦就从全新的角度见识了协和人。会打仗的将军不一定总是勇往直前，不一定非要主动出击将敌人杀得落花流水，有时候按兵不动也能胜利。但是，这个期待疗法实在是太磨炼人的耐性了，甚至考验到了医生的修行。

李二苗两口子到了北京，除了定期向老窦汇报出血情况，几乎没什么事儿。李二苗年纪轻轻的，也不能整天躺着，两人逛完故宫北海天安门，又逛天坛地坛日月坛。

实在无事可做，两人突发奇想，推起小车，在协和门口卖起了水果。这一卖还一发不可收拾了，越卖品种越多，越卖越上瘾。虽然经常被城管追得到处跑，今儿被追丢了筐，明儿被没收了秤，但是每天晚上，小两口在地下室被窝里数毛票的兴奋感，足以抵挡世间的一切寒风。

两个月后的一天，李二苗来敲老窦出租屋的房门，她左手拎着一袋水果，右手拎着一袋不明物体，一边敲门一边大喊："窦哥，窦哥，掉出来了，出来了。"

老窦赶紧把塑料袋里的东西拿到水龙头底下冲洗辨认，那是一团已经看不出任何结构的污秽的灰红的烂肉饼样的东西，一点看不出是胎盘，当初怎么也有巴掌那么大，现在只像一个踩瘪的乒乓球，而且是自然排出来的，人体巨大的、不可思议的自我消化以及自我医治能力，让医生也瞠目结舌。

老窦带李二苗去做 B 超，子宫里头干干净净，真的什么都没有了。

在煤渣胡同分手的时候，李二苗郑重地告诉老窦，他们不回东北了，要留下来开创一份自己的事业。再打一段时间的游击战，他们打算把外交部街的一个小门脸儿盘下来，开一个鲜花水果店，专卖花篮果篮，利润大，挣钱多，光靠那些来医院探望病人的过客，就够吃够喝。

老窦懒得听她面颊绯红、两眼放光的发财梦，只说好啊好啊，之后郑重其事地嘱咐李二苗："你没带孩子来北京，不喂奶的话很快就会来月经，来月经之前的 14 天，你就会排卵，就有可能怀孕，一定要好好避孕。我不管你进啥水果卖啥鲜花，你现在乖乖地过马路，到街对面的药店买避孕药，不到 20 块钱一盒，来月经的第一天开始吃，连吃 7 天就有避孕作用，在这之前都得戴套，每次都得戴，从头到尾都得戴，千万记住，一年之内绝不允许怀孕。"

李二苗红着脸，说知道了，低声和老窦告别。

＊　＊　＊

一年过去了，老窦的进修生活结束，龙哥请他吃饭，算是送行。从小饭馆出来，正看到李二苗的水果摊子，老窦走过去跟她告别，顺便问："挣够了钱没有？啥时候回老家生儿子？"

李二苗说："还生什么儿子，只养一个女孩也挺好，长大了让她当大夫，多神气。我们要扎根北京，好好挣钱，等彻底安顿下来，就把孩子接过来一起住，让她在北京受教育，和北京孩子一样，去天安门广场举着鲜花迎接国宾。"

"不生儿子，你就去我那里上个环吧，窦哥走了，以后可没人管你了。"

这是妇产科医生的通病，要么劝人家生孩子，要么劝人家吃药上环，育龄期女性在他们眼里，不论美丑，有无学识，只分两种，一种是想怀孕的，一种是要避孕的。

"上环是不是就一劳永逸，彻底保险了？"李二苗问。

"上环比较保险，但要定期检查，别环什么时候丢了你都不知道，又糊里糊涂怀上了。还有，上环只管避孕，不防性病，千万保护好自己，要是得了艾滋病，挣多少钱都白扯。窦哥走了，留你们两人在北京，一定要互相珍惜，人最重要，其他都次要，也许多年以后，你们有钱了，但是人分开了，那也不是幸福的人生。"

二苗红着脸说："窦哥您放心，我每天都检查他，要是他到外头胡搞，招回来什么性病，我整不死他。"

老窦暗想，很多事儿，真的只有医生知道，男人要是真的招点儿什么病回来，哪儿是你肉眼凡胎就能发现的。就说梅毒和艾滋病，在极具传染性的时候，往往是看不见什么东西的，肉眼检查根本没用。若想安全，要么夫妻二人守身如玉，要么谁也别信谁，有性之年，全程正确使用安全套，对双方都有好处。

还有沙眼衣原体和淋病双球菌这两种重要的性传播疾病，男人发病时，龟头红肿，流脓淌水，尿急尿频尿痛，苦不堪言，都会急着去看医生，反而得以及时有效的治疗。女人则相反，她们在不安全的、无保护的性行为后，即使感染了，也可能毫无症状，最多是小便不适，白带稍多，或者非常容易被忽略的不规则出血。而在此时，病原菌已经顺着外阴阴道，一直通过宫颈侵入宫腔和双侧输卵管，最终扩散到整个盆腔。

沙眼衣原体和淋病双球菌不是让你痛，也不是让你窘，而是专门悄无声息地破坏子宫内膜和输卵管，导致内膜贫瘠沙化，输卵管粘连、梗阻乃至积水，为将来的不孕症和宫外孕埋下隐患。

还有高危型人乳头瘤病毒（HPV），男人感染毫发无损，却可以将它在女人之间传来传去，女人感染了也不痛不痒，甚至白带没有异味，颜色没有异常。如果自身没有足够的免疫力来清除病毒，或者这一次侥幸消除，但是在接连不断的、不安全的、无保护的性行为中反复感染，成为长期的带毒者，就为以后的宫颈病变和宫颈癌种下祸根。

望着眼下幼稚又略显娇蛮，其实都是"拉屎攥拳头——假横"的农村丫头李二苗，老窦心中又充满了不忍，但是自己要回去了，不可能一辈子看着她，每个人都有自己的道路和命数，姑且放手吧。

李二苗的子宫穿过孔，绝不允许再出什么幺蛾子，老窦要在离开北京之前，给这个一直管着的病人上最后一道保险。

放环也是一种盲目操作，最大的并发症仍然是子宫穿孔。为了确保安全，老窦打算在 B 超全程监视下放环，这是他在计划生育组进修的主要心得。

　　李二苗的肚皮很厚，经腹部 B 超根本看不清子宫内部的细微结构，老窦决定先做经阴道 B 超，看看子宫是否完全恢复，再决定是否放环。

　　经阴道 B 超和普通的腹部 B 超，除了检查探头放置的位置不一样，没有原理和本质上的区别。腹部 B 超是把探头放在肚皮上，透过憋尿的膀胱，观察子宫、卵巢和输卵管。经阴道 B 超是把探头放在阴道内，透过一层很薄的阴道穹隆进行盆腔检查，优点是精细、准确、不用憋尿，受限的地方在于没有性生活的女性不能做。

　　阴道探头是贵重仪器，不可能每检查一个病人都换一个新的，为了避免不同病人之间的交叉感染，每次检查前，医生会在探头上套一个一次性安全套，完成一个病人的检查后，为下个病人更换新的安全套。

　　李二苗脱了衣服躺好后，老窦突然发现安全套的盒子空了，他去翻抽屉，还是没找到，于是打发护士去库房找，自己也没闲着，接连翻了几个抽屉，又开文件柜，还是没有找到。

　　正当老窦撅着屁股翻 B 超机下面的抽屉时，床上传来李二苗怯怯的声音："窦哥，你找啥呢？"

　　天气很热，B 超检查在暗室进行，屋里拉着厚厚的窗帘，老窦急得满头是汗，有点不耐烦地随口回了一句："避孕套。"

　　过了片刻，床上传来李二苗一反常态、娇羞做作的声音："窦哥，你不用找了，人家一直吃着避孕药呢。"

　　听到这话，撅着屁股翻抽屉的老窦顿时傻掉，他愣在那里，除了一对大眼珠子还骨碌碌地乱转，浑身哪儿也不敢动，更不知如何回应。

　　幸好这时护士拿了安全套走了进来，他假装什么也没听见，若无其事地手执探头，一边观察子宫肌层的形态，一边想，李二苗这是喜欢上自己了咋的，这是要主动献身啊，我得赶紧撤退。

子宫恢复很好，老窦把腹部探头放在李二苗的肚皮上，让护士帮忙扶着，在 B 超的全程监视下，将避孕环稳妥地放进了李二苗的子宫。

从李二苗的子宫里缓慢抽出放环器，老窦接过护士递过来的剪刀，咔嚓一声，剪断露在宫颈外头的尾丝。

他脱掉手套，长出了一口气，是时候结束这一切了，该回家了。

阴道不是"艳照门"

第 二 章

01

|

外阴整形两大原因：看着不爽和用着不爽

周四下班的时候，车娜叫住我："明天有个小阴唇肥大的病人做外阴整形，我带你上台，别忘了回去看两眼书。"

在协和做大夫年头久了，早已无须提醒，第二天若有新鲜手术，晚上回家就算不上床，不吃饭，也要看手术学和解剖图谱。

我痛快地应承下来，并且没忘顺带感谢领导给予的这次珍贵的手术机会。

说手术机会珍贵，是因为这种细致精巧，以美观和舒适为目的的外阴整形手术，在苦大仇深的妇科手术台上非常少见。

在妇科病房，我们每天打开的那些肚子，哪曾有赏心悦目的呈现。恶性肿瘤的龇牙咧嘴自不必说，良性疾病也能长出各种意想不到的奇形怪状，甚至老百姓耳熟能详听上去似乎不那么可怕的"肌瘤"，都能顺着血管长驱直入，最终长进心脏，夺人魂魄。有的肿瘤巨大，充满整个盆腹腔，把没结婚的大姑娘撑得像个即将临盆的孕妇。有些瘤子并不好大喜功，而是和下腔静脉或者输尿管膀胱肠子紧密粘连，毫无缝隙，医生碰哪儿，哪儿就出血，医生分哪儿，哪儿就破裂，让人无从下手。

全国的疑难杂症最终都会集中到协和的妇科病房，外地打开肚子不认识是啥病直接关上的，打开肚子知道是啥病但切不了的，打开肚子自以为知道是啥病切完了发现不对的，总之都是各种不知所以、我从来没见过的光怪陆离。

车娜即将带我做的这个手术不同于以前的苦大仇深和光怪陆离，倒是时刻散发"小清新"特质。

小阴唇是位于大阴唇内侧一对小而薄的纵行皮肤皱襞，长约 3 厘米，宽约 2.4 ~ 3.2 厘米。这是一个最基本的解剖学数据，因为种族和个体差异，没人规定女性都得按照这个数据生长，也没人有权力决定长成多大的小阴唇是合格的，是最具美感的。

就像世界上找不到完全相同的一双眼睛一样，世上也找不出完全一样的一对小阴唇，而且，就像一个人的两只眼睛不可能完全相同一样，女性的一对小阴唇也不可能完全对称。

小阴唇长在阴道口和尿道口两侧，像一对合拢的柳叶，具有遮盖这两个重要入口，保持局部湿润，抵御外来污染的功用。正常的小阴唇中部的宽度在 2 厘米以内，当它的宽度增加，外露超出大阴唇 1 厘米以上，称为小阴唇肥大。

小阴唇肥大的概念是相对的，只有出现不适症状，例如走路或者骑车的时候产生摩擦感，性生活过程中，肥大的小阴唇可能被裹挟进出阴道，引起女性的不适甚至疼痛，才是真正意义上的，或者可以称之为病的"肥大"。

解剖数据来自医学对人体的测量和统计，并非每个人都需要按照这些数据生长，也并非超出这些解剖学数据范围的女性都有问题，都需要医生的手术刀进行整形。

即使阴唇略有肥大，绝大部分女性的生活仍然毫无问题，甚至很多在医生眼里已经称得上震撼或者相当肥大的小阴唇，在现实生活中，它们有幸获得女主人的欣然接纳，并且和女性身体融洽相处，它们从不被认为是丑陋的，走路、跑步、骑车都不耽误，性生活也和谐完美。

出问题的，只是非常小的一部分人。

小阴唇肥大有时候是对称的，两侧都肥大，需要对双侧阴唇同时进行整形减缩，有时候只是单侧性的异军突起，只需将一侧整形，最终左右对称即可。

和人世间任何事物一样，有比较就会有不满，阴唇和别人的不一样大，或者自己的阴唇左右不一般大，都容易引发女性的主观不适或者心理障碍，并且因此使自己成为"病人"。

有医疗需求，希望改变自身的女性主要分两类。

一类人没有主观不适，但是阴唇肥大、卷曲的外观引起本人不满，甚至厌恶，她们动辄拿起小镜子比照端详，再到成人网站对比女优，越看越是对自身的各种心塞。或者在最初，她们自己并没有异样的感觉，不满来自她们的伴侣，女性向来看重家庭关系中另一半的意见，这种意见甚至高于自我感受，让她们愿意为了满足对方，在自己身上动刀。

另一类就医者是因为肥大的阴唇真正引发症状，例如无法骑车上下班，月经期阴唇和卫生巾的摩擦引发疼痛，甚至局部有红肿、破溃，且反复发作，没法好好过日子。

02

|

弧形双蒂瓣法，整形整出了幺蛾子

最早期的小阴唇整形手术，完全可以用"简单粗暴"四个字形容，医生将小阴唇整个撑起，参照生理数据并结合病人的期望值，用记号笔画一道线，沿这道线把多余的皮肉剪除，再缝合止血，手术就结束了。虽然医生有效地减缩了小阴唇的体积，但是手术后，整个小阴唇的边缘全是瘢痕，外观更不入眼，就其难看程度，做了甚至还不如不做。

饭后，我连翻几本手术学，都没有关于小阴唇整形术的专门章节，可能这种手术太不起眼，或者我应该去找整形外科学的手术图谱。我翻出以前的手术笔记，那是工作第一年做住院医师的时候曾经管过的病人，主任亲自操刀做的小阴唇整形。大致方法是保留小阴唇的游离缘，只在靠近基底部的两侧做长椭圆形切口，去除黏膜瓣，再用非常细的整形缝线分别缝合内、外两侧切口。手术的巧妙在于保留了自然流畅的小阴唇游离缘，不拆线，痛苦小。

我反复熟悉和默背其中的几个关键手术步骤，以免明天手术台上像个没头苍蝇，有手不知道伸，有眼看不到活。

早晨交班查房，处理好病房事务，我和车娜拎着洗澡篮子一起去手术室。车娜美滋滋地说："我今天要把主任的整形方法做小小改良，看看是不是效果更好。"

"主任知道吗？亲自上台吗？"

"不知道，这点小事儿，不用惊动他老人家。"

我一边轻声应承，一边在心里打鼓。

阴唇事小，改变传统事大，多少还是有风险的。手术成功了当然好，聪明的医生选择低调，有个性的医生选择张扬，秀不秀、如何秀，都由自己决定；然而一旦探索失败，要如何收场，就由不得自己掌控了。

车娜甩给我一篇整形外科医生发表的关于小阴唇整形的文献，文中一段用马克笔做了标记。我扫了一眼，大概意思是以往梭形切除双侧阴唇黏膜的方法可能导致小阴唇外翻扭曲，失去自然状态下小阴唇对阴户的遮盖和保护作用。文中采用"弧形双蒂瓣法"进行整形，可以防止纵向瘢痕收缩，手术后的小阴唇形态自然，符合美学原则，而且最外层黏膜使用医用胶水黏合，减少瘢痕，不拆线，痛苦小。

"一会儿，咱们就用这个弧形双蒂瓣法，是吗？"

"是。"车娜已经开始更换刷手服。

"靠谱吗？这杂志可不是中华牌的，敢信吗？"

"中华牌的也不能全信，这年头，什么都得带着批判的眼光学习，我问过这家医院手术室的护士，她说就是这么做的，不是胡写乱吹。我仔细琢磨过，觉得可行。咱们得有小马过河的精神，不亲自试了怎么知道能不能够，做医生不看文献不行，也不能唯文献论，那样一辈子受蒙蔽，必须亲自实践。"车娜一边穿弹力袜，一边说。

"主任的术式已经非常巧妙，但是并非没有改进余地，咱们试试新方法，用胶水黏合伤口，病人明天就能出院，啥都不耽误。"车娜美滋滋的，一副胜券在握的样子。

无影灯对准病人的屁股，我俩并排坐在病人的两腿中间，麻醉医生推了静脉麻醉药物，插入喉罩，再次局部消毒后，车娜熟练地接过器械护士递过来的手术刀，手术正式开始。

这个病人主要是阴唇外缘肥大，但是基底部异常菲薄，几刀下去，这个每天降妖除魔的妇科肿瘤医生，就把小阴唇的薄弱的基底部给弄断了，小阴唇的中段离地，腾空飘了起来，像扣在大阴唇内侧的一个弧形门把手。

这是我们谁都没有想到的意外，车娜特别申请的医用胶水也没用上，创新以失败告终。手术效果看似还凑合，肥大的阴唇被减缩大半，然而最令人担心的，是被我们重新"栽"回去的小阴唇能否存活。

虽然经过充分的抗炎、消肿和清洁，一周后，小阴唇中段被"栽"回去的部分发生坏死，小阴唇再次离地飞行。我和车娜没了办法，只好说明真相，请主任帮着想法子。

主任放下电话，几分钟后就赶到病房，亲自查视病人后告诉她，会阴部位血运丰富，几乎没有长不上的伤口，但是还要继续一段时间的冲洗换药，控制感染，时机成熟后，医生再把它"栽"回去，一定能长上。

安慰了病人，他又用厚重的手掌拍拍车娜的肩膀说："不要害怕，也不要停步，只要你的心是善良的，愿望是美好的，没有故意和疏忽，我永远支持你。修补的时候我跟你一起上台，一切责任由我担着，要是再长不上，都算在我这个主任的账上。"

手术不顺利，病人焦虑，医生更焦虑，尤其是敏感较真、做事追求完美的处女座大夫。手术不顺利，病人需要安慰，医生更需要安慰，干了几十年临床的医学大家能够看穿一切，他懂得病人的心理，更懂得年轻医生的心思。有生之年，能在这样一位主任麾下做学徒，也是知足了，学成需知感恩回报，没学好只能怪自己天资不足，或者后天不努力。

03
|

小阴唇整形逻辑：先悦己，再悦人

　　其实，早在车娜前来敲门求助之前，已经有很多"小报告"以开会时耳边的小嘀咕、发短信、打电话等不同形式接二连三地汇报到了主任那里。内容可想而知，无非都是"独出心裁，目中无人，不把主任放在眼里，一心想出风头"之类的坏话。主任一概用"嗯，嗯，好，好的，我知道了"来回复，将这些闲言碎语统统消化在自己的大腹便便之中。对于这些同行之间不太友好的行为，他没有时间一一驳斥，只要他的医生没有原则性错误，他都会亲自走到病人床前会诊，或者主动上台帮忙，表明自己的立场。

　　有时候耳旁风吹得太厉害，唾沫星子溅到他的脸上，他才会说："对同事有意见，最好和同事直接说，不要背地里说。手术是没做好，但是医生哪有不犯错的，将来你有事儿，我也给你兜着。"

听到这话，同是拿手术刀的知识分子，才会突然想起"常在河边走，早晚要湿鞋，没准哪天轮到自己"的道理，讪讪地闭嘴走人。

中午，我和车娜在食堂碰上了龙哥。

龙哥早已通过各种八卦途径得知车娜马失前蹄之事，轻描淡写地安慰了她几句。车娜完全没听进去，只是自顾自地说："外阴血供那么好，我们也很仔细地把小阴唇'栽'回去了，怎么就没长好呢？我真的想不通。"

龙哥见她一副执迷不悟的样子，问她："脑袋秀逗了吧？这种手术以后还做吗？"

"做呀，病人有需求，医生为什么不做？"

"你知道有人揪住你的小辫子不放，到主任那里坏话说尽，要就此搞掉你吗？"

"不过是枝头早已没了果实的松塔，空空地挂在自以为高尚的枝头，咧着满身的嘴巴，所言之事，坏话说尽。我理这种人干吗呀？生命苦短，只争朝夕，有多少重要的事儿来不及做，听蝲蝲蛄叫唤，还不种地了？"

"这也就是在协和，有宽宏大度的领导主持大局，要在别的地方，你这样的傻妞不知道死多少回了，还都不知道自己怎么死的。像这种新术式的尝试，一定要有沟通和请示在先，手术出了问题，一定要在第一时间亲自汇报，直接获得上级的支持和谅解，不给别人说你闲话的时间和窗口。你要先保护好自己，才有能力帮助别人。你有没有注意过飞机上的安全提示，发生空难的时候，要先给自己扣好氧气面罩，再去帮助别人，这道理懂不？不要以为自己追求事业无私善良就可以不管不顾，想要成为永恒之火，先要懂得有分寸地燃烧。"龙哥苦口婆心地教育车娜。

"小羽子，你说这伤口为什么就没长上呢？是不是咱们用的缝线太粗了？下次记得去整形科借特殊缝线。"车娜完全不理会龙哥，继续像祥林嫂一般地追问。

龙哥看车娜不理他，一改春风化雨的开导教育，开始连珠炮似的数落和攻击她："咱们再说你们做的这个手术，不管你俩怎么想的，我是坚决反对这个私密部位整形的。而且不止这个，任何整形手术我都反对，包括貌似已经被老百姓广泛接受的隆鼻、隆胸、削下巴，美容整形科早该从这地球上消失。

"我们妇产科医生的诊室是什么地方？是满足男人花花肠子的地方吗？医生把成年女性的小阴唇修剪得只剩下那么一丢丢儿，像小母鸡的鸡冠子似的，幼稚得就像没发育的幼女似的，就美吗？就会让男人产生高潮吗？没有长成那样的女性都该自卑吗？因为某些男人的癖好或者说畸形审美，女性都得在自己的敏感和私密部位开刀吗？

"女性从青春期开始，有了雌激素分泌，大小阴唇就会出现色素沉着，那是再正常不过的事儿，我看网上还给起了个菜名，叫黑木耳，你们说这缺德不？黑不黑和有没有性生活没有一毛钱关系，黑的就代表性伴侣多吗？黑的就代表淫荡吗？找美容院漂红了变粉了就代表重返纯洁了吗？整成 A 片里女优的样子，就能勾引和诱惑男人了？就能留住男人了？就能挽救生活了？这些可怜的女人们啊！你们俩协和的大夫需要对公众进行科普讲解，拨乱反正，能不能不跟着瞎起哄？"

"龙哥，我们的这个病人，她的阴唇是一边大一边小，有心理障碍，而且骑自行车的时候磨得慌，不完全是心理问题，也不是要勾引男人，或者要借此挽救生活。她都 40 多岁了，只是希望在有生之年，拥有一次改变自己的机会。

"她长得不美，更没有值钱的、显赫的身价，私密之处弄漂亮了也没太多人看，也许她老公都不在意，黑灯瞎火地糊里糊涂地也就把事儿办了。但是作为医生，我们不能剥夺一个普通女性拥有自己的审美和按照自己的想法改变自己的权利。

"你们看我，生下来就是单眼皮小眼睛，俩眼睛还一大一小，虽然没耽误我念博士当大夫，也如期嫁了出去，但我就是天天想着割双眼皮，怎么就不行呢？我的身体我做主，我高兴就行，我碍着谁了？我需要向谁请示？"我现身说法，替车娜辩白。

"你少添乱，要是一不小心割成两个肚脐眼儿，别到我这儿哭来。

"骑车磨得慌，那就不骑自行车，都什么年代了，交通工具那么多，非得一棵树上吊死？有心理障碍，你们应该让病人先去看心理医生，心理疏导解决不了再说。协和的床位寸土寸金，党和人民把使用的权利交给你们，那么多宫颈癌、卵巢癌，还有子宫内膜癌病人要死要活地等着医生开刀，你们不尽快收治肿瘤病人，反倒鬼迷心窍地鼓捣这种可做可不做的手术，脑袋进水了，还是让门给挤了？"

"不能这么说，龙哥，美容整形并不是可有可无的手术，有些器官没有长瘤子，却引起女性严重的心理障碍，一样需要手术矫正。而且，一些小阴唇肥大的女性，确实生活不便。"

"吃你的饭，别辩解，我说的全对，你俩回去好好闭门思过，我先走了，还有一个剖宫产等着我做呢。"龙哥瞪了一眼似乎完全没听进去的车娜，气哼哼地拎起饭盒走了。

车娜看了我一眼说："别理他，整形手术当然要做。我错在手术技术上，没错在手术指征上，我们的双手就是为女性服务的，一边要为癌症病人切除肿瘤，一边也要为受外形困扰的女性整形。"

一个月后，主任带领我和车娜再次上台，他用一种我们从没使用过的几乎细得看不见的美容缝线重新修补。主任一边按部就班地飞针走线，一边不紧不慢地告诉我们："上次手术你们一定是缝得太密太紧，反而造成局部缺血，影响血液供应，才会愈合不良。"

是的，我们输在经验上，更输在心态和情绪上，手术台上急于求成，让我们的双手失去分寸，最终适得其反。

缝合完毕，我伸过剪刀，利落地剪断缝线，心中豁然开朗。

04

|

自慰事儿小，异物麻烦大

病人顺利出院，还和车娜成为朋友。那以后，又有病人接二连三来找车娜做这方面的手术，据说都来自一个叫"成为自己喜爱的那个自己"的 QQ 群。一个又一个手术成功的病人成为免费的移动广告，越来越多的成功案例成就医生的口碑。我们的病人越来越多，经验也越来越丰富，技术也越来越成熟，车娜不断摸索新方法，整形后的满意度也越来越高，再没出现过第一次那样的失误。

医生就是这样一个行业，只要有探索就会有失败，在这个病人身上的失败，努力不让它出现在下一个病人身上。然而事实上，只要事先知道，谁都不愿意去做第一个试验品，可是没有试验品，也就没有越来越好的成品。

面对全新术式，病人到底应不应该选择和尝试，这个问题没有答案，主要看自己对手术效果的期望值，以及自身抵抗手术风险的抗压指数。手术的决定，只要是建立在对收益和风险充分知晓的基础上，并未受到过多外界因素的干扰，经过自己的深思熟虑和利弊权衡之后做出的，就是最佳。世间事大抵如此，无怨无悔才是人生的至高境界，并非一定要追求完美和万无一失。

那以后，在人流拥挤的门诊病人中，会不断出现打着各种旗号、揣着各种理由要求进行私密部位整形的女性，她们的诉求相同，理由却是五花八门。

"张医生，我下面特别肥大，穿泳装好难看，像塞了一块面包，我想整形。"

"你是泳装模特吗？"

"不是。"

"是游泳教练吗？"

"也不是，我就是游着玩，上次和男朋友一起去的，哎呀，自己觉得好囧，都不愿意从水里出来。"

"上床，我来检查一下。"

她的小阴唇只是略微肥大，整形绝非必须。

女人最重要的，不是急于去改变或者征服，而是学会和内心以及身体上的各种不完美平心静气相处。

游泳的时候感到尴尬，那就不游泳，换成别的锻炼方式。或者不买高衩泳装，穿那种有小裙子可以盖住屁屁的泳衣，也是好办法。

和男朋友在一起的时候，女孩子因为隆起的阴部抬不起头，男孩子却可能完全没有注意这一细节。求偶的时候，他们的下身是硬的，脑袋是空的，眼睛是瞎的，表面上脸红心跳爱意满满，实际上，他们的高级中枢已经彻底丧失管控，唯一的指令来自身体外挂的两只睾丸组织中上亿个携带生命遗传物质急于冲锋陷阵的精子，雄性一心只想让你"弄出人命"，完成传宗接代的终极任务。这道理很多姑娘不懂，动辄要在自己身上动刀，真让医生着急。

已经很美，只是为了一点点生活方面的小困窘就要动手术的女性很多，尤其这种穿着超短裙，一脸婴儿肥，少不更事的年轻姑娘，往往是头脑一热就来挂号看病了。对于这样的病人，我一概动之以情晓之以理，好言相劝后，毅然决然地赶出诊室。如果她再回来，或者几次三番来，才说明需求强烈，到时再重新评估不迟。

"张医生，我是提供特殊服务的，想请您帮我整成这个样子，现在流行这个。"说着，她随手从挎包里抽出一张照片给我看。

这姑娘真够直接，不过我们医生喜欢。小偷和妓女都是伴随人类产生至今的古老职业，在医生面前，病人无论是做什么的，我们都一视同仁。再者说，妇产科大夫什么场面没见过，就说大半夜值班，从病人身体里取出来的那些器物，早已锻炼了我们异乎强大的神经。

有被插入尿道后进入膀胱的水银体温计、圆珠笔芯、曲别针和铁丝襻，这些东西被女性或者她们的伴侣顺着一个小洞塞进去之后，就再也找不到了，需要医生切开肚子，再切开膀胱，取出异物。

比起尿道和膀胱异物，急诊室最常见的是阴道异物，古今中外，阴道异物都不是奇谈，乒乓球、高尔夫球、白酒杯、香水瓶、成人用品、松花蛋，满身是刺狼牙棒一般的筒状卷发器，医学文献和各大医院的病案中都有记述。

每个成年人都有让自己随时"嗨起来"的权利，女性自慰更不是什么丑事，也不影响身体健康，但是一定做好清洁工作，本着事前为自己负责、事后为别人负责的态度，一定要用肥皂水把手洗干净。如果希望器物辅助，也并无不可，但是一定要使用专业制造的、表面清洁的、圆润光滑不会造成身体伤害的，最重要的是放进去以后还能自己拿得出来的成人用品或者替代物。

医生在解决问题的同时，还需牢记自己的社会责任。国外曾有报道，一位69岁的老年妇女就医时说，她的阴道内有一个玻璃酒杯，是7年前丈夫由于无法性交塞入阴道的，事后他们未能将其取出，但是丈夫不让她去看医生，直到丈夫去世，她才来就医。医生切开阴道后发现已经无法将玻璃杯完整取出，只能逐一取出玻璃碎片。一部分女性的阴道异物是被他人强迫置入的，她们可能因为受到威胁，不得不答应配合，或者被灌醉或者吸食毒品后发生，如有发现，医生应该协助她们报警。

区别于成年女性，婴幼儿可能出于好奇或企图解决阴道瘙痒等问题，将异物塞入阴道。误入幼女阴道的异物种类繁多，最常见的是纸巾，其次还有火柴棍、花生米、自行车滚珠、香烟过滤嘴、小石头、塑料笔帽、麻秆、纽扣电池等。

在接诊过程中，如果发现女孩是自己反复置入阴道异物，医生应该注意，可能需要协助患儿寻求心理救助。如果女孩子的阴道异物是被他人强行置入，在身体检查时还发现有受侵犯迹象，医生应该协助患儿家长报警。

医生绝不是单纯解决病人身体问题的人，除了专业技术，他还应该博学多才、世事洞明，保持敏锐的洞察力，拥有强大的亲和力、沟通和交流能力，才有可能了解一个看似尴尬羞臊的医疗事件背后的真相。解决好当下问题，避免女性再受到同样的伤害，让女性了解自己的身体，懂得保护自己，才是医生对病人真正和全面的救助。

特殊职业并不可怕，都像眼前的姑娘这么敞亮就好了，医生可以省出很多时间去了解病情，而不是揣着各种忌讳地猜来猜去、审来审去。我看了一眼她拿给我的东西，是一张女性外生殖器彩打照片。

"从哪儿弄来的？"

"网上下载的。"

"你确定客户会喜欢？"

"嗯，男人大都喜欢这种幼稚型的，和幼女一样。"

"上床，我检查一下。"

"你这个完全正常，一点都不肥大，比我今天看到的所有病人都更符合美学标准，不需要整形。男人都说要对自己狠一点，咱们女人要懂得爱护自己。"

其实我是在忽悠她，世界上哪有最美？凭什么她是最美？

只因这里是我的诊室，我的地盘我做主，我要给所有向我求助的女性自信，不论贵贱美丑，不管她们是什么职业，也不管她们如何使用这种自信，即使是一位性服务者，如果整天为自己的私处自卑，时间长了，也会影响她的心理健康和客户体验。

05

|

颜色和松紧绝非他拒绝你的真正原因

一位其貌不扬的中年妇女，谨小慎微地坐在我的对面说："我爱人越来越少和我同房，他说我下面太丑，又黑又肥，让他兴致全无。"

"他是不是阳痿了，在给自己找退路？"我问。

"不是，他好得很，跟别人都行。"

"你是怎么知道他和别人都行的？他难道不避讳你？"

"不避讳，就算我知道，也拿他没办法。"

"那是他喜新厌旧了？"

"您说得没错，他现在有本事了，忘了我们白手起家一起受过的苦了。"

那头，病人的眼泪扑簌簌地掉了下来。

两个人共同生活是为了比一个人生活得更好，婚姻生活中让女性发自内心感到委屈和难受的东西，都无须忍受。结婚不代表幸福的开始，离婚也不代表过去的失败，那是勇敢者与过去的彻底割舍和从头再来。

除了学会保护自己，女人还要懂得听，要听懂男人的话语背后隐藏的意思到底是什么。男人爱的时候，天下女人的感受都是相同的；男人不爱的时候，会有各种莫名其妙的表现。说话的时候不认真，沉默的时候又太用心，那是有修养的。修养差的，会做出各种让你感到难堪的行为，就是很少有光明磊落道出实情的，他们会挑你的错，数落你的各种不是，让你感到彻头彻尾的自卑，觉得自己一无是处，分分钟地配不上他。

男人和女人的相处本来不需要那么复杂，不爱我，放了我，是两性关系中最大的慈悲。面对爱人的嫌弃和劈腿，女人要考虑的不应该是整形自己的身体，靠改变外形已经无法取悦对方，试图以此挽救生活更是徒劳，女人应该重新整理自己的内心，勇敢地结束，并且积极尝试新的开始。

我劝她回去，事已至此，女人重要的是擦干眼泪，修复自己的内心，整理自己的生活，而不是整形自己的外阴。

任何时候，女性都不要轻贱自己，男人不懂得珍惜，往你的伤口上撒盐，你不能再往自己的身上割刀。

"张医生，我产后三个月，顺产的，现在还在喂奶，产后42天复查一切正常，医生说可以有性生活了，但是我们特别不和谐，我毫无想法，甚至觉得疼，感觉就是在尽义务，是不是因为我的阴道松弛了才会这样？我看网上有卖缩阴药的，能吃吗？还是必须做那种缩阴的手术？"

产后性生活不如产前欢乐，是分娩后家庭的常见问题，却不是每个女性都能勇敢地说出口，并且积极求助的。其实大部分不和谐都是暂时的，和女性产后特殊的身体和心理状态有关系，并不能称之为病。

家里增加了一个嗷嗷待哺的新成员，母亲每天喂哺、换尿布、洗澡、逗玩、哄睡都是强大的体力付出，睡眠被夜间喂哺分割成若干片段，有的宝宝晚上也要频繁起来吃奶，乳母相当辛苦。一天的 24 小时里，新妈妈貌似只有在沐浴间的花洒下，才能彻底放松一下自己，接电话都恨不得趴在桌子上闭一会儿眼睛，这种身体的极度困倦和一部分人可能存在的产后抑郁情绪是失去性趣的主要原因。

在度过传统产褥期的 42 天之后，经过医生检查，恢复正常的女性就可以有性生活了。但是丈夫需要知道，哺乳期妈妈仍然处于一种特殊的内分泌状态。此时，她们的泌乳素高涨，每月一次的排卵和周期性雌孕激素分泌处于受抑制状态。她们的阴道状态并未完全恢复到孕前状态，而是和绝经后妇女的阴道相似，黏膜菲薄，缺乏弹性和延展性，尤其是那些完全母乳喂养的女性，表现更为明显。这些都可以解释产后女性在性生活过程中可能感到的令其不悦的摩擦感、灼烧感甚至疼痛。

这一系列内分泌变化，甚至可以为产后六个月坚持全母乳喂养的妈妈提供天然避孕。从自然界的自然规律出发，这个非常容易理解，哺乳动物在产后最重要的是哺育和照看幼子，而不是迅速返回发情状态，马上交配和再次受孕。即使没有五花八门避孕方式的古代，上天也早已安排每一位女性在产后拥有这样一个不易受孕的时期，让母亲全力以赴，专心照看幼子。

性生活的和谐建立在家庭关系和谐的基础之上，试想，一个是躺在床上恨不得马上就昏睡过去、筋疲力尽的乳母，一个是回家后什么家务都不干还饱暖思淫欲的男人，甚至卧室里或者隔壁还有酣睡之中的幼儿，你又如何要求新妈妈能够像从前那样精力体力充沛，激素水平高涨，毫无挂碍，大呼小叫地和你春宵云雨？

特殊状态下的夫妻生活，更加需要夫妻双方心理上的调整和适应。丈夫不应一味索取，而应了解妻子照顾幼儿的辛苦和压力，身体力行地利用下班时间多带孩子，多分担家务，给予妻子实实在在的关爱。心血来潮给老婆买个包或者买个表，对于急需有人抱会儿孩子，让自己安心小睡 20 分钟的奶妈来说，实在是一钱不值。虽然，在理论上，产后 42 天，子宫复旧正常，恶露停止，会阴伤口愈合的女性就可以有性生活，但是月经尚未复潮，雌激素水平低下，生殖道黏膜菲薄，又在辛苦哺育幼子的女性，在性生活方面确实可能存在这样或者那样的问题，这是教科书中不曾写到的，却是切实发生的，需要丈夫知道、重视、理解和支持。

06

|

缩阴：4 ～ 6 周 "凯格尔运动"

一个不争的事实是，经产妇的阴道比起未孕状态，确实可能出现略有松弛的改变。但是就性生活的质量来讲，达到美满和谐的关键因素，并不是自然状态下的阴道宽度，而是阴道在性生活时能够收缩产生的强度，这个阴道收缩力是可以在日常生活中通过"凯格尔运动"进行训练和强化的。

早在 1948 年，凯格尔医师第一次描述了支撑子宫、膀胱、直肠的盆底肌肉，也被称为"凯格尔肌肉"，并发明了伟大的"凯格尔运动"。

包括梅奥诊所在内的很多产科医生都建议，女性从孕期就开始坚持"凯格尔运动"，不仅有助于舒缓紧张和沉重的身体，还有助于解决妊娠晚期两个最令孕妇苦恼的问题，一是漏尿，二是痔疮。

强大的盆底肌是配合腹肌以及子宫肌肉收缩发动分娩的最主要力量之一，有助于增加阴道顺产率，减少难产和会阴侧切的风险。产后进行"凯格尔运动"，可以帮助强化在孕期和分娩时被拉伸和延展的盆底肌，预防盆底脱垂，改善大小便失禁问题，还有助于改善性功能。如果在长长的一生都能坚持"凯格尔运动"，不仅是女性，男性也能通过加强盆底肌力量，达到以上目的。

进行"凯格尔运动"，首先你要学会发现和确认盆底肌，它们是环绕在阴道和肛门周围的肌肉群。如果不是很确定，可以在小便的时候尝试憋住流动中的尿液，如果尿流中止了，那么恭喜，你已经找到了自己的盆底肌。这里需要注意，突然憋住小便的动作只是为了帮助你准确地找到盆底肌，日常生活中，不要刻意在小便的时候练习"凯格尔运动"，养成这种不好的习惯或者在膀胱充盈的时候进行"凯格尔运动"，反而会削弱盆底肌的力量。

练习"凯格尔运动"之前要排空小便，选择坐位或者站位都可以，然后用力收紧盆底肌，最好保持收缩 10 秒钟，再放松 10 秒钟，10 次为一组，一天做三组。练习时注意不要收缩腹部、大腿和臀部的肌肉，否则反而会削弱盆底肌的力量，要始终保持呼吸顺畅，不刻意屏气。

做"凯格尔运动"不难，无须刻意，贵在坚持。不要急于看到效果，起码要坚持 4 ～ 6 周后才能初见成效，心血来潮无法受益终生。更不需要大张旗鼓地练，重要的是在日常生活中养成训练习惯，例如等公交车、开会、休息放松的时候都可以悄悄进行。

即使知道这些，医生也不能光说不练，坐诊全靠"话聊"，更不能主观地认为眼前的女性一切正常，不需要手术。确实有一些女性因为难产造成严重的会阴撕裂，甚至盆底肌肉断裂，也可能因为多产发生子宫脱垂，阴道松弛，阴道前、后壁膨出，尿失禁，甚至尿瘘和粪瘘。

对于年轻初产女性，经过医生检查，需要依靠手术解决问题的病人并不多。即使需要进行盆底重建，手术也并不复杂，危险性也不大，正规三甲医院都有能力开展，不存在天价或者收费过高的情况。千万不要到不具有手术资质，甚至连美容整形资质都没有的机构寻求治疗。在商业利益的驱动下，不排除个别医疗机构在不必要的情况下，打着"重塑性福人生"的旗号，为女性随意进行各种缩阴手术。

检查后，我告诉她："阴道没有问题，缩阴药没有用，更不需要开刀手术。恢复性福生活，一方面要让伴侣了解自己产后的身体和心理状况，双方多多理解和配合。另外，情感的沟通也并非都要通过性的方式，即使在产褥期，还不能有性生活的时候，夫妻也可以通过亲吻、拥抱和抚摸获得情感慰藉。另一方面坚持"凯格尔运动"，加强盆底肌训练，会让自己终生受益，即使年华老去，即使多次分娩，女人的身体也不会迅速松弛和老化。"

07
|

私处整形解决不了人生的全部问题

随着人们生活质量的提高、女性意识的崛起，私密部位整形已经不是欧美等发达国家或者大城市女性的专利。随着文化与审美的变化，美国大约有80%的女性进行部分或全部阴毛的去除，使得阴唇更加显露。有些女性感到，过于肥大突出的阴唇影响她们的运动、性生活质量，并且造成脱毛时候的困难。也有女性因为阴唇肥大，没法穿某种式样的衣服或泳装感到苦恼，并为自己的身体感到羞愧和尴尬，甚至影响夫妻关系。她们迫切希望改变自己并不满意的身体，重新获得舒适和自信。近年来，妇产科和美容整形科医生正在面对越来越多的女性在这方面的诉求。

目前，市面上最常开展的女性私密部位整形手术已有20余种，除了小阴唇整形，还包括大阴唇增大、G 点加强、阴道紧缩、处女膜成形、阴蒂包皮去除术等。尽管还没有全世界科学家统一认可的完美数据，但事实上，已经有越来越多的医生正在为女性进行私密部位整形，而且越来越多的女性表现出越来越高的满意度和源源不断的需求。一场针对"医生是否应该为女性提供阴唇整形手术"的论战早已在医学界拉开帷幕。

2007 年，美国妇产科学会发布 378 号学会公告：由于缺乏安全性和有效性的数据，反对进行这类手术。

但是大量的医生仍在进行这类手术，他们认为，私密部位整形手术的并发症发生率很低，远较隆胸等耳熟能详的美容手术安全，对于有要求的女性，妇产科医生应该为其提供技术服务。

反对大张旗鼓开展这类手术的医生认为，绝大多数接受整形的患者的器官解剖都是正常的，要求手术也并不总是缘于女性身体的不适，更多是为配合外阴脱毛后的审美视觉，或者受色情网站的外阴图片刺激。此外，很多女性并没有需求，并不知道有这些令人眼花缭乱的整形手术，是不无吹嘘的商业广告和略显夸张的宣传令她们误入歧途。

虽然，在理论上，只要是自主选择，成年女性做或不做整形都无可厚非，但是作为手术的施行者，不应该只是单纯地贩卖医疗技术，一切手术都应该遵循以下几个原则：施善行、公平、不伤害。

医生不应该盲目屈从商业导向，市面上常见的私密部位整形手术的操作过程都很简单，但是作为美容整形手术，收费昂贵，医生和医疗机构获得实打实的高额利润，而病人得到的益处尚不明确，这首先不符合施善行原则。

虽然商业宣传外阴整形手术有诸多好处，甚至宣称能够增强性功能，改善夫妻关系。但是客观上，并没有大规模的前瞻性对照性研究结果作为科学有力的支持，提出这些整形手术对女性是安全的，还为时过早，不符合医学的不伤害原则。

最后，面对全世界各个国家，尤其是发展中国家极度短缺的医疗资源，面对更多亟须救治的危重病人，医生将更多的精力，或者个别医生将全部精力用于非医疗目的的美容整形手术，不符合公平原则。

施善行、不伤害和公平原则，是医生每天拿起手术刀之前都要细心思量的事情。妇科医生和整形医生在为任何一个成年女性提供私密部位整形手术的时候，都应该扪心自问，自己做这样的手术，是否心安理得。

对于外阴整形，相信每个医生心里都有一杆属于自己的秤。我既不像车娜一般执着痴迷，也不像龙哥一般固执反对。我们的手术刀是解决身体痛苦的，而不是为了让女性成为所谓的"精品"，我们是医生，不是贩卖医疗技术的商人或者手术匠，不是病人有诉求，我们就做手术，要因人而异，充分评估每一个具体病人，充分了解每个女性的真实想法，详细交代整形手术的利弊，为真正需要手术的女性做手术，把不那么需要做手术的女性劝回家。

妇产科诊室应该是让女性感到最温暖和最安全的地方，是让她们重新找回自信、找回自我的地方。我们的诊室应该让女性感到自己是被接受的，尤其是她们在最脆弱的时候找到我们，我们不能轻易地让她们再遭受手术刀的伤害。

女性，首先要学会在内心深处接受那个并非十全十美的自己，才能更好地被别人接受，被自己的伴侣接受，哪怕在审美上并不完美，但只要是健康的，都要尽量避免去做整形手术。

世上没有最美，也没有更美，女人有了发自心底对自己的接受和珍爱才美，在身体上是这样，生活中是这样，事业中更是这样，试想一个自认一无是处的人，还有谁会将其视若珍宝？

手术刀解决不了人生的全部问题，一切医疗的最终目的都是让女性过上更好的生活。如果能够通过没有创伤的方式，例如适当的心理咨询，或者生物物理治疗，帮助女性正确认识问题，重新接纳自我，都不失为更好的解决方法。

我自己悲催的剖宫产经历

01

|

身怀巨大儿，一刀解千愁

　　我出生时是个巨大儿，我老妈在 60 岁生日那天，全线飘红的空腹血糖和餐后血糖，配合亲朋好友的红包和玫瑰，一起前来祝贺她的寿辰。在她吹灭蜡烛，摘掉生日蛋糕附赠的简陋纸帽，准备亲自为大家分蛋糕的时候，却被扣上了糖尿病的帽子。

　　生出巨大儿的妈妈，还有出生时是巨大儿的人，都是糖尿病的高危人群。健康的生活方式、严格的饮食控制，能够延缓糖尿病的发病。我在怀孕后一直严格控制饮食，并且积极运动，好歹躲过妊娠糖尿病这一劫，然而，就像孙悟空逃不出如来佛的手掌心，还是养出了一个 3900 克，接近巨大儿的胖丫头。

　　按照国内产科一直遵循的老祖宗规矩——孕期常规测量骨盆大小，欧阳教授把骨盆测量器往我的两个坐骨结节之间一比，立即得出结论：屁股很大，但是出口很小，是个中看不中用的骨盆，用来生孩子，可能不合格。眼看着肚子里的大卡车（巨大胎儿）可能无法顺利通过眼下的小窄道（产道），我决定直接做剖宫产，在 39 ～ 40 周之间，选一个对家人和医生都方便的时辰，咔嚓一刀，切开一层层皮肉，让大夫伸手把女儿从子宫里捞出来，直接拎到人世间。

妇产科医生在自家医院做剖宫产，各方面条件一定不差。手术一定由她最信任的、最优秀的主刀教授进行，还有教授觉得最得心应手的第一助手协助完成。此外，手术所需的镇痛、生命体征的监测和管理会由一名技术、口碑、人缘俱佳的一流麻醉医生担当。这是名不见经传的小医生在协和打拼多年的最大福利。

躺在自家手术台上，作为一个已经能够熟练进行剖宫产手术，并且知晓这是一个看似简单，实则每一步都暗藏杀机的手术的妇产科医生，我没有一点紧张和害怕。我没有想过可能会出现的娩头困难、子宫下段或膀胱撕裂，可能要命的羊水栓塞或者产后出血等等这些也许伴随新生命同时降临人间的悲剧，反而体会到一种从未有过的轻松惬意和无牵无挂。

在同样一间手术室，我终于不再像实习时候的那个菜鸟医生，处处深提着一口气，加着一万分的小心，生怕被病人慧眼识破自己是个生手，生怕被眼尖嘴利的护士发现哪里不合规范，生怕做错事给病人造成伤害，或者因为无知和无能被自己"老大"（带教老师）鄙视。

我终于不再像刚刚拿起手术刀的那个住院医师，浑身紧绷，眼神凝重，手下总是颤颤巍巍，内心一直底气不足。

我终于可以不再反复考虑多年来每次走进手术室都要想着的上台"三件事"，

不用撩起被单，弯腰检查病人的尿管是否通畅，是否被大腿压到，尿袋子里的尿色是否正常，并且记住尿量。（手术的整个过程保持尿管通畅和膀胱空虚很重要，否则，一旦膀胱积存大量尿液，就会在子宫前面鼓一个大包，医生的手术刀还没有切开子宫，就可能先将膀胱切破，还没有捞出孩子，子宫已经泡在尿里。）

我终于不用去翻每一个孕妇的术前病历，确认有无手术签字，不用一张一张去翻化验报告，尤其是确认有没有至关重要的血型和 Rh 因子。（手术切开皮肤后，每一位手术台上的孕妇都可能出现要命的大出血。救命的时候，如果没有这两项化验结果，就有可能良机殆尽。手术台上刚刚"弄"出人命，接着又闹出人命的事儿不是没有。）

病人的性命不光掌握在主刀医生手里，很多时候，伟大的生命就是这样掌握在我们这些不起眼儿的小医生手里，掌握在这些极其微小、极易忽略、日复一日要做却与成就和功劳毫不相干的细节当中，哪一处有了纰漏，都可能酿成大祸。

躺在手术台上，我终于可以将医生这个一直以来不无沉重的职业角色暂时卸载，这才发觉自己太累了，浑身上下每一处都是紧的，整个人就像一张时刻拉满的弓。

拉不满的弓是没有力量的，总是拉满的弓又太容易断掉。那一刻，我突然可怜起自己来，孩子还没出生，我已经不争气地淌下眼泪。

* 　 * 　 *

我的大胖闺女被欧阳教授从子宫里捞出来的时候，一副极不情愿的样子，不仅号啕大哭，还张牙舞爪，一只小手揪住脐带上的血管钳说啥不放手。欧阳教授一边和她争抢钳子，一边笑着说："幸亏我们大夫在手术台上不戴戒指项链名贵手表，否则都得被你家这丫头掳走。"

她肤色红润，哭声响亮，一双小脚连蹬带踹，一双小手握紧拳头，充满生命的张力。在一片祝福声中，躺在手术台上的我，默默慨叹自己何德何能，又流下一串幸福和激动的泪水。

孩子和我被先后送回产后病房，我的身体还处于麻醉之后的半瘫状态，但是脑子完全清醒，这就是剖宫产手术常说的"麻而不醉"。我确认自己能够平稳地抱住宝宝时，我让奶奶（我的婆婆）把女儿抱到我的胸前，尝试和她的第一次亲密接触，让她吃到人生的第一口奶。

在过去的半小时里，我接受了剖宫产手术，接受了硬膜外麻醉，使用了麻醉药物。但是，无论剖宫产，还是阴道顺产，也不管使用了硬膜外麻醉、腰麻还是腰硬联合麻醉，甚至包括极为少用但是紧急或者复杂情况下不得不用的全身麻醉，都不影响母乳喂养。

常用麻醉药物的半衰期（指药物在血浆中最高浓度降低一半所需的时间）都在 3～6 小时，主要集中在注射部位附近的脊髓和脊神经起作用，进入母亲血液循环的药物极少，再通过血乳屏障进入母乳中的药物更是微乎其微。而顺产除了必要的分娩镇痛和会阴侧切时可能用到局部麻醉药物，不需要使用抗生素。

对于剖宫产手术需要预防性使用的抗生素，每一位产科医生都会为产妇控制一个尽量短的用药时间和尽量小而有效的用药剂量。通常，抗生素只在切开皮肤之前使用一次，之后根据药物的代谢特点，手术后再使用 1～2 次已经足够。有些产妇胎膜破裂距离分娩的时间过长，或者已经有生殖道感染征象，医生才会增加药物剂量，延长用药时间。药物的种类大多也是母乳喂养可以放心使用的青霉素或者头孢类抗生素。

因为顾虑麻醉药物、抗生素的使用，执意放弃母乳喂养，完全没有必要，得不偿失。而因为担心药物经过母乳喂给孩子，很多妈妈都知道哺乳期间不能随便吃药，即使伤口再痛，也命令自己紧咬牙关，一挺到底。这种强迫自己成为"钢铁战士"的做法，也完全没有必要。

产妇如果感到侧切伤口疼痛，或者子宫收缩过强引起小腹疼痛，还可以适量服用止痛药，例如最常用的对乙酰氨基酚（又名扑热息痛），这种止痛药每个药房都能买到，普通人有个头痛脑热都可以自行使用，是全世界应用最广泛、安全性最高的非处方药物之一。在医生指导下适当使用止痛药物，可以帮助妈妈们更加舒适、平顺地度过产后最初那几天比较难过的日子，以更加轻松的心情尽快恢复体力。

与此相反，处于另外一个极端的是自身有健康问题的产妇，可能为了母乳的安全，为了能有机会把这世上独一无二的珍贵口粮喂给孩子，擅自停药，这种做法更是不可取的。

甲状腺功能减退的产妇在哺乳期仍然需要服用甲状腺片，甲状腺功能亢进的产妇更不能停药，未经控制的高血压产妇需要继续服用降压药，有肝病、肾病、心脏病、自身免疫病等基础病的产妇不论产前产后还是生产之时，都离不开药物的支持和辅助。

产后的新妈妈，千万不要一听到"药"就拒之千里。医生会根据产妇的身体状况以及母乳喂养的需求，尽量选用相对安全的药物，并且严格控制药物剂量，力争做到既保证产妇健康，又保证母乳喂养的安全。正在接受药物治疗的妈妈，千万不要为了给孩子喂奶就擅自停药，一旦自身疾病得不到控制，或者恶化，母亲自身安全不保，恐怕也是没有能力将母乳喂养进行到底的。况且，未来那么长的日子，孩子是多么需要一个有体力、有耐力、身体状况良好的母亲的养育和陪伴。

世界卫生组织以及国际母乳协会等权威机构，都呼吁全球的母亲们将母乳喂养坚持到孩子满两岁。在这个可能非常漫长的哺乳过程中，母亲难免发生外伤，需要缝针，或者因为牙痛需要拍 X 光片，或者因为其他医学需要拍胸片、做 CT、核磁共振，以上都不影响母乳喂养。

02

|

奶水不够？一个困扰无数人的伪命题

我把女儿抱到胸前，开始练习喂奶。产后妈妈和孩子越早接触，越早吸吮乳房，越早开奶越好，剖宫产妈妈在家人的帮助下，也能在床上完成这些功课。

如果是顺产妈妈，争取在孩子一出生，就把他抱到怀里让他吸吮乳头。新生儿在出生后的 20 ～ 30 分钟时间里，吸吮反射最为强烈，在出生后的第一个小时，大多数宝宝都已经做好准备，急于吃到妈妈的奶水，不要错过这个黄金时间。

尽早让孩子吃奶，对宝宝和妈妈都有好处。吸吮乳头有利于刺激母亲产生催产素，这是促进子宫收缩、减少产后出血、帮助子宫复旧的最好方法，而不是吃益母草、喝各种名贵中药煲的汤，或者在烈日炎炎的夏季不开空调和风扇，还用厚厚的纱布腹带将自己像木乃伊一样层层缠起，结果捂得满身热痱，苦不堪言。

奶奶见我要喂奶，连忙走过来阻止："刚下来的奶不能给孩子吃，是脏的，得挤掉。"

"初乳赛黄金"的道理我在医科大学念《儿科学》的时候就懂，连忙说："不脏，初乳要尽量喂给孩子，量虽然不多，但里头全是干货。"

"你没喂过孩子，不懂，这在咱们老家叫灰奶子，要挤了扔掉的。就跟放自来水一样，你这头一回喂奶，管道从来没有疏通过，肯定要先放一放脏水。"奶奶仍然坚持。

奶奶的比喻真的很形象，只是毫无科学道理，敢情在她眼里，我不是传说中的伟大奶牛，而是久未疏通、生了锈挂了灰的送水管。

"不光你刚下来的奶水要挤掉，女孩子的乳房也要挤，否则将来长大了就是一对瞎奶子，没法给她的孩子喂奶。我的两个闺女都是我亲自挤的，你别说，还真能挤出点奶来，黄黄的，稠稠的，挤过之后，她们两个的奶头都长得特别好，咱家的两个外孙女都吃了两年多的奶，身体可好了。"

不论男孩还是女孩，因为在妈妈肚子里的时候受母亲体内雌激素的影响，出生后都会或多或少表现出乳房肿胀的生理现象，一些初生女婴还会有少量类似月经的阴道出血，这都是正常的，不用害怕，不需要处理，更不需要去挤压。孩子出生后脱离母体，雌激素的影响很快消失，乳房肿胀自然消退，阴道出血也会自然停止。老一辈人给新生儿挤压乳房，说是为了避免女孩子成年后乳头内陷，这是没有科学依据的，反而可能因为过度挤压造成幼嫩的组织发生损伤，引起新生儿乳腺发炎。

　　奶奶是提前一周赶来北京，准备"伺候月子"的。我早就想到，新旧育儿观念可能会引发彗星撞地球一般的激烈大碰撞，专门准备了一本字大行稀的育儿书籍给奶奶看，希望早日达成思想上的共识，减少生活中的摩擦。谁料奶奶是看起八点档肥皂剧就精神抖擞，一拿起书就犯困的人，一页都没读完。

　　我没说话，但是没有停下来的意思。

　　奶奶见我执意要喂，不再坚持，随手递过来一张消毒湿巾，示意我擦擦乳房和奶头。

　　我说不用，用温热毛巾擦擦就可以了，喂奶是老百姓过日子，不是大夫开刀，不需要消毒。

　　奶奶一边吭哧吭哧地擦床边的小桌板，一边嘀咕道："你们大夫都是最爱干净的，消消毒有什么不好？孩子小，抵抗力差，小心拉肚子。"

　　看着奶奶略显委屈还有些愤愤不平的样子，我想起当年龙哥叨叨过的泰戈尔的诗："最好的东西从不独来，他伴随所有的一切同来。"孩子来了，伴随他的一切都将同时到来。奶奶、月嫂、保姆，还有前来探望我的亲生老妈，她们都是怀揣一颗热心前来帮助我的，但是如果我自己什么都不懂，就只能被别人牵着鼻子走，我的格局自然而然也会跟随别人的腔调，一切科学的不科学的还有伪科学的，我将毫无分辨能力，都要听从这些所谓"过来人"的。

　　养孩子，首先要戒掉生活中的各种洁癖和假干净，孩子不能活在真空里。

　　从子宫的无菌环境来到外面的花花世界，孩子首先启动呼吸这一最基本的生命发动机，打通心肺循环后，接下来的任务就是吃喝拉撒。在吸吮妈妈的乳房时，他首先吃进去的是妈妈乳头上需要氧气才能生存的需氧菌，紧接着的第二口吸吮，吃进去的是藏在深部乳管内不需要氧气也能存活的厌氧菌，然后继续努力，才能吃到奶水。

千万不要厌恶这些细菌，正常肠道菌群就是一个庞大的细菌王国，它们不仅不会伤害孩子，还有助于孩子消化和吸收母乳，促进免疫系统成熟，预防各类过敏性疾病。有益细菌的传递其实在阴道分娩的一刻已经开始，剖宫产的胎儿错过了经过母亲产道的机会，更需要母亲的拥抱、肌肤的接触和母乳的喂养。

妈妈给孩子的第一口奶，与其说是给孩子的口粮，不如说是在传递细菌，在喂给孩子奶水之前，母亲已经想到要帮他构建一个能够更好地消化和吸收奶水的胃肠道环境。

女性一旦成为母亲，身体立刻会变得聪明，会自动将这些有益健康的东西传递给孩子，这是进化使然，身体使然，也是母性使然。我们真的不需要再特殊注意什么，或者非要去做些什么，记得顺应身体的自然和本能，不轻易剥夺这些天然的传递和母爱的给予最要紧。

*   *   *

我没有巴拉巴拉地非要在这一刻得理不饶人地纠正奶奶的愚昧无知和不科学，而是看准宝宝张嘴找食儿的空当，将整个乳晕送进她的嘴巴，用实际行动喂起奶来。这小家伙还真争气，竟然一口含住奶头吃了起来。

孩子真的很神奇，生下来就会吃。不过嘬两口之后好像没吃到什么东西，她咧开嘴巴哇哇大哭起来，奶奶赶紧把孩子抱过去，心疼地说："哎呀！妈妈这乳房小小的、瘪瘪的，一看里头就没奶，什么都吃不到还让我们吃，简直就是糊弄我们，宝宝不哭了，不哭了啊，奶奶抱抱。"

在奶奶眼里，有些女人天生就没奶，这是母乳喂养最常见的误区。

实际上，每个女人都是天生的"奶牛"，宝宝一落地，奶水自然产出。除非女性的乳房做过某些毁损性手术，接受过某些特殊治疗，或者受某些特定疾病的影响，否则，基本上人人都能有奶。很多妈妈没有喂奶成功，是因为在母乳喂养建立之初，就陷入了种种误区。

很多产妇被婆婆这么一番数落，顿生内疚，因为自己不够大胸，不能在产后立即丰沛产奶抬不起头来。我却完全没往心里去，咱是高级知识分子，又不靠脸蛋和胸部吃饭。自古各花入各眼，大有大的汹涌，小有小的精致，如莲蓬一般紧致，微微上翘，盈盈一握，精神抖擞，也是一把好乳。

大胸其实没有那么神秘，从解剖学角度分析，不过是多了些鲜亮明黄的脂肪组织，而内部真正负责产奶的乳腺组织，所有女人都一样。母乳的"产出"依靠的是母爱的情绪、产奶的激素、乳腺组织中腺泡和腺管的同时做功，以及孩子的频繁吸吮。平胸妈妈无须自卑，这四大要素我们一个都不缺，凭什么就不能喂饱自己的孩子？在没有奶粉的旧社会，难道我们的孩子生下来都要被饿死不成？

"你的奶水肯定不够，赶紧喂点奶粉吧，可别把孩子饿着。我亲自喂大三个孩子，这方面比你这个专业的妇产科大夫有发言权。我们那时候养孩子的条件不如现在，孩子满月就送托儿所，送奶的时间没到，我的上衣已经被奶水浸成湿答答一片，只好把塑料布缝在衣服里面做内衬，否则一路没法见人。我那时候最怕涨奶，不光胸前两座小山似的邦邦硬，两个胳肢窝都跟着鼓起来，两只胳膊完全没法放下，只能支棱在身体两侧。孩子只要往我这胸前一抱，奶水就呼呼地往外喷，我得用手捏着点儿奶头，要不然奶水太急，孩子根本招架不住，呛得直翻白眼儿。我的奶水那才叫多，孩子吃左边的时候，右边也跟着往外滋，我身边得常备一个搪瓷缸子接奶。喂大志的时候，恰好邻居家下了一窝小狗崽儿，母狗难产死了，我一边奶水喂大儿子，一边奶水接到搪瓷缸子里喂大一窝小狼狗。后来狗崽儿们长大了，不喝奶了，我就用多余的奶水浇花，整个家属区，就数咱们家的花池子最艳丽。"

面对样样红的医学博士儿媳妇，奶奶终于挺起女性的傲人双峰，吐气扬眉一回。

奶奶不是吹牛，在物质极度匮乏的年代，她的确用甘甜的乳汁奶大了三个孩子。但她说的都是奶水成熟以后的事儿，我现在是产后刚刚分泌初乳的特殊阶段，根本没有可比性。

中国哲学自古奉行中庸之道，凡事一旦走向两个极端，不论好到顶峰，还是坏到极致，都是常人不能承受之重。像奶奶这样奶水太多，难道不是烦恼？其实奶水不多不少合适正好，和孩子达成供需平衡的妈妈最幸福。

产后 7 天分泌的乳汁名为初乳，特点是量少色黄。奶量很少，所幸新生儿需要的也不多。刚出生宝宝的胃，只有一颗玻璃弹珠大小，容量只有几毫升，每次只要吃进去一点奶水就够了。出生后 7 天，宝宝的胃一点点变大，胃口也逐渐增大，妈妈的奶水自然过渡为成熟乳，奶量随之增加，我们的身体就是这么聪明！

* * *

新妈上路，最怕孩子吃不饱。

实际上，母乳喂养的孩子根本没法精确计算他们到底吃进去了多少奶。有时候，你用吸奶器只能吸出十几毫升奶水，垂头丧气地想，这点产量怎么够孩子吃？但是如果亲自喂哺，孩子吃进去的奶水，可能远比这个量大。要知道，再高级的吸奶器都比不上孩子的吸吮能力，妈妈完全无须把奶水吸出来量一量，亲眼看看自己到底有多少货，才有安全感。

奶水并非事先全部产好，存在乳房里等着孩子来吃，一部分奶水是在孩子吃奶的时候，边吃边产的。所以，喂奶之前没有涨奶的感觉，不代表奶水不够，也不是每个母亲在喂奶之前都有传说中酥酥麻麻"奶阵"的感觉。

母亲的奶水是否充足，孩子最有发言权。

孩子吃没吃饱，一看精神，二看尿布，三看体重增长。孩子吃奶后有满足感，或者开心玩耍或者酣然入睡，每天换6～8次很湿的尿布，排大便2～5次，抱在怀里感到他一天天变长变重，眼神里越来越有内容，皮肤有弹性，小鲜肉结实，就行了。

孩子的食量天生有别，吃奶的速度有快有慢，每次吃奶之前的饥饱情况不一，也会影响每次吃奶的时间和吃奶速度。而且，每一个孩子都是独一无二的，都是带着强烈个性来到世间的，有的孩子吃奶之前永远是迫不及待，一分钟也等不及，吃起来更是狼吞虎咽，三下五除二，吃完就睡。有的孩子就是磨磨蹭蹭，慢慢悠悠，哼哼唧唧，吃吃睡睡。

当妈妈的除了去了解、接受和配合，以我有限的经验，实在是做不出太多改变。有时候，母亲做出太多努力，试图纠正眼下这个并不如意的孩子，到后来证明可能都是错的，都是徒劳，都是伤害。爱他，并非如己所愿，而是如他所是，在这长长的一生里，妈妈们都急不来，总要慢慢学会接受孩子的温吞磨蹭或者勇猛急躁，在母子的世界里，关于脾气秉性的那些形容词，本来就是不分褒义和贬义的。

没人有权规定孩子必须间隔多长时间才能喂哺一次，更没人有权规定一边喂哺多长时间之后，必须换成另外一边。用心感受你的孩子，尽量调整自己和孩子之间的步调，最终，每位妈妈都能找到自家的节奏。别和别人家的孩子比，也别和书上那些干瘪生硬的数据比，尽信书不如无书，书上写的都是统计很多孩子之后得出的平均数据和平常情况，而那个专属于你和孩子的节奏，才是最完美的节奏。

喂奶的时候，不要看着钟表紧张焦虑各种思考，上天让我们成为母亲，定会赋予我们哺育孩子的能力。我们无须数着钟点给孩子喂奶，无须在意喂奶之前是不是涨奶，更无须在意奶水是不是喷出来的。

不仅不要时刻盯着表（时钟）喂养孩子，也不要总是盯着表（身高体重增长表）测量孩子，宝宝体重持续增长并且有合理速度，他的表现健康、满足，那么他就是好的，一个生长良好的孩子是不需要被严格和经常测量的。

少些庸人自扰，多些顺其自然，只要全身心地放松，在安全的环境里，适宜的温度下，采取自己和孩子都舒服的姿势，温柔地看着孩子，和他轻声说话，或者哼唱柔美的童谣，传达爱意之时，母乳自然流淌，成功的母乳喂养定会顺理成章。

我把宝宝交给奶奶，小睡了一会儿。醒来时，大志悄悄告诉我，奶奶抱过孩子后，连说这孩子没吃饱，这孩子肯定没吃饱，要趁我睡着的时候给宝宝喂点奶粉，但是转了三圈，愣是没有找到奶瓶和奶粉，找护士要，护士说张大夫有交代，要全母乳喂养，谁也不许给孩子喂奶粉，才肯作罢。

我心中窃喜，自己从抠门的角度出发，事先没买奶瓶奶粉这事儿，还真做对了！也算是一个要将母乳喂养进行到底的奶妈，破釜沉舟背水一战、置之死地而后生理论的一次伟大胜利。

实际上，只要母乳喂养成功，在产后 4～6 个月之内，孩子完全不需要奶瓶、奶粉、消毒锅这类东西，他甚至不需要额外喝水。母乳是聪明的，对于初生婴儿，它负责搞定一切，它有干货，有水分，组成比例会跟随孩子的成长不断发生变化，甚至在一天之中的不同时段，都会有微妙的波动，并且随着季节和天气的转换，所含水分都有调整，完全契合宝宝的需求。

宝宝饿了，妈妈喂奶；宝宝渴了，妈妈喂奶；宝宝无聊害怕寂寞空虚冷，妈妈通过拥抱、爱抚和喂奶统统搞定。完全不需要用奶瓶额外喂水、喂果汁或者蔬菜汁，这些添加物不光画蛇添足，而且仅仅是用奶瓶装一点点的牛奶、果汁或者白开水喂给宝宝，都会干扰母乳的产生。除此之外，更不要给初生宝宝喂所谓强身健体、祛风散寒、降燥去火、有病治病无病强身的凉茶和中药汤，健康的孩子不需要用这些东西来保健，一些药材还可能因为农药残留、重金属超标以及本身的毒副作用等问题，造成宝宝的肝肾损伤。

母乳喂养好，但是母乳喂养在建立之初是困难的，失败的原因众多，阻力甚至来自身边最亲近的人。有的老人看着你的 A 罩杯，直接就说你没奶，甚至人家喂奶的时候，随手往媳妇胸前捏一把，就说是空的里头没有奶。孩子一哭，老人就说是奶水不够；孩子一病，老人就说你奶水没营养；孩子一闹，老人就说是孩子没吃饱；甚至有的老人在你亲自哺乳之后，再给孩子喂 50 毫升牛奶，以铁的事实证明你的奶水不够吃，之后不由分说地就给孩子加喂奶粉了。

其实，吸吮母乳是一件费体力的事，所以才有"使出吃奶的劲儿"这句俗语。孩子吃奶瓶会省很多力气，咕咚咚一会儿就喝完了，完全不像吃母乳一样"磨蹭"。牛奶和人奶相比，消化慢又顶饿，孩子吃完奶粉，心满意足，可能一连睡上三四个小时，这在吃自己奶水的时候可是绝对没有的事儿，你辛苦建立的母乳堡垒顿时坍塌，甚至一直自诩为学习型辣妈的自己，都对自己的奶水没了信心。

母乳喂养基本遵循供需平衡原理，如果下一顿老人继续给孩子喂奶粉，你的乳头便丧失了宝贵的被吸吮的机会，你的大脑以为宝宝不需要吃奶，就会指令你的乳房停工，奶水自然减少，于是形成恶性循环，越吃奶粉，妈妈的奶水越少。这世上有多少好好的奶水，都是这样活生生地被憋回去了，还都是在亲情至爱的名义下被憋回去的，还都是在为你好、为你孩子好的旗号之下被憋回去的。

大志把女儿抱过来，我和孩子继续接触、练习、磨合。

温暖的母乳和温柔的爱抚是母亲送给初生婴儿最好的礼物。虽然她的手上扎着输液针，双脚因为麻醉不能动弹，膀胱里插着尿管，子宫还在一股股地流血，但是一颗初为人母的心，已经迫不及待地开始照料和奉献。这感觉很奇妙，母性的迸发，就像花儿在暗夜绽放，像爱情在悄然萌动，又像有一张微笑的脸庞在时刻注视。

03

|

警告：产妇能让尿憋死！

手术后第一天的清晨，护士帮我拔除尿管，我喝下一大杯凉白开水，只等双肾产生足够的尿液，完成今天的第一项任务——在拔除尿管后的 4 ～ 6 小时之内，通过自己的努力，一次性排空膀胱内的全部小便。

因为麻醉的作用，膀胱一度失去神经的支配，手术后一直处于松懈麻痹和消极怠工的状态。术后第一天的第一件大事，就是重新启动膀胱的排尿功能，避免产后尿潴留。否则，就有可能再插一次尿管，不仅要再次忍受那种比开刀还可怕的酸麻感和痉挛痛，还会增加泌尿系感染的概率。

对妇产科医生来说，"术前置尿管"是一条普通得不能再普通的术前常规医嘱。入行以来，我不知道亲自写下过多少次这条医嘱，在日复一日的忙碌中，我总是大笔一挥，在医嘱本上龙飞凤舞地写出这五个大字，下面的工作就交给护士了。

尿管真正插到自己身上的一刻，我才意识到，我从未真正关心过那些孕妇的感受。当我真切地体会到那种不是疼痛但胜似疼痛的刺激、酸胀和痉挛，突然间自己就对膀胱失去了控制，突然就憋不住尿的时候，我的天，那感觉好可怕！之后你会特别想尿，又怕尿裤子，但其实你是完全尿不出来的。我一边忍受这难言的尿路刺激之苦，一边想，伟大的柏拉图所言极是，"要想成为一名真正的医生，一个人必须经历他希望救治的所有疾病，遭遇他将要诊断的各种意外和境况"。

没被插过尿管的人，不足以宣称自己体验过人生；没被插过尿管的妇产科医生，不足以宣称自己能够切身体会女人的疾苦。从那以后，面对生完孩子尿不出来的产妇，我都是多鼓励、想办法，再加上耐心等待。在亲身体会过插尿管的痛苦之后，我真正懂得了什么叫医生的感同身受，什么叫医生的手下留情。那以后，每开出"再次插尿管"的医嘱时，我都会左思右想，她是不是真的尿不出来了？是不是真的非如此不可？

很多欧美国家，以及我国的香港和澳门两个特别行政区，都是在病人麻醉成功之后安插尿管，完全没有痛苦。然而我们的手术室太稀缺，手术之前在病房完成插尿管这一步骤，就能节约出最宝贵的时间资源。从每个病人身上节约出一点时间，一天下来可能就能多做一台手术，多解决一个病人的问题。在手术间不够用，手术台稀缺，全国人民都来看病开刀的协和，清醒状态下插尿管的诊疗常规，估计还要持续相当长一段时间。

不论顺产还是剖宫产，产妇第一次下床一定要有人协助。千万别逞能，也千万别以为自己可以像平时一样身手矫健地腾跃而起，一定要动作缓慢。分步进行。

首先，清醒后不要马上起身，先在床上躺几分钟；之后请护理人员将床头摇高，或者垫高两个枕头，靠在床背上坐几分钟，确认没有头晕、心慌、眼前黑蒙等异常后再尝试下床；下床后不要急于向目标奔走，先扶着床栏杆站一会儿，再缓慢迈步。做好这"三步走"，可以最大程度避免产后晕厥，减少产后摔倒、骨折等意外的发生。

我在护士的搀扶下尝试慢慢走路，还没到洗手间，就突然感到一阵剧烈的头痛。我想，可能是因为手术后在床上躺得太久了。虽然很痛，但我还是忍着，坚持走到洗手间，成功地尿出了手术后的第一泡尿。从马桶上站起来之前，我还一脸的沾沾自喜小有得意，嗯，是的，我又成功了，成功地恢复了膀胱功能，不是我吹牛，就这一泡尿，不知憋坏了多少产后的女汉子。

谁说活人不能让尿憋死，曾有产妇，做完剖宫产一滴尿也没有，迅速进入了尿毒症阶段。后来发现，手术中一度子宫大出血，医生为了救命，决定结扎双侧髂内动脉，情急之下，眉毛胡子一把抓，把邻居输尿管也给一起扎住了。这是在医科大学的第一堂妇产科课上老师讲的真实案例。妇产科医生要想不出麻烦，必须做好周边"地区"的外交工作，肠子、膀胱、输尿管三大邻居，一个都不能惹。

启蒙老师讲的故事毕竟罕见，但是，产后尿不出这事儿相当常见，排尿是分娩后的第一道坎儿。顺产后 4～6 小时，剖宫产拔掉尿管后 4～6 小时，产妇必须有尿，到时候护士会拿着笔和小本子，问你尿没尿，尿几次，每次尿多少。一点不尿肯定不行，每次只尿一点又不停地想尿也不行，都说明膀胱功能没有完全恢复，护士就会报告大夫，大夫就要给你用大招儿，你就惨了。

一次早晨查房，有个产妇尿不出来，我鼓励她不要在床上尿，走去卫生间试试，然后我就去了手术室。中午回病房，我才想起还有一个产妇没有尿出来，伸手一摸小肚子，膀胱鼓得好大，赶紧下"插尿管"的医嘱，结果一下子导出2000多毫升的尿。产妇一切都好，就因为尿不出来，经过多科会诊，药物、针灸、理疗全用上了，反反复复折腾了半个多月，才最终拔除尿管。

记住以下经验，产后大都能顺利排尿。

首先，尽量为自己创造一个安全舒适的排尿环境。如果是单间或者家庭产房最好，你可以让家人暂时回避。要知道，有好几双眼睛同时盯着你，即使是亲人，你也可能尿不出来。公立医院的产后病房可能是多人间，护工会为你提供床上用的尿盆，但是众目睽睽之下，即使其他产后妈妈都在各忙各的，你也会因为有众多陌生人的存在而尿不出来。你可以利用病床周围的围帘遮挡自己，如果一些医院连这个围帘都没有，你还可以用床单盖住下身和尿盆，再让护工尽量回避。这时候，闭上眼睛，平心静气，尽量放松精神，大多能顺利尿出来。

在床上小便这事儿，对婴儿来说天经地义，但对于告别"尿床"N多年的成年人，绝不是一件轻易就能做到的事儿。如果你在床上无论如何尿不出来，试着走去洗手间小便，如果需要用手按住小肚子才能尿出来，或者需要撅起屁股才能尿出来，那也可以，不要怕，这都是暂时的，没人会一辈子用手按住肚子或者抬高臀部才能尿出来。

如果去了洗手间还是尿不出，可以打开水龙头，诱导尿意。或者请老公吹口哨，告诉他这个本事除了小时候调皮捣蛋，长大后球场炫酷，大街上调戏姑娘，还有导尿和医治病痛的作用。老公如果实在不会吹口哨，就拿两杯水互倒，制造水声，充分利用条件反射的科学原理帮助排尿。

还不行的话，可以用温热的毛巾敷在小肚子上。再不行，不要逞能，也不要无谓地等待，要赶紧报告医生。因为，无声无息之中，随着时间的流逝，你的膀胱可能会被不断产生的尿液撑坏，造成纤维的断裂、神经的麻痹、血管的缺血，这时候越拖延时间，越尿不出来，越尿不出来，尿液越多，膀胱越受伤害，一旦进入恶性循环，后续治疗就相当麻烦了。

04

|

剖宫产后头痛？十有八九"打穿了"

对一个貌似什么都懂，每天查房都要率领一大群小跟班指点一通江山的妇产科医生来说，在这次住院以前的全部人生，她都认为一切尽在掌握，从没想过幸福的路上也会杀出程咬金。

从马桶上站起来的一刻，剧烈的头痛再次袭来，护士赶紧扶我躺回到床上。奇怪，躺下大概十几分钟，又不痛了。过了半小时，女儿哭了，我坐起来准备给她喂奶，天啊，又出现了同样的头痛，我硬撑着把女儿放回婴儿车，躺回床上，头痛再次消失。

我不由倒吸了一口凉气，是不是麻醉出了问题？剖宫产后头痛，最常见的原因就是麻醉"打穿了"。粗大的穿刺针穿透了本该避开的那层硬脊膜，造成脑脊液渗漏，继而发生低颅压性头痛，俗称"打穿了"。

我的头痛完全符合书本上的描述，钝性，从前脑门到后脑勺整个一圈的闷痛。当然，在将头痛原因归咎为麻醉之前，必须除外一些少见的，但是恰好也在这个时机出现的，后果极为严重的病因，例如随时可能让我傻掉、瘫掉或者死掉的大脑炎、脑膜炎、皮层静脉血栓、脑出血或者脑梗死，等等。

我冒了一头冷汗，下意识地活动了一下四肢，胳膊腿都能动。我左手掐右手，再右手掐左手，痛觉犹在，感觉对称。我又从床头柜摸出小镜子，伸出舌头照了照，还好，伸舌居中不偏不倚，哪一侧的鼻唇沟也没有消失或者变浅。再回想，我头痛的特点是站立加重，只要一躺回床上就不痛，而刚才我想到的那些吓人疾病，任由你变着法地横躺竖卧，痛感只会持续，或者越来越重，绝对不会因为休息或者卧床出现任何缓解。

对一个从无偏头痛病史的年轻人来说，如果是麻醉意外导致的头痛最好，因为这种头痛绝大多数都会自然缓解，只是需要一个时间过程，短的一两天，长的可能需要一两个礼拜。我最多在床上躺一段时间，没什么大不了的，比得那些要命的病强多了，我又开始暗自庆幸。这就是做医生的好处，医学知识不光可以用来吓唬自己，还可以拿来宽慰自己，是的，一切还不算太坏。

欧阳教授来了，她检查了子宫复旧和乳房泌乳等情况，又亲自换了药，高兴地说一切正常。我一边感谢，一边抱歉地说："欧阳老师，谢谢您，可我不敢站起来送您，因为……"

"怎么了？"

"我头痛，站起来就痛，躺下就好。"

"是不是打穿了？"欧阳教授干了大半辈子产科，以她的经验，自然一下子联想到麻醉操作。

麻醉医生也来了，她说穿刺的时候，手底下的突破感一直不是很明显，确实有可能是意外扎穿了硬脊膜，导致头痛。她非常不好意思，一边困窘地搓着手，一边说："工作 20 多年，打了数不清的硬膜外麻醉，怎么就在自己人身上失手了呢？"

我躺在床上的时候，完全没有头痛感，像"好人"一样，急忙安慰她，开玩笑说都怪自己不争气，毁了她老人家的半世英明。

麻醉"打穿了"，成为没法时光倒流回去改变的既定事实，我现在能做的就是尽量卧床，静待丢失的脑脊液恢复原量。

由于孕期体内潴留的大量水分，会在产后通过皮肤排泄，产妇都会怕热多汗。我也毫不例外，经常是一觉醒来满身大汗，再加上子宫创面排出的恶露不断，身体清洁是个大问题。

顺产妈妈即使有侧切伤口，在体力许可的情况下，也可以在产后立即进行冲洗淋浴。需要注意的是，会阴部位的伤口不要使用肥皂或者浴液搓洗，温水冲淋后及时用干净的毛巾擦干即可。

过去月子里不洗澡的陋习早该摒弃，家人别要死要活地不让产妇洗澡，而是应该手脚麻利地做好防滑和保暖工作。不论是孕期还是产后，洗完头都可以使用电吹风，不会把胎儿吹成畸形，更不会吹出产后头痛，妈妈们不要再纠结这些，清爽的身体和舒畅的心情对于预防产后抑郁最要紧。

剖宫产产妇因为腹部有切口，可以使用温热的毛巾擦拭身体，住院期间会阴部位有护士帮助冲洗。只要体力允许，即使在伤口拆线之前，也可以使用防水敷料保护伤口，进行全身冲淋。传统坐月子讲究门窗紧闭、不出门、不刷牙、不洗头、不洗澡，这些都是落后的健康观念，新时代的女性千万不要效仿。

我婆婆就曾警告我："生一个孩子掉一颗牙，月子里刷牙一辈子牙痛。"

我才不信这一套，孕期因为特殊的激素状态，本来就牙龈增生，容易形成龋齿，如果产后一个月不刷牙，牙齿不烂掉才怪，那才要一辈子牙痛。过去的中国人营养状况差，怀孕和哺乳造成母亲缺钙，再加上本来就没有定期看牙医的口腔保健习惯，月子里又不刷牙，才会有"生一个孩子掉一颗牙"的老话。

不论在孕前、孕期还有产后，太多女性面临牙病的困惑。备孕期间，除了每天吃一片 0.4 毫克的叶酸，做一次身体检查，一定要见一次口腔医生，全面检查和治疗牙病，同时做一次彻底的牙齿清洗。孕期一旦遭遇新的牙齿问题，不论是早孕、中孕还是晚孕期快要生产了，都不要害怕，更不要耽搁，不要忍着挺着，一定要及时去看正规的牙科医生。肚子里的宝宝没有我们想象的那般脆弱，看牙不会无端诱发流产和早产，一旦发生严重感染，病情控制不及时，反而真的会造成流产和早产。

民间一直有"牙痛不是病，痛起来却要命"的说法。在很多人看来，牙痛虽然难以忍受，恨不得要用鞋底子抽自己的嘴巴，但终究不是什么要紧的事，甚至连病都谈不上。而实际情况却非如此，曾有一位在扬州打工的武汉男子，因为牙疼没有及时治疗，诱发牙源性下行性坏死性纵隔炎，最终丧命，这种极端情况的发生概率虽小，但是全体人群都需要引起重视，牙痛也是病，要及时就诊。

治疗牙病过程中可能会拍牙片，使用局部麻醉药，或者抗生素，不论孕期还是哺乳期，这些治疗都不是绝对禁忌。孕妇在用铅皮围裙保护腹部的情况下可以放心拍牙片；局部麻醉药大都集中在牙齿局部，毒性小，代谢快，不会伤害胎儿；如果必须使用抗生素，牙科医生也会选用孕期和哺乳期相对安全的青霉素类或者头孢类抗生素。

所以，牙痛千万不要忍着，有些问题必须面对，挺是挺不过去的，一旦延误诊治反而造成大祸。2013 年末，美国妇产科学会公布了关于孕期牙齿保健的指南意见，第一次毫不含糊地提出：孕期进行口腔清洗，做牙齿的 X 线检查都是安全的。

每天躺在床上确实有点无聊，等着护士一天两次的会阴冲洗成了最惬意的事情。中间再让家人用热毛巾帮忙擦几次汗，还可以使用护理专用的洗头盆，让大志给我洗头按摩，躺在床上心安理得地享受这一切的时候，我甚至没心没肺地暗自庆幸这点小磨难，要知道，平时可是难得有这样的待遇。

产妇处于一种特殊的血液高凝状态，有利于子宫胎盘剥离面的愈合，防止产后出血，这是聪明身体的自我保护机制。如果产妇按照老法坐月子，不下床，不出门，几乎没有任何身体活动，美其名曰保护自身，殊不知在特殊的高凝状态下，结果往往适得其反，更有甚者，可能招来杀身之祸。

有产妇在剖宫产术后大坐月子，不洗脸不刷牙，一个月窝吃窝拉不下地，出了满月刚下床想活动一下筋骨，顿感呼吸急促、天旋地转，顷刻一命呜呼，尸检确认肺栓塞。产后长期不活动，下肢深静脉回流就会受阻，高凝状态导致腿部形成血栓，新鲜血栓形成后贴附在血管壁上，并不牢固，产妇下床活动，血栓便会从血管壁脱落，像小炮弹一样，顺血液游走到肺部，形成致命性肺栓塞。

为了预防血栓问题，医生会针对高危产妇给予预防性抗凝治疗，手术中和手术后穿医用抗血栓弹力袜，弹力袜可以使小腿和大腿间形成压力顺差，促进静脉血自下向上回流。还可以使用医学专用间歇式充气压力泵，绑在两条腿上，间断进行下肢挤压按摩，促使血液回流，预防血栓的效果更好。

压力泵血管外科病房才有，我只穿了医用弹力袜预防血栓，除了要求自己清醒的时候多在床上翻身，多做绷脚尖、蹬脚跟等收缩下肢肌群、挤压促进血液回流的动作，我还责令大志每天从下而上循序渐进地给我按摩小腿大腿。这样被动收缩腿部肌肉，也能促进血液流动，防止血栓形成。

结婚多年，夫妻二人早已过了摸个手都全身触电一般兴奋的蜜月期，大志在按摩两天之后，开始消极怠工，进了病房完全无视我的存在，径直奔向婴儿车，抱起胖闺女看了又看，喜欢个没够的样子。我于是慢悠悠地给他讲了那个坐月子不下地，最后肺栓塞猝死的产妇的故事，他听得小脸煞白，赶紧给我按摩双腿，再也没有叽叽歪歪和讨价还价过。

大小便问题也不容小觑，我要练习并且习惯在床上解决这些问题，还不能因为怕麻烦而少喝汤水。产妇需要大量的水分作为来源制造奶水，每天应该至少喝6～8大杯水，否则不仅不利于下奶，还不利于有效血容量的维持，不利于脑脊液有效循环的早日恢复。

如果因为怕麻烦，想减少排尿次数而少喝水或者不喝水，轻则小便赤黄，大便秘结，重则输尿管膀胱结石，大脑专注力下降，甚至会有神经系统的功能障碍。如果因为上厕所麻烦而故意憋尿，膀胱里的尿液盛不下，就会顺着输尿管逆行返流，增加泌尿系结石、膀胱炎和肾盂肾炎发生的概率。

每日里最重要的工作就是喂奶，这个谁也替不了我。

正常产后的妈妈最好采用坐姿喂奶，这样更有利于在母子二人磨合的初期，快速掌握乳头的衔接，然而现在的我，因为站起来就头痛，必须习惯侧躺着喂奶，女儿也必须习惯这种姿势。开始她还不配合，经常扯着脖子干号一通，那我也绝不心软，我们老家有句土话叫"哭不死的孩子饿不死的狼"，反正没有奶粉，只有这个，不努力吃就得饿肚子。

每次喂完奶，我都筋疲力尽，胳膊酸痛腿脚发麻。但是辛苦不算什么，最让我焦虑的是，我知道长期躺着喂奶，会影响孩子的下颌发育，这不单纯是长大以后五官美丑的问题，还是涉及颌面畸形的重要问题。于是，我捶着酸痛的脖子和腰腿，又不免忧心忡忡，希望自己快些好起来。

05
|

一个定律：找熟人看病，容易出事儿

　　就这样，我激情满怀，凭借多年所学，怀着革命乐观主义和大无畏精神，充分调动自己、大志以及奶奶的主观能动性，共同迎击因头痛而必须卧床的问题。一个礼拜的时间过去了，在经历了大量输液喝水，服用止痛药物，减少活动尽量卧床等一系列保守治疗之后，我仍然无法起床。

　　每当我尝试着坐起来的时候，类似的头痛总会如约而至。卧床三五天就恢复是我的预期，一个礼拜已经碰触我耐心的底线，我开始焦躁，并且再次陷入胡思乱想。如果两个礼拜还不好，一个月还不好，怎么办？医学文献上有报道，个别病人的病程可能长达半年以上，我难道要像个废人一样，一直这样躺下去？

麻醉医生每天都来看我，她帮助了我，她是无心之错，她比谁都更不愿意出现失误，她的心里是另外一种折磨。我告诉自己一定不能再给她增加心理负担，除了尽量保持笑脸，我还时常给她讲个我们妇产科的经典黄段子逗她乐。

一个礼拜过后，我和麻醉医生同时达到各自的底线，互相都清晰地感知到了对方的焦虑，于是，谁都笑不起来了。

她正式和我讨论了几种可能有效的治疗手段，其中疗效确切的首推硬膜外血补片法。脑脊液存在于大脑各个脑室和整条包绕脊髓的蛛网膜下腔组成的密闭空间，循环流通。医生想直接补充丢失的脑脊液没那么容易，必须在上次麻醉的部位再穿刺一针，将我的血液注射到硬膜外，封堵脑脊膜上的破口，加快脑脊液的恢复，促进病情的缓解。

理论上，对于保守治疗无效的病人，硬膜外血补片法是目前最有效的治疗方法，但我需要再次接受穿刺。而只要是创伤性操作，即使以治疗为目的，我仍然躲不过并发症的问题，例如背痛、心动过缓、马尾综合征、颅腔积气、蛛网膜炎、腹痛腹泻以及脑缺血。

关于这种补救疗法，当时整个麻醉科的经验都不是很多。麻醉医生非常诚恳地告诉我，她算是手脚利落的麻醉医生，很少失手，而且像我这种相对顽固的病例并不多见，她的个人经验非常有限，或者干脆就是零，这些都是书本上的理论，治疗的成功率在75%～95%，个别时候可能需要多次穿刺，才能奏效。

我问她的意见。

她建议我再等等，相信身体的自我修复能力，但是如果我不愿意再等，想头痛马上就好，再次穿刺是最可靠的办法。至于还要躺多久头痛才能好，她也无法给出明确的时间表。我知道任何预言和断言都是不科学的，再次站起来头痛不再的那一天，自然就是好了。

我表示要和家人商量一下，再做答复。

大志每次听到穿刺之类的字眼都会龇牙咧嘴，理工男顿时失去理性思考，一副好怕怕的样子。我妈是一个大大咧咧的"放羊型"母亲，让我这只18岁就离家北漂的小羊自己决定。婆婆的意见明确，坚决不同意，腰穿在她的眼里就是大脑穿刺，会让人变傻，千万不能随便做。

我笑着对婆婆说："我变傻一点不是挺好，现在太聪明，脑子快，嘴也快，总是气得您翻白眼儿。"

婆婆突然放下一贯凌厉的架势说："你可千万别变傻，我就是看你聪明能干，心眼儿又好使，才放心地把我那老实巴交的儿子交给你欺负的。你是刀子嘴豆腐心敞亮人，什么事儿都摆在明面上说开了，被你气得翻白眼儿我也乐意，反正都是为咱家孙女好。你可千万不要再穿刺了，我听说那玩意儿扎多了真的会变傻，你要是有个三长两短，这个家就完了。"

说到这里，我看到她的眼圈儿红了。我多么善良可爱无知又略显愚昧的婆婆呀，虽然时不时给我添点儿乱，却在如此冷漠和空旷的世间，像心疼自己的孩子一样心疼我，多好啊。想到这里，我的眼圈儿也红了。

*　　*　　*

腰穿，虽然没有老百姓想象中那么可怕，但这两个字确实令人毛骨悚然，给人留下的都是变傻、变笨、变得半身不遂等恶劣印象。从纯医学的角度来说，这些都是无稽之谈，穿刺后头痛真的是小意思，麻醉更严重的后遗症可能老百姓听都没听说过。

　　大脑和脊髓是指挥行动和思维的中枢，内环境稳定清洁，正常情况下不容一个细菌存在。如果穿刺所用器物消毒不严格，空气洁净度不够，或者皮肤局部有潜在感染等因素，就可能造成完全洁净无菌的脊髓周围发生感染。如果腰穿针刺破稍大的血管，或者病人有凝血功能障碍，就可能发生脊髓周围血肿。感染和血肿都将对脊髓产生致命性伤害，进而造成下肢瘫痪，这才是它真正可怕的地方，发生概率只有几十万分之一，但是发生在每一个穿刺病人身上的机会都是均等的，虽是极低概率事件，可是一旦发生，将百分之百地成为病人的灾难。

　　仔细回想，为什么我会遭受头痛的厄运？因为我要做剖宫产手术，必须进行腰穿才能打麻醉药。那么，为什么一个口碑好技术好的资深麻醉医生，却在我的身上失手了？

　　老医生常讲，不要给熟人看病，越是熟人托付的关系，越容易出事儿。甚至绝大多数外科医生，都不会亲自给好朋友或者父母兄弟等至亲开刀，为的是避免被物质或者情感弱化了一个医生时刻应该具有的理性判断力。

　　但我并不认为是我本院妇产科医生的身份弱化了麻醉医生的判断力和执行力。在这之前，我们没有私交，是人家口碑好，我才主动找上门去，人家绝对是出于大医生对小医生的爱护，才友情赞助了这一针。我们之间更没有任何礼物上的馈赠，本来打算术后送去蛋糕一个，表示同喜和感谢，结果因为一直躺在床上起不来，也没顾上。

　　那为什么我的麻醉打穿了呢？

　　除了运气不好，医学的不确定性，还有全凭手感的穿刺技术本身，都决定了这项有创伤性医疗操作，随时可能伴随伤害的发生。

　　硬膜外穿刺本身是盲目操作，从皮肤穿刺进针之后，一切就都看不见了，刺透不同组织时，长针传递到手感上的微妙变化是医生唯一的指引。虽然每一本解剖图谱的示意图，都用不同颜色将穿刺所要经过的皮肤、皮下、棘上韧带、棘间韧带、黄韧带等组织完美标注，但是麻醉药将要注入的这个硬膜外腔隙，并不是我们想象中管道一般硬朗的存在，它只是一个潜在的腔隙，看不见，摸不着，麻醉医生全靠临床经验和手感，在某些肥胖、有过脊柱外伤或者先天畸形、有过多次穿刺的困难病人身上，甚至需要借助一点运气，才能准确地找到它，将麻醉药物注入其中。

　　任何一个医生都是踩着自己失败的脚步，一步一步走过来的，再高明的医生都会犯错，找一位口碑好技术好的医生，并不意味着结局十全十美，只能说差错发生的概率会大大降低，并且好的医生在犯错后，能够及时地发现，并且进行有效弥补，力图将损失降到最低。

　　正像麻醉医生所说，我的黄韧带在被刺透的一刻，毫无书本描述的应该出现的"突破感"，这就可能在医生头脑中造成混乱，让医生形成错觉，认为针尖还没有到达目的腔隙。然而再向前一步，真理变成了谬误，针尖刺穿硬脊膜，误入蛛网膜下腔，脑脊液从这个破口不断渗漏和丢失，最终导致头痛。

　　我个人的组织成分，这种独属于我一个人的组织特殊性，也是导致意外的原因之一。麻醉并发症永远无法彻底消除，哪怕在当今世界上医疗技术最为先进的欧美国家，每一个为了手术的顺利进行而诉诸麻醉的病人，都要做好心理准备。而这一次，恰好发生在了一个妇产科医生的身上。

06
|

二次穿刺，做还是不做？

既然医学有这样的不确定性，既然硬膜外穿刺如此"任性"，我为什么非要冒险尝试呢？答案又绕了回来，因为我要做剖宫产。为什么要做剖宫产呢？因为我的骨盆测量不合格。是不是骨盆测量不合格的孕妇，都必须做剖宫产呢？

实际上，很多欧美国家，乃至我国香港、澳门两个特别行政区的多家医院，早已不在孕期常规测量骨盆大小。产科学在根本上认为，一个身体健康的女人能怀上孩子，就能把孩子生下来。女性骨盆的形状和大小多和她的身材成比例，人高马大的欧美女性胎儿的平均体重大，产道也宽大，娇小瘦弱的亚洲女性产道不太宽裕，但是怀的孩子也小。所谓大马路走路虎，小马路过奥拓，母亲的身材、骨盆大小、产道的宽敞程度和胎儿大小基本匹配。

　　而且，骨盆大小也不是顺产与否的唯一决定性因素。胎儿能够顺利分娩，除了产道是否宽裕、胎儿大小是否合适、胎位是否正常，还包括一个重要因素，那就是母亲的产力。有时候产道不太宽裕，孩子又偏大，但是母亲身体强壮，产力超常，照样能把孩子顺利生下来。换句话说，产道宽敞，胎儿不大，胎位也不错，但是产力太差的"柔弱"母亲，照样无法将胎儿顺利娩出。自然界是残酷的，优胜劣汰的生存法则不允许没有体力耐力或者病恹恹的动物拥有可能同样孱弱的后代，分娩是新生命降临之前的一场生死考验。

　　实际上，即使骨盆出口狭小，胎头仍然可以利用会阴后三角部位的空间娩出。胎头的最大特点是可以塑形，它会像变形金刚一样适应母亲产道的形状，保证胎儿顺利降生。无可否认，在能否顺产这件事上，我个人没有做到百分百的努力和尝试，就直接举手投降了，直接去做貌似可以"一刀解千愁"的剖宫产了。我早早叛变，必须承认是因为内心深处，一个妇产科医生对分娩过程的极度恐惧，知道越多的人，往往越胆小，就像审讯室里的书记员，因为见过太多严刑拷打，被捕的时候最有可能第一个成为叛徒。而且，和人世间大多数人一样，我总是心存侥幸，认为那些可怕的并发症或者意外不会出现在自己身上。

　　这一切将我一步一步推向之后的剖宫产、硬膜外麻醉、穿刺失误、头痛、卧床，乃至现在还要考虑是否需要通过另一次穿刺，去挽救前一次穿刺失败所造成的后遗症。

　　老百姓不懂这些，也不做产前检查，更没有医生给她测量骨盆，她就知道女人都会生孩子，别人能生，我也能生，肚子一疼就往产房跑，说不定还顺产了。而我这个妇产科医生，因为知道太多，又有偏倚和盲点，反而此刻躺在床上备受煎熬，世事无常，可能说的就是我现在这个状况。当然，不做产前检查绝不值得提倡，不出问题则已，出了问题就是"一尸两命"，悔之晚矣。

"打穿了"是一次医疗意外，如果再穿刺一次，会不会发生同样的意外，或者发生另外一个更可怕的意外？例如脊髓周围感染或者血肿，向上引发脑部感染，向下引起下肢瘫痪，到时候别说再当医生，我可能彻底变成一个废人。

用一个有创伤的方法去解决一个因为创伤导致的创伤，就有可能发生新的创伤，这条法则对所有人适用，医生也不例外。

二次穿刺，做，还是不做？

＊　　　＊　　　＊

医生，这个每时每刻都在做判断、都在做主、都在做决策的职业角色，使我多年来都在内心的世界里一意孤行，很少将求助的目光真正望向他人。现在，也只有一个人安静下来，仔细想想，何去何从。

当晚，我想到曾在一本书中读过的一个真实案例。

一个三十几岁的男性，已经有了三个健康的孩子，夫妇二人决定不再生育，于是丈夫选择了输精管结扎术，也就是男性绝育手术。

这是泌尿外科小得不能再小的手术，安全性已经得到全世界的肯定和论证。在门诊就可以进行，熟练的医生几分钟搞定，病人不需要住院，手术后稍事休息，就可以回家。

可是，手术后第三天，男人发现双侧腹股沟部位红肿，并且伴有难以忍受的疼痛。医生检查后，确定是伤口感染，给他开了抗生素。服用药物几天之后，没有任何好转迹象，他感到局部肿痛加重，而且还有向身体其他部位蔓延的趋势。

医生果断收他住院，使用了静脉抗生素，但是炎症的控制并没有想象中那么容易，红肿仍在扩散，病人开始心律不齐，并且出现心力衰竭。心脏超声显示，他的心脏瓣膜上满是赘生物，原来细菌通过血液播散到心脏，并且在本该光滑的心脏瓣膜上定居下来。

心衰的问题无法控制，心脏外科医生进行了紧急的心脏瓣膜置换手术。就在被细菌侵犯的糟烂瓣膜已经切除，新植入的瓣膜本该行使替代功能的时候，厄运又发生了，感染难以控制，紧急更换的新瓣膜又不断有细菌黏附和聚集。最终，赘生物脱落游走，顺着血液循环定植在他的脑部，形成颅内脓肿。病人很快陷入昏迷，经历了很长一段时间的植物状态后，这个活蹦乱跳的精壮男人，死于简单的绝育手术导致的极其罕见的致死性并发症。

顺着这样一个悲剧的结尾向前追溯，你会发现，一切都只是因为一个简单的、小小的、根本不起眼的绝育手术。手术后出现感染问题，这非常常见，在外科医生眼里，这就像一个蹦跳滚动的小石子，哦，有点感染，小意思，吃点消炎药，几天就好了，太容易将它轻松拿下了。谁料想小石子不断加速，蹦跳得越来越快，最后，当它变成一块突然坠下山崖的大石头时，医生开始害怕并且大举出动，但为时已晚，就算拥有世界上最高明的医术，也无法以更快的速度，将这块带着加速度的飞快下坠的巨石拖将回来。

绝育手术不是救命用的，当然可以不做，全世界已经发明了那么多非创伤性的避孕方法，虽然它们使用起来有着各种各样的麻烦和弊端，但是不得不承认，它们最大的优点是没有创伤性，不会让你陷入手术后的败血症、细菌性心内膜炎、心力衰竭、颅内脓肿，乃至丧命的危险。

你会觉得这个男人实在可怜，怎么就这么走霉运呢？

我想告诉你的是，真实的医院里就是这样，不要以为一切都是按部就班和顺理成章，不要以为推进手术室的每一个病人，都能在问题解决后被顺利推出来，并且不会因为手术失误或者出现意外状况被再次或者反复推进手术室。在这里，几乎每天都会出问题，大错偶有，小错时常，但是归根结底，如果你不制造那样一个危险的机会，不幸就不会发生在你身上。

厄运的到来就像多米诺骨牌，一旦推倒，将无从阻止。与其将命运交到别人手上，不如我们保护好自己，尽量不去碰触厄运的开关。虽然我是一个拿手术刀的医生，而且要靠这把手术刀活一辈子，但我最大的职业感悟却是：珍惜上天赋予我们的奇妙身体，相信我们与生俱来的本能，顺应它，并且相信它强大的自我修复能力，尽量避免有创性检查和治疗可能带来的意外伤害。

我拒绝了再次穿刺的建议，劝说自己不要焦躁，既然不幸已经发生，为何不将自己最初的乐观情绪坚持下去。也许用不了多久，也许两个礼拜，最多一个月，我就能恢复如初，况且身边还有这么多帮助和关爱自己的朋友、同事和亲人。

就这样，我继续躺在床上吃饭、刷牙、洗头、擦浴、喂奶、听音乐、看书，还有就是继续与婆婆的各种养孩子和坐月子的旧观念作斗争。她给我洗脑，我就给她反洗脑，最后，终于在是否使用尿不湿、是否把尿、是否挤奶头、是否喂黄连水、是否加奶粉、是否需要买奶瓶额外喂水等重大问题上达成一致意见。

手术后两个礼拜，我满血复活，彻底告别头痛。

当我再次自由地直立行走，再次看到户外高大洁白的玉兰、湛蓝无云的天空，我相信希望永远都在，只是不知道和自己还隔几条街，或者，希望就在前面不远的某个拐角处，只要始终愿意向着预期的方向祈祷和努力，总会遇见。

事情的真相总是在所有一切都圆满结束之后才逐一显露。在一切还未明了之时，焦躁气馁或作困兽之斗都可能造成命运之舟的偏航。经历这一次不算小的波折，我告诉自己，人生要忍耐，要学会等待，时间医治一切，也会揭示一切，但是要给时间一些时间，就像我们总要学着给别人机会，给时间机会，其实，也是在给自己机会。

比病更难治好的是人 第四章

01
|

病人常常是医生之师

再高明的医生都会犯错，医生自己躺在手术台上，同样无法避免医疗意外。躺在自己的手术台上，经过那次麻醉意外，时间最终治愈创伤，年轻的生命仍像丝绸摸上去一般顺滑，我还算毫发无损地将这段略有磕绊的生活顺了过去。

经历这次小磨难，人生似乎还有意外的收获，我和麻醉医生原本只是普通同事，后来变成特别要好的朋友。我的亲戚朋友邻居同学要做手术，我都热忱推荐她。要知道，外科医生推荐的麻醉大夫一定错不了，在手术室里，他们在同一个手术台上共同战斗，就像一对同床共枕多年的老夫妻，早已摸清对方的深浅和长短。

如果朋友问我为什么推荐这位医生，我会说："那还用说吗？人家麻醉打得好呀，我自己做剖宫产找的就是她。"

这是不是最有说服力的理由？

我没撒谎，只是假话全不说，真话不全说，这次是留了后半句没有说。医生都会出错，我们当中的每一个人，又有谁不是踩着自己失败的脚步，一步一步走过来的呢？

在协和做实习大夫，先从护士学起，每天早晨轮流值班，给需要化验的病人抽血。在我的手还很潮，"一针见血"还只是传说的实习初期，偏碰上一位血管条件特别不好的大爷，换了好几个地方，扎得他满胳膊都是大紫包，才把血抽出来。屋漏偏逢连阴雨，还正遇上一个掉底儿的玻璃试管，啪的一声，好不容易抽出来的血，从注射器推出来，全打我自己脚面子上了。

大爷却说："没事儿，不怪你，小张大夫，我感觉你快练成了，我这个血管啊，帽子上有两道蓝杠的护士长都得扎两针才抽得出来，快去找一个不掉底儿的试管，再扎我一针，让我成就你今天的抽血大业。"

当时，我就哭起了鼻子。

当了住院医师，为卵巢癌肺转移胸腔积液的老太太做胸穿，手底下没准儿，把肺扎得哧哧漏气。老太太原本只是胸水，被我活活扎成了血气胸，眼瞅着被憋得嘴唇青紫，呼吸困难。我带着哭腔呼叫胸外科医生："快来做闭式引流，要呼衰了。"外科医生健步跑来，摸准肋间隙，大粗针咔嚓一声扎进去，气泡争相被引流出胸腔，被压瘪的肺脏才重新膨起。病人终于喘匀了气，她第一句话竟是对我说："谢谢你啊，又救了我这把老骨头，瞧把你急的，我死不了，别看活着喘气儿不容易，但是喘不上来这口气儿，还真难受。"

我一边哭，一边摘掉她的氧气面罩，给她换成舒服一点的鼻导管吸氧。从白大衣口袋里掏出白胶布，给她固定鼻子上的吸氧管时，我发现她的鼻翼和面颊上都是冷汗，刚才一定是憋坏了。她不是不害怕，她也不是不难受，她那么艰难地挺着、活着，还要打起精神来，扶我这个愚笨的小大夫一把，那一刻，我除了吧嗒吧嗒地掉眼泪，一句话也说不出来。

大年三十，我给腹膜癌病人做腹腔化疗，想往肚子上扎针，再灌注化疗药。结果意外刺破粘连在腹壁下方的肠管，发觉不对的时候赶紧拔针，四寸多长的针芯儿里全是大便。病人的化疗必须全面停止，还得不吃不喝，搞不好随时要被推进手术室修补肠子。

我难受得要命，真心觉得对不起病人，本来已经是肿瘤晚期，大夫还给她雪上加霜。整个中午，我都不敢去见老人家，只是躲在门外，通过护士的护理记录，了解她的情况。下午，老人打发护工来把我叫到床边，拉着我的手说："别难受了，你又不是故意的。再扎露馅儿几个，你就成大医生了。大过年的，我正不乐意打化疗呢，谢谢你呀。"说完还塞给我一个小红包，让我过年买糖吃。临走的时候，她对我挤着眼睛说："没几个钱儿，千万别给我上交医务处，我这老脸没处搁。"

当了主治医生和副教授，开始主刀手术。给一位盆腔粘连严重的孕妇做急诊剖宫产，孩子还没捞出来，膀胱上先戳了一个洞，幸亏当场发现，及时修补，并无大碍，产妇却要比别人多插一个礼拜尿管，个人生活还有给孩子喂奶洗澡各个方面诸多不便。

因为担心术后再次粘连，她听医生的话，坚持每天下床活动。看到她一手推着输液架，一手拎着尿袋子，像拖着手铐脚镣的囚徒一般，在病房走廊里缓慢挪动，我的心都碎了，都是自己造成了这一切。从未责备过我一句的家属，竟然专程来劝我："张大夫，别太自责，是我爱人的情况太复杂，手术台上真的是难为你了，特别感谢。"

医生的学习曲线是漫长的，成长中的医生有时候就像初学走路的孩子，病人的理解、家属的支持，就像年幼时父母发自内心的鼓励和一次次跌倒之后的搀扶，让今天的步伐更加稳健自信、果断勇敢。

02

|

几乎每个妇科肿瘤医生都遭遇过"二进宫"

医界常有这样的说法：小医生犯小错误，大医生犯大错误。从概率上说，医生做得越高级，手里的活儿越大，犯致命错误的机会就越多，行医过程中的危险指数也越是迅速飙升。

复杂的子宫切除术捅破肠子，宫颈癌手术损伤输尿管膀胱，复杂的卵巢癌手术，术后出血得不到控制，半夜里把病人推进手术室重新开腹止血的"二进宫"，几乎每个妇科肿瘤医生都遭遇过。

《二进宫》本来是一出京戏，在医院里，主要指原本安全返回病房的术后病人发生非预料的、非计划性的手术需求，在短时间内再次进入手术室。

大型开腹手术后，病人都有腹腔引流管，管子的一头放在肚子里，另外一头连接引流瓶，瓶子就放在床旁，成为医生随时透视腹腔的第二双眼睛。

当引流瓶中的血液进行性增加，病人同时出现出血性休克等征象，说明肚子里头的手术创面有出血，是否需要再次开腹止血，非常考验外科医生的判断力、意志力和决策力。

外科医生在成为主刀之初，经验少，胆子小，易冲动，引流量稍有增加，病人血色素略有下降，或者血压一有不稳定，自己的心理堤坝首先被冲垮，一时乱了阵脚，急匆匆就将病人推进手术室，再次开腹止血。

其实，有时候，挺住就意味着一切。

手术台上经常会发现，出血并不是很多，或者出血已经自行止住，完全可以采取在病房里输血、输液、加用止血药等保守措施。再挺一阵子，可能就没事儿了。完全没必要在短时间内，在病人最虚弱的时候，让他们再次经受手术的巨大打击。

真正需要"二进宫"的手术，大都是重大或者复杂手术。"二进宫"最常见的原因是不可控制的术后出血，有时候也可能是重要脏器的意外损伤，决定"二进宫"的医生多是手术大拿。

这个很容易理解，只在陆地骑自行车的人一般不会发生空难事故，除非被天上掉下来的飞机砸到脑袋。那些从来没接手过重大或者复杂手术的医生，发生"二进宫"的机会自然很少。犯大错误的医生，往往是做大手术的大医生，这也是不能拿急诊死亡人数评价一个大型综合医院优劣的原因。

然而，就算是再大的腕儿，如果总是频繁地在深夜里将手术室、麻醉科都动员起来，轰轰烈烈地"二进宫"，甚至"三进宫"，都说明他的手术可能存在问题，需要反省和改进，如果一意孤行，终将失去体面。而那些整天做常规手术，还总是"二进宫"的医生，是时候审查他们的行医执照了。

心疼病人，担心不必要的或者并不是非如此不可的"二进宫"手术给病人造成重创，影响身体恢复，是主刀医生迟迟不能决定是否再次进入手术室的主要原因。他们往往寄希望于保守治疗，或者寄希望于病人强大的凝血能力，或者希望有那么一点点运气能够参与其中，让局面得以控制和扭转。

另一个不可忽视的原因来自医生的心理，他们深知"好事不出门，坏事传千里"不光发生在鸡飞狗跳的民间，在最清洁、最不该沾染俗世灰尘的一体化层流手术室里尤甚。他们害怕"二进宫"遭受同行的耻笑，脸面尽失；害怕遭受领导的误解，据此不再委以重任，甚至被问责、被封刀或者暂缓晋升；害怕病人和家属认为手术不成功而遭受诘难，甚至惹上官司。

这些都可能导致医生在做出决定之前过于纠结，犯下优柔寡断的大忌。如果耽搁太久，就可能贻误战机，失去止血的最佳时机，最后不得不把病人推进手术室，被迫"二进宫"的时候，病人往往因为失血性休克、弥散性血管内凝血、全身多器官功能衰竭等连锁反应发生死亡。

实际上，对一个每天都在进行大型复杂外科手术的医生来说，"二进宫"不是失败，也并不可耻，反而是对医学复杂性和不可预知性的一种有效弥补方式。

而因为专业判断失误，或者掺杂过多个人情感，比如病人家属施加了过多压力、怕被同行说成窝囊废、怕成为被告承担医疗官司，丧失了"二进宫"及时有效的补救机会，最终导致病人死亡，这才是真正的失败。

03
|

医生做决策怎样"看人下菜碟儿"

每一个临床决策的制定，貌似是医学问题，又都不单纯是医学问题。

医学以外的干扰因素，在不同医生心中所占的比例各有不同，大部分医生经过临床训练和不断的业务精进，依靠天分和与生俱来的决断力，能够尽量避开这些干扰，但是，绝非所有医生都能始终保持客观和中立思考。而且，现实生活之中，医生也不可能只看病，不看病人，全部按照医书和指南，独立于整个社会意识形态和社会风气之外进行判断和决策。

作为普通人，我们吃保健品，看养生书，都是想多了解一些健康知识，尽量不生病。一旦身体出现问题，我们都希望多懂一些医学知识，多掌握一些求医问药的经验和技巧，多认识一些医生朋友，尽快看好病。

但是，我们可曾预想，一旦医疗失误和并发症摆在我们面前，我们要如何面对？我们是否有所准备？我们是要通过信任、鼓励与合作，帮助医生尽量做出对我们身体最有利的准确决断，将损失降到最低，还是要急于质疑、指责甚至当场讨回公道？

现实生活中，没人愿意吃亏。当我们每个人在面对医疗的无心之错，面对治疗结果的不如意时，想到的都是不能吃亏，要讨回公道，不能便宜了这些大夫，那么，整个医疗环境就可能发生某种潜移默化的改变。

最先发生的，也是最不容易被觉察的，就是医生的心理变化。

医生的胆子可能越来越小，他们总是前怕狼后怕虎，遇到稍显困难或者复杂的手术，可能不愿意再冒险尝试，而是将你推到上级医院。实际上，并不是所有病人都有条件到上级医院诊治，有的是经济条件不允许，有的是病情条件不允许，这时候，你面前的医生说他没有办法接手，或者说他没有能力接手，病人又有什么办法？

手术过程中，医生可能越来越趋于保守，面对可能出现并发症，可能引起纠纷的困难手术，适可而止，或者浅尝辄止，不愿再去主动冒风险。例如卵巢癌的肿瘤细胞减灭术，它的手术要点正如已故妇科肿瘤专家吴葆桢教授提出的，"消灭一点，舒服一点；消灭得多，舒服得多；彻底消灭，彻底舒服"，意在强调彻底切除肿瘤对于治疗效果的重要性。但是有些肿瘤偏偏长在膀胱上，长在肠子上，长在重要血管的薄壁上。为了彻底切除肿瘤，医生就有可能捅漏膀胱，切破肠子，撕裂血管，病人可能要接受膀胱造瘘，或者做假肛，余生都要在肚皮上接一个粪袋，身体不受控制地随时流出大便，或者因为术后出血，短时间内经历"二进宫"，甚至"三进宫"才得以活命。

如果每次出现类似并非皆大欢喜的"坏"结局，医生面临的总是哭闹、埋怨、质疑或者诉讼，以后的手术台上，他的心理防线和手下的刀就有可能发生某种微妙的偏移。

外科医生干的都是良心活，一台手术下来，只有医生知道，自己是否对得起手术台上刚关了肚子还光着身体任由呼吸机鼓动双肺尚未苏醒的病人。而决定良心的，不只是医疗技术、道德、人品和个人修养，还有社会风气、法律制度、社会保障，以及人与人之间的关系。后者至关重要，医疗，看似是医生在看病，在开药，在开刀，而决定这一切是否朝着期待方向发展的，是医生和病人在面对他们共同的敌人——疾病之时，是否能够真正做到荣辱与共，风雨同舟，一方勇于托付，一方勇于担当，真正地相互信任。

重压之下，医生的担当可能越来越少。虽然医生不能扮演上帝，他只是医学知情的交代者，不能替病人做最终决定，但是他有义务利用自己的专业知识，结合病人的特定情况，通过充分的交流和沟通，引导病人做出最有利于病体康复的选择。

然而，有没有这样的情况，医生都说清楚了，也讲明白了，病人依然不知道怎么选。有些病人是真心希望听从医生的意见，在极其专业的领域，也只能听从医生的意见。如果现实情况是，医生推荐了某种治疗方案，而最终疗效不佳，总会遭到病人的哭闹、埋怨、质疑或者诉讼，那么医生就有可能在应该担当的时候做出后退，后退到只是扮演一个柜台上罗列几样商品任你自己选择，后果自负，到时候谁也赖不着的营业员角色，或者总是说一些模棱两可的话，病人又有什么办法？

实际的医疗过程中，医生也可能为了减少误诊和漏诊，开出更多的化验和检查用于佐证和反复验证自己的判断，或者为了免除责任，开出一些不一定非吃不可的万金油药物，来证明自己有所作为，没有对病人坐视不管，虽然有时候这些医疗可能是过度的，但是病人又如何知道，又如何分辨，又有什么办法？

医学，毕竟是来自陌生人的照顾，如果双方不同在一个信任和托付的平台上，这一切都不会因为任何一方的努力而易如反掌。

04

|

怀孕和流产的辩证法

在我的临床工作和网络咨询中，时常碰到这样的问题。

吃了事后紧急避孕药毓婷，仍然意外怀孕的妈妈会非常矛盾。"这孩子到底能不能要"成了最让夫妻揪心的问题。

谁都知道怀孕不能乱吃药，但是吃了药是不是一定导致胎儿畸形呢？留着，怕生出一个不健全的孩子，不仅家庭无力承担，更对不起孩子。打掉，真心舍不得，还怕以后再也怀不上了。很多病人前来求助的时候，经常是已经看过几位医生的门诊，仍然一头雾水，不知道何去何从，医生都说孩子有可能畸形，也可能没事儿，要留着还是要打胎，谁说了也不算，你自己做主。

实际上，已经有大量医学数据证明，服用事后紧急避孕药毓婷并不增加这一胎的畸形率，意外怀孕的女性不需要单纯因为服用过此种药物而终止妊娠。

不过话说回来，有些夫妻什么药都没吃过，什么针都没打过，什么病都没得过，不抽烟不喝酒，早睡早起身体好，还有条件到安全绿色无污染、到处是新鲜空气负氧离子的大森林里受孕，仍然生出有问题的孩子，而且无从查找原因，最终也不知道为什么。在如何避免下一胎发生类似悲剧的问题上，医生也无法给出答案。这是人类发生出生缺陷的客观事实。

女性的每一次妊娠都面临 1% 的宫外孕风险，每一次怀孕都存在早期流产、胚胎停育的风险，每一个成形胎儿都面临晚期流产和早产的风险，每一个足月胎儿都面临难产这一人类降生之前最后一道考验，人类所有怀孕的欣喜，注定会有 15% ～ 20% 要以悲剧的方式结局，其中 80% 发生在早孕期，人类全部新生命的诞生，注定会有 1% ～ 2% 的新生儿存在出生缺陷。这些问题，伴随人类繁衍生息的始终，医学不能完全消除，上帝也不能。

现代医学貌似已经非常先进，但是受限于医学技术本身，医生能发现和改变的问题并不多。产前检查并非万能，B超排畸只负责发现严重的、致死性的结构畸形，无论 2D、3D 还是四维彩超，对于功能性缺陷，例如视力、听力低下，智力低下，以及孩子是否聪明的评估都无能为力。很多有缺陷的孩子，要在出生之后才被发现；很多孩子的生长发育异常，要在出生后相当长一段时间才逐一浮出水面；甚至很多孩子的夭折，医学都无法给出确切死因。如果这时候，你抱着畸形的孩子，找当初说"没事儿的，留着吧"的妇产科医生问责，她又如何说得清楚？

有些医生直接给出流产建议，可能是受限于自身医学知识的陈旧，没有与时俱进地学习和更新知识。有些医生给出模棱两可的建议，或者干脆让你把孩子做掉，不完全排除对行医本身的保护，如果孩子做掉，自然没了后续的畸形问题，至于做人流的时候是否发生子宫穿孔，做人流是否导致终身不孕，这些在你离开诊室之后，将不再和医生有任何瓜葛。如果医患关系越来越差，每一个前来咨询的孕妇都要医生的准话，都要逼问医生能否保证自己肚子里孩子的安全，或者在生出畸形胎儿后都要找医生算账，就有可能出现人人自保的局面，从此诊室里没有了科学的咨询和中肯的解释，什么都是模棱两可，什么都是让你自己做主，你又有什么办法？

说到这里，下一步就涉及如何做一个聪明病人的大命题了，洋洋洒洒几乎可以写一本书。然而，在医生这个群体面对自身进行反思并且做出调整的过程中，在整个医疗环境日益成熟之前，病人应该怎么做是显而易见的：如果目前，你只能依靠眼下这位医生，那就用人不疑疑人不用，发自内心地信任他，给他一个宽松安全的环境，就是给自己一个充分知情和自由选择的机会，不要让自己的言语、行为或者哪怕一个不经意的动作让医生感到受威胁和不安全，你和他，本是一荣俱荣，一损俱损。

同样的道理，早孕期在不知情的情况下拍了胸片，补了牙齿，使用了一些麻醉或者消炎的药物，这些孩子也并非都是不能要的，经过医生的全面问诊和详细咨询，大多数孩子能够得以保留。

孕期用药也是时常困扰女性的问题。首先要看服用药物和受孕的时间关系，通常，对于月经规律，周期在 28 天左右的女性，从末次月经第一天算起，四周之内服用的药物对胚胎所起作用遵循"全或无"规律。妊娠四周之内，胚胎还是一个尚未分化的细胞团，没有启动向各个组织器官的发育，如果药物的杀胚作用足够大，就会引发自然流产，如果药物的作用轻微，强大的胚胎能够逃过一劫，不会发生某一组织器官的畸形或者缺陷。从妊娠第5周开始，胚胎进入迅速生长发育阶段，此时是药物致畸的极度敏感期，医生会根据妊娠用药的安全性分类、服用药物的剂量等因素，具体问题具体分析，而不是一概而论，统统建议女性去做人工流产。

高剂量的离子射线会对胎儿造成很多严重损伤，如流产、胎儿生长障碍、小脑畸形、智力发育障碍，并且增加儿童患恶性肿瘤的风险，但是根据美国放射协会和妇产科协会的数据，查体拍摄的胸片，腹中胎儿所受的照射剂量仅为0.02～0.07毫拉德，而高于5000毫拉德的剂量才会造成胎儿损伤。单次腹部X线平片中，胎儿所受的照射量为100毫拉德，乳腺钼靶检查胎儿受到的照射量为7～20毫拉德，都是安全的，不需要因此选择人工流产。如果需要进行多次X线照射，应该咨询放射线专家，计算胎儿可能受到的总照射剂量，然后做决定。

核磁共振和超声波检查在孕期早已被证明是安全的，可以作为替代或者首选，无论是腹部B超，还是经阴道B超，都可以在孕期放心和反复使用。

我们国家的法律是允许人工流产的，只要母亲提出申请，医疗机构就有义务提供流产和引产服务。28周之前，胎儿性命完全掌握在父母手中，在这样的国情之下，父母做出胎儿去留的决定之前，更应该得到专业和详细的咨询意见，尽量做出科学又不忘人性温暖和生命可贵的决定，才不会误伤腹中性命，也不给自己留下终生遗憾。

临床工作、网络咨询以及医学科普的写作过程中，我一直关注服用紧急避孕药后意外妊娠面临抉择的女性群体，尽己所能地为每一个家庭提供科学严谨的咨询意见，然而，最终的决定权永远在胎儿的法定监护人——父母手中。感谢那些心中有爱、勇于担当的父母，虽然心中忐忑，仍然勇敢地留下孩子。每一个逃过"被打掉"命运，并且顺利健康地降临人世的孩子，都给予医生最大的安慰与恒久信心，让她有勇气将这一场保卫生命的工作进行到底。

医生这个行业最大的成就感就是，总会有那么几个人，确实是因你而活了下来。虽说这是一个救死扶伤的行业，客观情况却是，大部分病人谁都能救，更有多数病人的疾病并不严重，或者命不该绝，落在谁的手里都能活，但是总有那么几个人，是因为你的努力才活下来，总有那么几个没见天儿的生命，是因为你的咨询和建议得以继续。医生，不就是那成就弓箭的弓，不就是那无尽天空的空。

05

|

肚子里的女宝宝也会得卵巢囊肿？

我们妇产科那点事儿，都是女人的事儿，似乎并不高深，大概其的疾病名称即使是普通老百姓，估计也知道个十之八九，例如子宫肌瘤、卵巢囊肿，都是成年女性比较常见的妇科疾病，但是你有没有听说过，还在妈妈肚子里的女宝宝也可能患卵巢囊肿。

我在好大夫在线网站开通自己的个人主页 7 年有余，从网络咨询的回复、电话咨询的接听，到科普文章的写作都是亲力亲为，网站的总浏览量已超千万，为全国各地包括海外患者 6000 余人义务解答各类妇产科问题。

作为一个除了看病别无所长的妇产科大夫，这是一件令人高兴的事儿，帮助别人的同时，也督促自己学习，不断汲取新的知识。那一年，连续出现了几个类似的病例，都是准妈妈在怀孕 6 ～ 7 个月的时候，在常规的 B 超检查中发现胎儿卵巢上有囊肿。当地医生建议引产，而肚子里的孩子已有胎动，是一条活泼泼的小命，母亲实在舍不得，于是向我求助。

当时，不论使用百度、雅虎等各种搜索引擎，还是翻遍中国的妇产科教科书，包括几本砖头厚的经典妇产科书籍，都没有找到对这一问题的讨论和指导意见。问同行，也说没有什么经验，要查文献才知道。

说实话，医生并不是被问到什么，都能立马回答出来的。国内搞了一辈子产前诊断的孙教授，可谓学富五车，临床经验比谁都多，但她每次去看门诊，都要带上一本《遗传诊断学》。病人拿来的基因诊断报告五花八门，她随时从屁股底下抽出书来，现场翻看比对，再提供意见。即使这样，仍有很多问题没法现场给出答案，这时候她总是记下问题，打发病人先回去，自己去图书馆查文献，再约病人回来，给予答复。

什么都知道的医生不是没有，一种是绝世高人，这样的人少；另一种是满嘴跑火车的人，这样的人多。医学知识浩若烟海，每个人都知之甚少，所谓博学，又有几人能够，不如退一步，凡事怀敬畏之心，手握证据再说话，不知道就说不知道，否则伤人害己，耽误病人，迟早要以不光彩的方式断送自己的职业生涯。

晚上，我把女儿哄睡后，悄悄从她温暖的小身体旁溜走，在 Pubmed 上检索医学文献。总的来说，国外报道的病例数量也不多，大致意见是可以继续观察，并非必须引产。我的心里仍然没数，想起自己以前参与翻译过的一本《青少年妇产科学》，翻出仔细研读，最终找到答案，书中记述如下：在孕期例行的超声检查中，胎儿卵巢囊肿的发生率在 30% ～ 70%，然而真实情况很难确切掌握。发病原因不清楚，最大可能是来自母亲和胎儿的促性腺激素的双重影响，如果孕母合并先兆子痫、糖尿病、羊水过多，则胎儿发生囊肿的概率增加。一般来说，单纯性囊肿在产前或者产后均可自然消失，处理策略以观察为主。如果囊肿超过 6 厘米，为防产时破裂或者胎儿腹部过大造成难产，建议剖宫产终止妊娠，小的囊肿可以经阴道自然分娩。胎儿卵巢囊肿通常在产后 4 个月自然消失，母亲不用过分担心，但要定期随诊宝宝的情况，如果囊肿不消失，或者进行性增大，可能需要医疗干预。

陆陆续续，不断有病人咨询，也不断有病人进行反馈。的确，绝大多数胎儿的卵巢囊肿都在快出生或者出生后半年之内消失，我愈加有信心了。这期间，我收到这样一封感谢信：张大夫，因为遇到您我才有了现在幸福的感觉。怀孕的时候查出胎儿卵巢囊肿，我很害怕，这里的医生没见过，让我引产，因为实在舍不得已经有了胎动的宝宝，我咨询了您，您很细心很耐心地回答了我 N 多语无伦次的问题，听完您的解释，我决定把孩子生下来。现在宝宝很健康，我给她取名"瑞羽"，"瑞"是我的名字，也取祥瑞的意思，"羽"是让她永远记住张羽医生，是她的恩人，也是我们全家的贵人，也希望孩子长大以后，能成为给别人带来希望的人。

那一刻，因为终日难见阳光，早晨太阳还没出来就上班，晚上太阳落山后才下班，终日混在手术室，十几年如一日，导致的我一张白净无斑略带蜡黄的"协和脸"上，满是灿烂和幸福的傻乐。

其实，最终要感谢的还是她的父母，通过和医生的交流，勇敢地留下她。这期间，他们的心理压力可想而知，孩子出生前，妈妈把每一次检查的进展和变化都通过网站告诉我。当然，更多时候，是表述焦虑和担忧，实际上，她更想从我这里听到百分之百的确切答案，例如"宝宝生下来一定没问题"。作为医生，我永远不能做百分之百的保证，必须走一步看一步，可以无条件地提供心理支持，客观上却必须告知可能发生的一切不良后果，抉择的最终权利永远在孩子父母那里。

孩子妈妈在信中说：张医生，你是渡我们一家人的船。

其实，病人何尝不是在渡医生呢？所谓同舟共济嘛。

当医生的，在这种时刻给出引产的建议，似乎永远都不会犯错，不会招惹上官司，更落不着埋怨，毕竟是一个"有问题"的孩子，病人多会觉得自己倒霉，或者怨上天不公，默默承担一切。而通过查找资料，阅读文献，提出可以严密观察，不要盲目引产的医生，实际上是承担巨大压力的，然而面对生命，面对良心，以及在协和多年所受的医学和人文教育，一个合格的医生是没有选择的，应该有所担当。

面对一个生命的去留，母亲在两难之时，几乎不会有十全十美的对策和百分之百确切的答案，人的一生所追求的，毕竟只能是无怨无悔，生活是这样无常，要拿出一点愿赌服输的精神，才能怀揣所得和希望，义无反顾地往前走。

作为医生，除了精进业务，更应有所担当，正如康德所说：有两样东西，我们愈经常和持久地加以思索，就愈使心灵充满日新月异的景仰和敬畏，它们是，在我之上的星空和居我心中的道德法则。

06

|

性格决定病程

三年之后，我挺着因为玩命工作而疏于锻炼，最终无法恢复少妇时候紧绷的松垮小肚腩，带领住院医师、进修医师还有实习大夫呼啦啦一大群人查房。

作为妇产科医生，我从来不相信也不跟风宣传生完孩子的女人小腹还能和没生时候一样光滑和紧绷，以及坚持母乳喂养两年的女人乳房丝毫不会出现松垮和下垂。这都是生育的代价，你孕育了一个鲜活的生命，身边多了一个活泼可爱的孩子，岁月怎会不在你身上留痕迹？

生完宝宝，女性小腹能否尽量回复往日的弹性和紧绷，除了个人体质等先天因素，关键是看你在孕期有没有肆无忌惮地大吃二喝，养出一个嚣张的巨大儿，将妈妈肚皮撑得又松又垮，并且因为体重迅速增加，制造出满腹的妊娠纹。

此外，就是你在产后的饮食控制是否合理，你的个人意志是否强大，你的身体训练是否科学，你的训练程度是否刻苦。

基因决定的东西是不能改变的，如果你不能在孕期很好地管理体重，不能在产后适当节制食欲，并且拥有足够的智慧选择科学的训练方式，愿意付出足够的时间成本、意志力与汗水，对于别人在产后还能拥有的曼妙身姿，就只能慨叹老天不公，各种羡慕嫉妒恨了。

交班的时候，我知道病房有一位和我一样的产妇，剖宫产的时候麻醉打穿了，术后头痛，不能起床。护士长特意交代，产妇在闹情绪，对护理工作不配合，几次对护工和小护士恶语相向，希望主管医生多作沟通和安抚。

我心想，不怕，自己有过一模一样的经历，还查过相关文献，研读过《麻醉学》大部头，不仅有丰富的理论基础，而且同病相怜，这次绝对能够做到传说中的感同身受。我将有充分的理由说服她耐心等待，不要害怕，很快就能好起来，很快就能像我一样毫发无损，生龙活虎。

医生们来到她的床前，还没等我开腔，她那边已经连珠炮一样地向主管大夫抛出问题。

"这麻醉打坏了，是不是医疗事故？我要你们领导来做解释。"

"当天有六台剖宫产，为什么只有我一个人出问题，我怎么就那么倒霉，是不是因为我没送红包，才不给我好好打麻醉？我要麻醉大夫亲自来做解释。"

"我现在要输液打针吃药，我的奶水不能给孩子吃，你们负什么责任？我的孩子两年之内的奶粉问题谁给解决？不吃母乳的孩子抵抗力差爱生病，以后伤风感冒挂号住院谁负责？"

她的主管医生针对这些问题一一进行解释和答复，并且告诉她，完全没有必要停止母乳喂养。医生只是为她输了一些葡萄糖、盐水和胶体溶液，止痛药的代谢很快，不会在体内长期蓄积，进入乳汁的含量也微乎其微，不会影响孩子的身体健康。

医生的解释耐心得体，她由开始的怒气冲天变得一时无话可说。但是很快，她就恢复了战斗力，歇斯底里地叫喊："那你们说我还要在床上躺多久？躺多久？你们倒是说啊！"

主管医生继续解释，通常两三天就能好，但是有的人可能需要一两个礼拜，甚至更长，但是最终都会好起来的。

"你就说我哪天能出院？我得让我爱人请假来接我啊，私家车开始限行，我要有计划啊。"

"我们很难给您确切的时间表，况且我说三天一定好，五天一定行，也不科学。每个人的身体状况不一样，脑脊液渗漏的程度不一样，药物反应也不一样，不同个体之间的差异可能很大。我们只能边走边看，总会好起来的，只是时间问题。"

"说得轻松，你说我能喂奶就能喂奶吗？你看我这么直挺挺地躺在床上怎么喂奶？我不会，你给我做个示范！"

一脸娃娃气还没男朋友的小住院医生被问蒙了，满脸通红地愣在那里，将求助的目光转向我。

"在床上也能喂奶，您可以侧过身来，再让家人带来几个靠垫，到时候我亲自过来教您秘诀。您一定会好的，要乐观，积极配合医生的治疗，这样才好得快，而且必须躺在床上的这段日子才能更舒心。"是我出马的时候了。

"说的比唱的还好听，你们医院这破床躺得我腰都折了，你来躺躺试试，站着说话不腰疼！"

"不瞒您说，这床我真躺过，我和您一样，也是做剖宫产麻醉打穿了，就在同样一张床上躺了两个礼拜，您看我现在不是好好的，查房、看诊、做手术一样都不耽误。我当时也是输液打针吃药，但是一直坚持喂奶，现在孩子都三岁了，一点问题没有，您真的不用担心。"

她的质疑正好撞到我的枪口上，她开始恼羞成怒："你是你，你能好不代表我能好，你喂奶没事儿，不代表我的孩子也安全，你愿意高高兴兴地躺在这床上是你的问题，不代表我也得强颜欢笑。都别在这儿蒙我，给我医务处电话，我要投诉你们。"

*   *   *

这时，产房有人难产，我赶紧前往救场，再之后是接二连三的剖宫产手术，下午出门诊，忙了一天才想起，这是我在产科管病房的最后一天，要和新同事交班，还要到新岗位接班，直到月上柳梢，才往家走。

到了新的病房，又是一个新摊子和一堆新问题，一忙起来，就无暇顾及不再属于自己业务范围的事儿了。

后来，产科的主管医生告诉我，那位产妇因为麻醉打穿了的问题闹了很久，对医生护士终日没有笑脸，对家人也是动辄咆哮怒骂，要求医院赔偿误工费、营养费和精神损失费。她整个人的状态都很差，虽然医生反复说可以喂奶，她还是没有母乳喂养，并且要求医院负责孩子两岁之前的奶粉钱，孩子因为没有吃到母乳将来体弱多病发烧感冒看儿科都得由医院负责，等等。

除非法庭有所判决，否则医院不会轻易答应这些索赔。即使医院答应，那又怎么样？一个女人，在人生最快乐最温情最该怡然自得的月子里，都用来和医生较劲，和医务处据理力争，甚至耽误了孩子最宝贵的母乳，即使赢得一些赔偿，又能怎么样呢？在星转月移的人生中，欢庆的日子会周而复始，但是对宝宝来说，吃奶的季节只有一次，有些遗憾注定是无法弥补和追悔莫及的。

每个人都有走背字的时候，进了医院，总有不尽如人意的地方，医疗并发症如影随形，任何人都无法完全避免。有些伤害发生了，确实是医生没有做好，但是亲手毁掉这一段美好时光的，不能说不是病人自己。

这件事过去很多年，我仍然会问自己，当时是不是在和稀泥，当初有没有真正站在病人的立场上考虑问题。她和我不一样，身为病人的医生和不是医生的病人，对并发症的认识是不一样的，无论从感性还是理性出发，我都没有资格要求她和我一样客观和豁达。但是面对医疗意外，不正是应该由医生引导病人做出正确的选择吗？除了勇敢面对，配合治疗，我们还有什么更好的办法吗？难道不应该在那些并不灿烂的日子里，尽力驱赶心中的仇恨，允许阳光重新照进我们的生活吗？

唯有宽容，才能将我们的损失降到最低；唯有宽容，才能让我们的生活不那么残忍地被毁掉。医生在解释和劝说过程中貌似都尽力了，产妇仍然不依不饶，万分沮丧消沉，我想她是不是有产后抑郁问题，问病房有没有给她请心理科医生会诊。主管医生说："请过会诊，还是心理科主任亲自给看的，单独交流两个多小时，做了各种量表分析，最后诊断不是抑郁症，而是偏执型人格。"

或许，性格真的决定命运。

你也许会说，因为你是医生，能够正确看待麻醉医生的失误，才通过自身的努力和调节，尽快得以康复。在看到曙光和希望之前，你没有资格要求我们和你一样阳光，或者和你一样没心没肺。

现实生活中，不可能每个人都去学医，但是如何看待生活中的不如意，如何看待医疗过程中的意外，是每个人都要学习的。人世间最为纯粹的智慧和常识都是相通的，所谓万变不离其宗。

上帝通过疾病的方式造访人类，医院里总在发生大大小小的失误，尽管概率很小，但谁也不知道哪一天落到自己身上，但有一点可以基本保证你的安全，并且将沉没成本降到最低，那就是相信自然的力量，相信现代医学，也相信自己，摒弃过多主观的行动，让自己的内心真正宁静，始终保有平和、宽容、满怀希望的心态，一切朝着冥冥之中命运的方向，结局总是不会太坏。

07

|

大三阳母亲照样可以哺乳

做主治大夫以后，我开始在教授的指导下管理病房，这是在住院医师、总住院医师之后更高级别的轮转。协和的妇产科医生要在各个专业组病房轮转若干个来回，每次都是不同的职业角色，屁股坐在不同的位置，脑袋自然使用不同的思维频道。经历不同层次各个段位的历练之后，病还是一样的病，你已经是不同的你，十几年下来，真的就长成了一名拿得起一摊活、放得下一张脸、真正独当一面的骨干医生。

早晨照例是交接班，夜班收了一位乙肝大三阳孕妇，到急诊的时候已经破水，宫口开了8指，医生一边问诊，一边忙着抽血送检必需的化验项目，转眼间，孕妇的宫口已经开全了，接生台上的各种家伙什儿刚刚摆放到位，又一转眼，孩子呱唧生出来了。

这是一个没有产前检查、夜闯急诊的病人，动机和原因不明，我们没问，也没有时间问，因为不管摊在谁的班上，我们都要管。不管是街头流浪完全说不清孩子父亲是谁的智障孕妇，还是盖着花被子打着救护车跨省而来的危重症孕妇，即使没有做过任何产检，也拿不出任何可以参考的化验单，就这么咣当一声一大一小俩活人撂你面前，医生没有任何选择，只能迎头顶上。

医生最怕忙中出错，没出错当然好，但是多少有些后怕。这个孕妇几乎是急产，弄得医生护士个个手忙脚乱。交班医生一副愠怒表情，一起交班的儿科医生拍着我的肩膀说："老兄，我们可要做好科普宣教，教育乙肝产妇到国家指定的传染病院生产，都这样夜闯急诊，早晚出问题。"

儿科医生说得有道理，好医院好在它的全面和综合，并非每个方面都突出和完美，如果医院不以收治肝炎孕妇为主业和强项，自然没有这方面的流程和常规，甚至急诊药房都没有将新生儿急需在 24 小时之内注射的乙肝免疫球蛋白列为常备药物。儿科医生一直在和药房联系，紧急调配药物，及时为孩子打上了这救命的一针。

医生治病救人，知识来自课堂，经验来自临床，收什么样的病人，就会治什么样的疾病。

协和最擅长的是病理产科，除了产科自身的力量，生产之前有强大的内科会诊支持，生产之时有强大的产房、手术室和麻醉科可以利用，生产之后有强大的 ICU 做后盾。同时，作为全国顶尖的综合医院，危症重症病人不断上门，没有上级医院可以转诊，只能大家一起上，死马当成活马医。病人活了，我们积累经验；病人死了，我们牢记教训，如此多年如一日地迎头而上，讨论尝试和归纳总结，再反复实践和验证，才有了今天的强大。

而对于那些门诊、急诊和病房都见不到的病人，就算是协和，也只能是纸上谈兵，甚至连纸上谈兵的能力都没有。现在的情况就是这样，在我脑袋里，乙肝孕妇围产期的管理要点，除了上大学时教材上那些注定已经落伍的知识，空空如也。

乙肝孕妇生孩子有什么注意事项？产科医生除了注意子宫收缩、会阴伤口，减少可能引起肝损害药物的使用，迫在眉睫的问题就是乙肝妈妈能不能给嗷嗷待哺的孩子喂奶，这些都是在马上到来的查房过程中必然遭遇的问题。我的服务对象——产妇可能会咨询我，我的带教对象——实习医生、住院医生还有进修大夫可能会请教我，总之都是在考我，而我，正迷失在一系列的自问和胡思乱想之中，没有头绪。

国际医疗部是协和大院里唯一有单间病房的，我们敲门进入，昨夜经历苦痛分娩的产妇已经梳洗干净，安静地抱着宝宝喂奶瓶。再一看，医院提供的移动餐桌上都是奶粉罐、奶瓶子、消毒锅，还有大小型号的橡胶硅胶奶嘴，看不到任何母乳喂养的架势。

乙肝产妇交给我们两个任务，一是医护人员为她的病情保密，家里人甚至她的爱人都不知道她是乙肝病人；二是她想让医生帮她退奶。

保护病人隐私是医护人员的责任，尤其在妇产科，太多的事情需要保密，病人以前得过什么性病、有过多少个性伴侣、婚前做过多少次人流甚至大月份引产等等，女人太多不愿意被现任枕边人知道的过往，都得告诉医生。病人在我们面前袒露身体，诉说最不堪的痛楚，医生定要让诊室成为她们感到安全的地方，治愈她们的伤痛，帮她们找回自信，并为她们守口如瓶。可是她为什么非要退奶呢，是不是怕把乙肝传染给孩子？

妇产科教材在《妊娠合并内科疾病》一章中大概如下记述：大三阳产妇不宜哺乳，乳汁 HBV-DNA 阳性者不宜哺乳，只有新生儿接受免疫，而母亲只是单纯的乙肝携带者才可以为新生儿哺乳。

我所知道的是，只要新生儿出生后尽快打乙肝疫苗和免疫球蛋白，肝功能稳定的乙肝携带者和小三阳产妇应该都可以喂奶，大三阳就不太肯定了。

"我们这里接诊的乙肝孕妇非常有限，今儿这算特例，咱们分头查查资料吧，如果有证据支持大三阳母亲可以哺乳，我们一定动员产妇喂奶。"我给大家留了作业，继续查房。

协和，之所以成为全国数一数二的综合医院，并非因为这里的医生个个天赋异禀，生下来就什么都懂，而是有一种难得的学术气氛驱赶着大小医生，遇到不太常见的病人或者棘手病例，医生清楚地知道自己哪里不懂，还知道去哪寻找答案。临床医生光看教科书就不知道自己有多落伍，光看中文文献就不知道自己有多局限，光看英文文献又会陷入眼高手低、不接地气、理论无法联系实践的怪圈。

实际上，早在 1997 年，世界卫生组织就明确表态，目前没有任何证据证明乙肝妈妈喂奶会增加孩子感染乙肝的风险，建议所有乙肝妈妈进行母乳喂养，即使在一些贫穷落后的国家和地区，即使没有办法为每一个新生儿提供乙肝疫苗和免疫球蛋白，乙肝妈妈也应该首选母乳喂养。

再看国内外的专业医学文献。2002 年，世界权威杂志《妇产科学》报告了365 例乙肝孕妇的新生儿，这些孩子都在产后及时接种乙肝疫苗，注射乙肝免疫球蛋白。101 位妈妈是母乳喂养，平均喂哺时间 4.9 个月，268 位妈妈没有母乳喂养，孩子 15 个月时的体检显示，没吃母乳的 9 个孩子感染乙肝，完全母乳喂养的 101 个孩子反倒平安无事。

2011 年，上海复旦大学公共卫生领域的流行病学专家团队，总结分析了全世界 32 项大型临床研究。乙肝妈妈分娩的所有 5650 个孩子，在常规接受乙肝疫苗免疫接种后，244 例（4.32%）感染了乙肝，其中 2717 个小孩母乳喂养，乙肝发生率是 4.2%，2933 例小孩人工喂养，乙肝发生率为 4.4%。由此可见，不管是否母乳喂养，孩子感染乙肝的比例几乎没有差别，接种疫苗后，比例大概都在 4% ～ 5%。

母乳喂养本身并不增加孩子感染乙肝的风险，真正的乙肝感染大多发生在子宫内和分娩过程中，这是谁也逃不过去的两个过程，乙肝妈妈无论打算用哪种方式喂养孩子，乙肝都可能已经感染在先。这一成果以 "乙肝妈妈可以母乳喂养吗？" 为题，发表在 2011 年伦敦公共卫生权威杂志《生物医学中心·公共卫生》。

2010 年 12 月，最新版《慢性乙型肝炎防治指南》在北京发布，其中明确规定：新生儿在出生 12 小时内注射乙肝免疫球蛋白和乙型肝炎疫苗后，可接受乙肝表面抗原（澳抗）阳性母亲的哺乳。

我一边记录整理收集到的资料，一边汗颜，医生的无知就是罪恶，医生落伍的知识会成为一个幸福家庭的毒药，更别提自己是什么上帝的使者了。避开爱心、仁慈和悲悯不谈，医生不及时更新知识，足以成为人类进步的阻碍。

08
|

乙肝歧视，其痛诛心

从图书馆出来，我带着满腔热血和一肚子现学的热乎知识，赶回病房给乙肝产妇一个交代，要知道，产后尽早让孩子吸吮乳头，对于母乳喂养至关重要，我要告诉她，根本不用退奶，大三阳的母亲照样可以母乳喂养。

一进病房，正赶上她在送别几个老人模样的探视者，屋里只剩保姆。我想时机正合适，家人都走了，保姆也容易支走，正好可以和她探讨一下乙肝和喂奶的问题。

"别退奶了，我查了国内外很多资料，即使是大三阳妈妈，也可以给宝宝喂奶。"我没太多时间，于是单刀直入。

"这些我都知道。"她淡然地坐在床边，不像一般披头散发身材臃肿的产妇，她的头发梳得一丝不苟，不施粉黛的脸干净漂亮，除去产后的虚胖，没怀孕的时候一定是个美人。

"那你为什么还要退奶？你不知道母乳喂养的好处吗？"

那时候我自己已经成为母亲，晚婚晚育加上剖宫产，再把爱人俩礼拜产假也算到自己头上，好不容易休了5个月，就回医院上班了。妇产科在院内向来以劳动强度大、工作时间长著称，女的当男的使，男的当牲口使，女医生一上手术台，一样不知道什么时候下台，门诊一看，照样是整个上午，连厕所都没时间去，在单位挤奶，再背奶回家几乎是一项不可能完成的任务。

寸土寸金的东单，医院把所有可以利用的空间都改成病房，仍然供不应求。在房屋利用方面，永远是朝阳的一面做病房，背阴的一面或者四面不透风的小黑屋做教授或者主任的办公室，根本不可能有女员工的哺乳室和挤奶室。环境不好可以克服，实在不行还有卫生间，最难的是没有挤奶时间，我想尽一切办法，总算喂了8个月的奶。终于轮转到轻松一点的岗位时，人世间最悲催的事情发生了，挤奶的时间有了，可是奶没了。

每次看到国际母乳协会关于"母乳喂养最好坚持两年"的建议时，我都会对女儿产生愧疚。从那时候起，不论从医生还是母亲的角色出发，我都是母乳喂养的坚定拥护者，经常不分时间地点人物场合，近乎传教一般地唠叨喂奶的各种好处，自然不会放过眼前这位轻易就要放弃母乳喂养的产妇，更何况她还正在我的管理范围之内。

"我知道孩子出生后只要立即打针，就能喂奶。我是怕过于密切的接触，会把病毒传染给孩子。我查过HBV-DNA，我的病毒复制很厉害，我怕孩子像我一样，成为一个人见人怕人见人防的乙肝病人，那种异样的眼光我受够了，我不想自己的孩子重蹈覆辙。"她淡淡地回答我。

"您自己的乙肝病毒多，不代表奶里的病毒也多，目前所有研究都没发现哺乳本身会增加小孩乙肝感染的风险。没有乙肝疫苗之前，大三阳妈妈的孩子90%会被传染乙肝，接种疫苗后，小孩的感染率已经下降到5%，而这5%是乙肝疫苗无能为力的，它可能来自胎儿期的宫内感染或分娩过程，和喂奶没有关系。甚至有学者认为，母乳不但不会让孩子感染乙肝，反而可以刺激小孩的免疫系统，增加免疫保护的水平。"我说。

"我在网上查过，很多医院都能检测乳汁中的病毒滴度，如果正常就喂奶，过高就不喂，你们医院能做这样的检查吗？"

非医学人士在网上能查到的能看懂的医学知识，大多不是来自专业的医学网站，信息方面可能滞后，可能有盲目、偏激和不科学的地方，甚至还可能是商业性网站的科普软文。信息爆炸的时代也有弊端，普通人貌似越来越容易得到信息，但实际上除了被动接收，他们几乎没有甄别和鉴定正确信息的能力。

有了医学问题，通过互联网进行学习是有必要的。浏览文章内容之前，一定要先看网站是否专业可信，对于那种不断跳出来小窗口怎么都关不掉的、承诺专家24小时在线答疑的网站要多加小心，刻意营销和商业性很强的网站信息更要警惕，带着问题咨询求助的病人，在某些人的眼里就是滴着油的肥肉。

然而，就算是世界卫生组织发布的疾病指南，就算是美国CDC（疾病预防控制中心）面对公众发布的疾病指导性意见，就算是大医院好医生写的真科普，都不要轻易根据这些信息就下结论和做决定。非医学人士可以用这些知识武装自己，提高自己的科学素养，这样，在生病面对医生的时候，在医生摆出几种方案，言明利弊让你选择的时候，起码保证自己有和医生对话的能力，有提出问题的能力，有理解和消化问题的能力，最终帮助自己做出最有利于身体的决定。千万不要以为有了这些知识就能照书开方做自己的医生，有病去医院找真正的医生，才最靠谱。

"我也是刚刚查了资料，是在图书馆，查的是医学文献。即使母亲大三阳，奶水和母亲血液之间也是有屏障的，到达奶水的乙肝病毒非常少，世界卫生组织认为，和其他食物相比，母乳是感染风险最低的。美国疾病预防控制中心发布的指南中都没有化验乳汁中乙肝病毒滴度的建议，您查到的那些完全是中国特色，到底有多大意义根本不清楚，可能只是一些医院为了宣传自己、增加化验项目、获得医疗收入的一种手段罢了。"我仍然在努力说服她。

"我算是久病成医吧，我知道乙肝并不通过消化道传播，亲戚朋友一起吃饭没事。但是万一我的奶水中有病毒，而孩子消化道恰好在那一刻有小破口呢？我不能允许自己的孩子在这方面有任何差池和闪失，那样我太对不起她了。"这是一个思维凌厉、多少有点钻牛角尖、苛求完美的女性。

现在的我，和之前查房的时候判若两人，那时一头雾水丈二和尚摸不着头，现在是手里有粮心中不慌。

日常生活中的亲密接触确实有可能发生母亲和孩子之间的体液接触，造成乙肝病毒传染，她说的情况也不是完全没有可能发生，但总归是小概率事件。就算万里有一，难道忘了医生已经在最短时间内给孩子打针的事儿了吗？孩子一出生就打了至关重要的两针。一针是免疫球蛋白，立刻就会起作用，它会在孩子还没有来得及自己产生保护性抗体的这段时间内，在第一时间截获和消灭那些可能进入体内的乙肝病毒，这叫被动免疫，也叫"授人以鱼"。另外一针是乙肝疫苗，作用是诱导孩子产生自己的乙肝抗体，在长长的一生里为他提供持续性保护，这叫主动免疫，真正的"授人以渔"。

"您看，孩子不会打渔的时候我们医生给他鱼吃，鱼还没吃光，孩子已经学会打渔的本领，之间完全没有断档，您还担心什么呢？"我真的有点着急，把肚子里不多的典故和成语都用上了。

"可是，我在妈妈群里看到，很多妈妈的乳头会被孩子吸破，然后出血，血液里的乙肝病毒可比乳汁里的多很多，那时候就不是小概率事件了。"

"正常哺乳是不会出现乳头伤口的，乳头破损是因为孩子吃奶的方式不对，如果只让孩子吸吮乳头，当然没几下子就嘬破了，正确的方法是趁孩子张大嘴巴找奶吃的时候，将乳头和整个乳晕都送入他的嘴里，这样不仅能保证孩子最高效率吃到奶，母亲也不会痛。虽说吃是人的本能，但母乳喂养是一门学问，母亲和孩子都要学习并且经历一个磨合的过程。简单说，您要学会喂，他要学会吃。科学工作者做过这样的试验，他们故意把含有乙肝病毒的母乳喂给猩猩，结果也没发现小猩猩感染乙肝。"

"你们医生真够残忍的，怎么这样折磨大猩猩宝宝？"

"这个……"

"猩猩不感染，不代表人类也不感染。"她有点咄咄逼人。

"是的，动物实验不能完全替代人类的体内情况，但是您要知道，即使含有乙肝病毒的血液随着母乳被吃进去了，孩子消化道的微环境也不是白给的呀，其中大量的免疫因子、强酸性环境都不利于乙肝病毒的生存。"

"张医生，您的话有理有据，我说不过您，但我就问您一句，您能保证我的孩子绝对不被感染吗？我真的好怕。"

"医学存在太多未知，医生永远不能保证什么，但是你到底怕什么呢？你自己就是大三阳，不是也有爱你的老公、优越的生活条件、专职照顾你的保姆，还可以住在协和的国际医疗部，一晚上房间费就 800 块，我们协和大夫自己生孩子都没几个人住得起哦。"

听到我的这番话，她突然放下凌厉的攻势，眼角有点湿润。她让刚刚走进屋的保姆到外面的会客室休息一会儿，对我说："张医生，您有时间吗？我和您说点题外话。"

医生总是很忙，一堆的事儿等着做，但是看到她那楚楚动人又略带凄婉的眼神，我实在无法拒绝。不可否认，每个病人在和医生打交道的时候，都有各自不同的感染力，还有各自为了达到个人意愿而散发的各不相同的个人魅力。

我心一软，决定留下来，听听她的题外话。

*　　*　　*

她是高三时候被扣上乙肝大三阳帽子的，这么多年，一直没有转阴。

第一个男朋友是大学同学，毕业后一起分到北京，谈婚论嫁之际，她执意要把自己乙肝的事儿告诉未来的婆婆，结果老太太寻死觅活，坚决不让结婚，两个人就分开了。

"在我最诚实的青春里，这份最真诚的坦白，换来的却是最强烈的拒绝和最直接的歧视。"她平静地诉说着，好像过去的这些都像顺水漂走的枯枝落叶，早和她没了任何关系。

后来，她又恋爱了。内心一直很矛盾，告诉对方怕遭嫌弃，不告诉对方又觉愧疚，矛盾始终萦绕，日子也一刻不停地前行。吃一堑长一智，这次她没有直截了当，而是试探着去了解男人的真实想法。周末，她和专给《大众电影》

写影评的男友一起看碟，看的是关于艾滋病歧视的美国大片《费城故事》。看完以后，男友轻松地说，艾滋病病人只要防护做得好，结婚都不是问题，社会歧视问题必须得到纠正。她的心突然就亮堂了，决定直言相告。

不碰到点事儿，你真的永远没法了解一个男人的内心，谈论别人是一回事，用手指在键盘上叨叨些个伦理道德容易，轮到自己就是另外一回事了。毕竟是知识分子，男友没有说直接伤害她的话，只是再也没了消息，呼机不回，电话不接，到外地出差一走就是个把月，最终，还是分手了。

于是，她选择了隐瞒。

人总是这样，走过的路、受过的伤、流过的泪，让柔弱的身躯不再主动接触磕碰，曾经的磨难化作周身的铠甲，将她们包裹起来，她们顺理成章地长成今天这般模样。

她现在的爱人算是个小小的官二代，虽在略有权势的家庭中长大，但是为人单纯善良，对她也好。她一直瞒着自己乙肝的事儿，其实也谈不上隐瞒，只是避而不谈。

她淡淡地说："女人真不禁老，转眼就 30 了，你发现自己不再像年轻时候一样什么都输得起，或者明知道要输，也要执拗地用一身的柔弱挑战世人不堪的底线，哪怕是头破血流。"

"那对你的爱人是不公平的，性生活存在体液接触，可能会造成传染，你考虑过吗？"我说。

"这个我知道，他打过乙肝疫苗，有抗体，我问过医生，他受感染的可能性非常小。而且我谎称自己身体不好，不能吃避孕药，结婚后一直让他戴安全套，这个也会最大程度保护他的。准备怀孕的时候，我自己在网上学着测量基础体温，买试纸条监测排卵，还算幸运，一个月就中标了。他是好人，我爱他，我会尽自己的最大能力保护他。"

"给孩子喂奶吧，你都开始涨奶了。"说话的工夫，她的胸前涌现出两处圆圆的极为对称的奶渍。

"初乳赛黄金，母乳是孩子最好的口粮，是上天赐予的，你是母亲，不能轻易剥夺孩子的权利。"我仍然在努力，希望打动和改变她。

初乳是母乳的精华，说千金难买，一点都不夸张。在产后最初的几天，初乳不仅能够满足新生儿全部的能量需求，更重要的是提供营养物质。其中富含的大量免疫球蛋白，是母亲多年来和自然界顽强抗争，积攒在体内的重要防御武器。宝宝初生，手无寸铁，通过吸吮乳汁，就能轻易获得母亲慷慨馈赠的十八般武器，足以抵御各种细菌病毒寄生虫的歪风邪气。

除了免疫球蛋白，初乳中还有宝贵的乳铁蛋白、溶菌酶、各类生长因子，丰富的维生素和矿物质元素，含量是成熟乳的数倍。此外，初乳具有轻度的缓泻作用，可以帮助宝宝尽快排出胎便，有利于体内胆红素的清除，越是能够尽早吃到充足初乳的宝宝，越是能拉能尿的宝宝，生理性黄疸的消退也就越顺利。

"道理我都懂，阳光灿烂的日子，我何尝不是想象着把孩子抱在怀里，看他吃奶时候的幸福模样，但是医生你知道吗？天黑以后，那情形完全变了，怀孕的时候我经常做噩梦，我梦见自己的奶水是黑的、有毒的，里面都是一个一个的骷髅头，让粉嫩的婴儿顿时变成沉重的铅色，突然之间就断了气，这太可怕了，我真的无法从内心说服自己给他喂奶，即使全世界的医生都来保证，说我的奶水是安全的，我也不敢喂，我不想我的女儿再走我的路。"

乙肝是她心中永远的痛，如果可能，永远都不要去碰触才好。我没有勇气再劝下去了。此刻，在她创伤难愈的伤口上流泪和撒盐，都是一样的，都是在引起疼痛。

更何况我什么也不能保证，医学有太多的未知，100 年前的医术如今证明大多都是错的，我们今天认为对的，明天可能就被证明有问题，但是我们不知道哪些会被证明是错的。

医生能做的，只能是根据已有共识对医学利弊进行客观陈述，帮助病人做出尽量正确的选择。决定是否给孩子喂奶的权利永远在母亲手里，没人能够代替她，更没人能够强迫她。

医生这个职业，注定每天都要面对万世不变的伤痛与悲苦，我们克服无知、冷漠和轻慢，希望创造奇迹，化解这些人类每天睁眼就要面对的悲剧，可是，经常，你会发现这一永恒的伤口，绝非医生一人所能承受。

人世间，最难以承受的并不是重，当外力将你无情地压向大地，你反而会获取支点，得以反击。生命中最难以承受的是轻，是漂浮，是没有依靠，是无能无力，或者说无处下手。

我国健康妈妈在婴儿出生 4 个月内，纯母乳喂养率大约是 80%，乙肝妈妈的母乳喂养率仅 40%，大三阳妈妈的母乳喂养率更低，只有 5%。这和病人的错误观念有关，和医生欠缺专业的临床指导有关，甚至，和整个社会对乙肝病人的偏见和歧视都有关系。

每个医生都有盲点，临床医生可以不知道最前沿的实验室研究，不懂分子生物学，不知道如何在小白鼠身上做实验，但是一些常识性问题，例如在中国这样一个乙肝大国，如何为乙肝妈妈进行科学的母乳喂养咨询和宣教，是妇产科医生必须知道并且随时贯彻到工作中的。

然而有些时候，即使医生知道，也无法改变病人的选择。医院倡导"待病人如亲人"，真实的生活中你会发现，想要扭转和改变别人，即使是自己的亲人，在很多时候都是非常艰难的任务，更何况，医学是来自陌生人的照顾。

病人最终的决定，永远不仅仅取决于医患双方两个简单因素，她身边的一切都会参与其中。偏见和歧视，就像嫉妒、贪婪和偷盗等原罪一样难以消除，过去如影随形，难以摆脱，总会在重要的时刻不请自来。曾经的过往像刻刀一样在人的心中留下伤痕，血迹干了，仍然会有凹凸的刀疤左右她为将来做出的每一步决定，甚至在旁观者看来，根本就是没有必要的躲闪和放弃。但是，此刻，我却什么也改变不了。

治好一个病人，做好一个手术，医生能够享受到其他职业难以体会的激动和兴奋，但是成就感像天空划过的流星一般片刻即逝，而类似的受挫和工作中的无力感却总是不请自来，每每想起来，心头总是重重的，压得自己喘不过气。

我甚至想，如果放弃目前这一切貌似有逻辑有道理有证据的粗浅所知，换回最朴素和最简单的信仰，是不是会让自己的说服更有力量？在试图减少或者消除歧视和偏见的道路上，不知道我们还要走多远。

我们的一生会怎样告别 第五章

01
|

被误解的色老头儿

周末是我的劳动改造日，我用抹布扫荡每个房间的每个角落。

擦到客厅时，来找奶奶聊天的梁阿姨突然兴高采烈地对我说："张医生，你说82岁的老爷子还能活几年？身体挺好，啥毛病没有。"

我愣住了，有这么聊天的吗？一般的亲戚朋友来我家咨询，都是抹着眼泪红着眼睛无比期待地问："张大夫，您说老人家还能活多久？"

梁阿姨是婆婆在老家时候的邻居，来北京做保姆五年，专门照顾老人，每个月两天休息，总会找时间来我家坐一会儿。早些年东北女人很少出来打工，像梁阿姨这种快50岁的女人出来打拼，还是干伺候老人这种谁都不愿意干的活，实属无奈。

她没念过书，不愿意干农活，一心想嫁城里人改头换面。经人介绍，认识一个有城镇户口的男人，两人才见两面儿，手都没拉过就直接进了洞房。梁阿姨离开泥巴地和农家活，却陷入和农村并没有本质区别的小城市的贫苦和困顿。

梁阿姨的妈有抽风病，常年癫痫大发作，早就成了废人，连出嫁前给她讲讲最基本的夫妻之事的人都没有。她完全不懂避孕，20岁出头，正处于性活跃年龄，也是女性生育能力的最高峰，很快就怀孕了。

即使经历过相当一段时间的自由恋爱，结婚后锅碗瓢盆的生活还是会让很多人发现，枕边人根本不适合一起过日子，何况这样经人介绍的"闪婚"？那以后，不管是正怀孕、坐月子还是奶孩子，两人没断过吵架。梁阿姨想过离婚，但是自己户口还没落下，又没正式工作，离婚后只能回娘家白吃白住，就断了这念头。当年自己心高气傲，一心想进城，十里八村多少人给介绍对象，她都一口回绝，如今落到这个下场，怎么有脸回老家，怎么面对父老乡亲？

离婚本来可能让她的生活获得转机，却因为经济不独立，没勇气一个人生活，再加上舍不得孩子，又过度在意周围人的看法，离婚这事儿，也就只能是想想。

其实大家都很忙，不管是善意还是恶意，哪有人整天关注你那点事儿，天后离婚最多也就上三天头条。女人，关键的时候千万不要太把自己当人，丢掉各种玻璃心，豁得出去一时才能重获新生，该断不断，都是后患，最终只能委曲求全，一辈子过那种不把自己当人的生活。

梁阿姨的男人不光矮穷丑，还抽大烟喝大酒，46岁那年，酒后醉在田埂上睡了一宿，冻死了。三个儿子都不好好读书，母亲的温良恭俭让在他们眼里都是软弱可欺，对他们的品质毫无正面影响。老大喝酒赌钱，整天有人追他妈屁股后头要账；老二三天两头下岗，动不动单位集资就伸手要钱；只有老三不烦她，混黑社会早早关进去了。梁阿姨下决心离开这个让自己大半生不幸的小城镇，到北京闯一闯。其实，与其说是闯一闯，不如说是躲一躲。

＊　　＊　　＊

梁阿姨最近换了一家新雇主，照顾一位82岁的老爷子，他的两个女儿觉得梁阿姨人不错，希望保姆嫁给她们的爸爸。

觉得保姆照顾得好，就待保姆如亲人，或者加工资发红包，何必要结婚呢？这事儿听着蹊跷。

老爷子是离休干部，身体硬朗，生活基本能够自理，梁阿姨主要就是买菜做饭洗衣服和打扫卫生。这种老爷子在北京算是优质老人，有工资有房子，社保福利一应俱全，唯一让女儿操心的是，他最近好像得了"花痴病"。

开始是总往胡同里的洗头屋跑，谁都知道小屋里那几个浓妆艳抹，大夏天穿皮裙儿的女人是干啥的。赶上一次清查活动，洗头屋被取缔，老爷子和几个小姐一起被请进了派出所，还是居委会大妈去找老干部管理处，才把老爷子保出来的，丢人丢到单位去了。

后来请的几个保姆也先后辞工，开始两个都是被他吓着了，落荒而逃，几天的工资都不要了。中间的一个保姆彪悍，除了结算工资，还要了一笔数目不少的精神损失费，扬言不给就报警。最后一个保姆倒是开明果断，按次算钱，没两月，老爷子问女儿，自己买的理财产品能不能提前支取，要动老本儿。

两个女儿一个在上海，一个在美国，为老人的这事儿没少烦恼。母亲在世的时候，整天和保姆过不去，怀疑保姆偷钱、偷鸡蛋、偷衣服，后来换了老家亲戚来照顾，她又三天两头打电话报警，说自己家户口本丢了。片警已经不堪其扰，给上海的大女儿打电话，说您家的户口本确实重要，但是农村亲戚偷了也没用啊，而且经过调查保姆并没偷东西，你们好好劝劝老太太，频繁拨打110报假案可是犯法的。

接着，老太太又整天捡垃圾，自己用过的破油瓶子米袋子什么都不扔，把楼道堆得满满的，邻居不断投诉，居委会三天两头给大女儿打电话，最后找了几个收垃圾的强行把杂物弄走。老太太就坐在地上哭，还咬人，没过两天，急性心梗去世了。

两个女儿已经不堪忍受，尤其是国内的大女儿，京沪两地的动车不知道坐了多少个来回。现在剩下老爷子一个人，又总在女人身上动手动脚，老了老了这都怎么了，难道真有"临死不留念想"的说法？

梁阿姨来了以后，大女儿觉得她还算老实可靠，既然爸爸在这方面还有需求，干脆给他找个老伴，免得闹得更大，晚节不保。

结婚的基本条件是房子和存款不能动，女儿每月给生活费，老爷子工资交给梁阿姨，军人家属还有一份不算少的生活补助，也给梁阿姨，只要照顾好爸爸，将来老人过世，各种补助和抚恤金也都归她。

梁阿姨在小区里遛弯的时候找人问过，离休干部死后起码还有几十个月的工资，七七八八加在一起，不是小数目，她动心了，唯一担心的是不知道老爷子还能活多久，这才来我家，请教我这协和的大夫。

这个问题不好回答，我们大夫最怕病人家属问"还能活多久"，这得去问导演和编剧，貌似电影和电视剧里头才有明确答案。谁都想嫁一个"大款将死"，谁都要拿青春赌明天，可谁能够事先知道，哪天可以套现，自己又会不会被狠狠套牢？

而且我想到另外一个重要问题，好好的老爷子为什么突然变花痴了，会不会另有原因？

就在前不久，我门诊来过一位80多岁拄拐棍的老奶奶，一见我就抹眼泪，说自己浑身难受，一定是得了性病。

我问："您有性生活吗？"

她说："我都这把年纪了，咋会干那事儿？可是我家老头子，他在外头搞女人。"

这件事儿听着蹊跷，通过门外的女儿我才知道，老先生脑血栓瘫痪在床，绝对不会有这种事情。

"她怀疑你爸和谁有外遇，请保姆了吗？"我问。

"别提了，请了好几个保姆，都被我妈骂走了。天天说人家偷东西，一会儿说自己钱包找不到了，一会儿说自己金镯子找不到了，其实都是她自己乱放东西，找不到就说保姆偷了。"

"她精神是不是不正常，应该看看精神科或者心理科。"女儿连连称是，一边给老太太系围巾，一边嘟囔，年轻时候都好好的，到老了怎么净做这些不可理喻的事情，然后连哄带骗地把老太太领走了。

一周后，女儿来医院拿药，顺便来我诊室道谢，说幸亏我提醒她带妈妈去看心理科。

我问："真的是老年精神病？"

"不是精神病，是老年性痴呆。"

我惊得嘴巴张得老大，回家后赶紧为自己的无知看书恶补，才知道老年痴呆的表现千差万别，表现出什么问题主要看大脑皮层的哪些功能区域发生了退化和萎缩。除了典型的记忆障碍和认知功能障碍，例如我们都知道的老人傻了、记不住事儿、不认识人或者不会数数、出门后找不回家，还有一些老年痴呆表现为固执地怀疑体弱多病几乎不能外出的老伴有外遇，怀疑保姆或者儿女偷东西，或者把不值钱的东西当作财宝东藏西藏，有时候甚至有被害妄想，觉得家人要毒死自己而产生敌意，时常没有理由地焦虑、紧张或者易激惹，不让街坊邻居来串门，或者冒失地进行投资，很多文章都提到，一些老年人会有色情行为。全世界大约有 20% 的老年痴呆被误诊后送进精神病院。

02

|

花痴是老年痴呆的另类表现

我把这些告诉奶奶和梁阿姨，听得她俩嘴巴张得老大，纷纷表示难以置信，并且齐声追问："为什么痴呆了会变老色鬼？"

"老年痴呆是老百姓的常用说法，医学上称之为阿尔茨海默病，是一种中枢神经系统变性导致的痴呆。举个生活中常见的例子，男性看到漂亮姑娘的时候可能会有脸红、心跳加速、勃起等生理反应，但人不是动物，得用大脑管控自己的行为，最后发乎情止乎礼，这个很容易理解。

"随着高级中枢的退化，病人不光出现判断力、分析力、计算力和书写能力等障碍，低级中枢在失去高级中枢管控的情况下，可能变得异常活跃，病人就会表现出好色、性欲亢奋，做出一些不合时宜的举动等病态行为。"我用她们尽量能听懂的话进行解释。

"我家那位老爷子精神着呢，每天早晨都出去遛弯儿，从来不丢，很早以前的事儿都记得一清二楚，绝对不会是老年痴呆。"梁阿姨不肯相信。

老年痴呆的特点是几分钟之前说过的话，完全记不得，几十年前的事儿可能记得一清二楚。我认识的一位教授，痴呆后完全没有能力一个人生活，他甚至不知道按时吃饭，几次被饿得低血糖昏迷，但是碰到以前的博士生去探望，他能把30年前写过的论文摘要倒背如流。想起这些真的是可敬又悲凉，这位做了一辈子学问的知识分子，在能够支配自己大脑的时候，是如何精心和倾心地将这些知识植入缜密严谨的沟回，才能在大脑完全失控之时，保证那些为之奋斗了一辈子的珍宝不被残酷的岁月全部清盘。

"是不是老年痴呆，我这个妇产科医生也没有发言权，不过我始终觉得不管多大岁数结婚，都要以爱情为基础，或者起码两人之间有感情，愿意互相做个伴儿。如果您只想着把老爷子耗死，尽快拿钱走人，回归自由身还得到一桶金，仁义道德姑且不论，这件事本身就是有风险的，这老先生少则一两年，多则十年八年，您可要有心理准备，万一打持久战呢。"我不打算再将老年痴呆的问题讨论下去。

"打持久战我也不怕，反正到哪里都是伺候人，挣多点钱才是真的，我那个死鬼丈夫，在我最好的年华，糟蹋我大半辈子，留给我什么了，就仨狼崽子，害得我至今有家不能回。"梁阿姨说到这里，眼泪就扑簌簌地掉了下来。

这些年，她为生活哭红过多少次眼睛，为贫穷掉下过多少滴眼泪，真是一个命苦又不认命、有脚却不知路在何方的女人。虽然老爷子现在的体能和认知还没有出现问题，一旦如我所料，他的花痴病是老年痴呆的一种表现，那么病情不会这么简单，他的身体情况会不断恶化，他会逐渐出现全面的衰竭状态，最终完全不认识家人，失去谈话能力，不会咀嚼和吞咽，行动能力退化，动作迟缓，不能走路，偏瘫，甚至无法独立完成任何任务，卧床不起，直到死亡。

我把这些告诉梁阿姨，也算仁至义尽。当了很多年的医生，我清楚自己的界限，我只能客观陈述疾病，给予方案和指导，同时提供情感支持和抚慰，即使是非常熟识的关系，也不能对别人的生活指手画脚或者横加阻拦。况且，我不是专科医生，还没有资格确定老爷子是不是真的阿尔茨海默病。

我收拾好房间去隔壁看书，隐约听到梁阿姨对奶奶说："就这么定了，您别劝我了，我就是不甘心，人一辈子能有几次机会，我要搏一把。"

梁阿姨走后，一直没说话的大志接过刚才的话茬儿："我亲爱的张大夫，你刚才说的都是真的吗？"

"你指什么？"

"就是人老了以后，不再有高级中枢的管控和约束，全听下半身的，发情后就溜达出去寻找配偶交配的事儿，是真的吗？"

"当然是真的，什么意思？你是不是彻底厌恶了高级中枢对性欲的约束，想做发情期和性激素驱动下的低等动物，你要造反？"我问。

"不敢不敢，我就是觉得反正人老了都会得病，要是得这个阿尔茨海默病也不错啊，啥都不用操心，变成一个老花痴。"

"想变成无拘无束的小动物，除了吃就是交配？想得美！我告诉你，高级中枢失去了对低级中枢的管控，不一定都变花痴，所有那些人类最初级的、需要自己约束的欲望都可能恣意横流，例如你可能食欲大增，特别能吃，毫无节制地半夜去翻冰箱，然后我们怕你吃多了撑坏肚子，把冰箱上锁，你就只能去翻垃圾吃了，还有可能大便小便都不会控制，不论时间场合，随时拉裤子。"

我说得大志直咧嘴，立即改变了主意，估计再也不想得老年痴呆了，这就叫医生的专业黑和高级黑。

03
|

"生前预嘱"的智慧：向死而生，方得始终

"人这一辈子，就像一颗中间粗两头细的枣核，刚生下来的时候什么都不会，憋不住屎尿，不会说话，不认路，年老后又开始憋不住屎尿，不会说话，找不回家。我老了可不要得这种病，变成一棵植物似的，想想心里都堵得慌。人这辈子都有一死，最有福气的是得那种心脑血管疾病，短平快，咣当一声就没了，干净利落，自己不受苦，也不拖累家人。"

这是奶奶一直以来的论调，不愿意瘫痪在床，不愿意半身不遂，怕自己受苦，怕连累儿女。每每谈到这些，我们都会立即献上自己的一片孝心和忠心，说妈您不用担心，就算瘫痪了，我们也把您伺候得干净利落，每天推着您遛弯儿晒太阳，要去植物园看桃花，要去景山看牡丹，要去香山看红叶，

您就放心吧。

奶奶一心希望年老时候能够速死，可谓决绝。她一定没有想过，她的亲人要经历多长时间或者多少痛苦和失落，才能逐渐接受这么一个爱打牌、爱逛街、爱美食的开心果老太太说没就没了的事实。

如果一个人没有在健康或者意识清醒的时候签署"生前预嘱"，说明在不可治愈的伤病末期或者临终之时，要或者不要哪种医疗护理的指示文件，那么一个走到生命尽头的人，很有可能无法享受最后的安详，反而要忍受心外按压、气管切开、心脏电击以及心内注射等惊心动魄的急救措施。问题的关键在于，即使抢救成功，也不能真正摆脱死亡，而只是依赖生命支持系统维持毫无质量的植物状态。

如果不趁自己清醒之时签署一份"生前预嘱"，你甚至不能决定自己突然倒地之后的一切后续治疗，万一你很不幸，发病后被路过的清洁工及时发现，拨打120将你迅速送往急诊，医生就会按照既定程序不遗余力地抢救你。

除了抽血打针输液，往你身体内灌注各种升压、强心、抗休克的救命药，医生还要轮流为你进行心外按压。咔嚓，你的一根早已骨质疏松、和北京大虾酥糖差不多质地的肋骨断了。更不幸的是，断掉的肋骨扎破你的肺脏，你又出现气胸，医生一边给你的胸腔穿刺放气，一边还得把你衰老的身体完全暴露，开足马力一次又一次在你满是耦合剂的胸部进行电除颤。

你被插上气管插管，再接上冷峻的呼吸机，被各种设定好的参数不由分说地鼓动着喘气，好歹保住性命，但是没有任何医生认为你有彻底苏醒的可能，这时你的亲人闻讯赶到，他们爱你，不愿意失去你，可能几天甚至几个月都没法下决心让你走。

你一个人孤零零地躺在 ICU，那里 24 小时开灯，不分黑夜和白天地转入和转出各种危重症病人。你不能穿自己喜欢的衣服，全身上下都是管子，只盖一张毫无生活色彩的白色被单。因为大便失禁，你像婴儿一样时刻穿着成人尿不湿，万一护士发现不及时，就会在一段时间内泡在自己的粪便之中。小便全靠导尿管，再也感觉不到膀胱憋胀后痛快撒尿的轻快感。喘气靠一根越过深喉插入气管的管子，频率完全由机器决定。吃东西靠鼻子里的胃肠营养管，完全丧失咀嚼和品尝的幸福，你再也感觉不到腹中饥饿后畅快进食的满足感。身不能动，嘴不能说，求生不得，求死不能。

很多人自己愿意签署"生前预嘱"，认可并且主动选择自然死亡的方式，但是在为别人，尤其是为亲人决定死亡方式的时候，却异常艰难。毕竟，在亲自签署那些诸如拔掉气管插管、停止滴注营养液的文件后，他们将会眼睁睁地看着深爱的人死去。

"我可不要那些恐怖的抢救，小羽，你可要保护好我，让我安安静静穿得干干净净地走，你是医生，什么都懂，我活一辈子都没求过别人，就交代给你这一件事儿，你可要办好。"奶奶被我随后的一顿专业黑吓得够呛。

"妈，您有没有想过，万一那时候我不在您身边呢，万一您被急救车拉到别的医院去了呢？而且，从道德和伦理出发，即使是您的亲儿子，如果没有您的'生前预嘱'，在决定您的去留问题上，始终是一个艰难的选择。有了今天的交谈，我才知道您的真实意愿，但是我无法证明这些。我们还要考虑别的子女的想法，即使儿女们都尊重您的个人意愿，共同做出决定，您想过没有，那将是一个何等艰难的心理历程。您总说不牵累儿女，您想过没有，这些让您走的决定可能给儿女带来巨大的心理创伤，在余生都影响着他们，甚至超过您的死亡本身带来的伤悲。"

"你是说，我也得写这个'生前预嘱'？"奶奶试探着问。

"中国人缺乏死亡教育，只愿意谈生，不愿意说死。然而天地万物休养生息，没有息，又哪有生，生命因为有限才有意义，死亡是出生后的归宿，不管跳得多高，圈子绕得多大，或者走得多远，最后，我们都是要回家的。我过60岁生日那天，就会找律师确立遗嘱和'生前预嘱'，不过您的事儿，还是要您自己做主。"

"哎呀，不吉利，不吉利，还是不写，不写为好。"奶奶嘟囔着，起身去切水果。

04

|

人生无痛清盘才是真喜乐

死亡与出生、成长、成熟、生育、衰老一样，都是一种现实、一种必然，我害怕每况愈下、依赖别人、拖累亲人和痛苦绝望所带来的屈辱，远远超过害怕死亡。如果康复无望，那么我要求自然死亡，不要用人工和极端方式维持我的生命。请从怜悯出发，为我缓解晚期痛苦，即使这些做法可能缩短我的生命。这是很多"生前预嘱"文件涉及的内容，在未来的某一时刻，我们可能已经没有能力亲自表述这些决定，在清醒之时签署"生前预嘱"，能够保证我们真正通过自己的意愿决定临终时的各种问题。

除了战争、自然灾害、自杀，以及吸烟、酗酒、吸毒等因素，疾病仍然是导致人类死亡的最主要因素，如果人活得足够老，最终，我们都有可能死于心脑血管疾病、癌症或者阿尔茨海默病和糖尿病。

"如果可以选择，我不要死于心脑血管疾病，因为发病可能非常迅速，人会很快接近濒死状态，根本没有机会和世界告别，而阿尔茨海默病又来得太慢，不知不觉中，我们已经痴呆到了没有能力和世界告别。癌症是一个貌似不错的选择，起码得到通知的时候，我是头脑清醒的，有充足的时间来和亲人、朋友以及这个世界告别，用心交代好自己关注和在乎的一切，给我的情书、我的日记、我收藏的瓷器，还有那些注定无法写成 SCI 但是多年笔耕不辍的临床笔记和手术笔记找好归宿。最后，在我喜欢的音乐声中，在家人的陪伴下闭上眼睛，离开人世，安详和平静得就像一个将要出嫁的新娘，这才是一生追求完美的处女座的选择。"我边吃奶奶切好的水果，边试探着将死亡这件事一谈到底。

"千万别得癌症，咱们老家那些得癌症的人都死得很惨，为了治病，把给儿子娶媳妇的钱都花光了，房子卖了，车卖了，还是没治好，腿一蹬走了，最后人财两空。"奶奶一边说，一边恨不得过来捂住这口无遮拦动不动就说不吉利话的儿媳妇的嘴。

"晚期癌症的治疗，确实很难取得突破性进展，然而客观规律是只要我们活得足够老，差不多都要得癌症，死亡必然到来。医生除了抢救生命，其实还有很多事情可以做，例如给予癌症病人临终关怀和舒缓治疗。当疾病不可治愈的时候，医生不应该再与天斗其乐无穷，不应该再杀敌一千自损八百，也不应该再叫喊和病魔斗争到底、同归于尽，而是应该专注于提高病人临终之前的生活质量，让他们的内心舒适，并且帮助他们和家人共同面对这一特殊时期的困难和问题。既然一切都将到来，那就让我们在平缓的步调中推进一切，在有准备之中，让生命的帷幕缓缓落下。"

"癌症还是太痛苦了，你听妈的话，千万别选。你姥爷我的爸爸就是肝癌晚期，疼得满地打滚，脑袋往墙上撞，哭着喊着说不想活了。我说实在不行就给他打杜冷丁吧，结果他三个兄弟都不让，说杜冷丁是毒品，越打越上瘾，打到后来就戒不掉了。谁知道爸爸不到半年就死了，早知道就让他活得舒服一点，反正没多少日子了，还怕什么上不上瘾的？"奶奶想起去世多年的父亲，不禁红了眼圈儿。

令人痛不欲生的顽固疼痛确实是癌症病人终末期的一大问题，现代医学关于三阶梯止痛的原则已经提出多年，但是有多少癌症晚期病人真正享受到了专业的咨询和满意的治疗，又有多少医生真正懂得癌症止痛的真谛，并将止痛方案和治疗药物用得得心应手？

癌症止痛正是临终关怀和舒缓医学的主要内容，面对晚期病人，虽然已经不能起死回生，医生也并不是袖手旁观，让病人在病床上翻滚和痛苦地死去。这时候，医生不加速死亡但是也不拖延死亡，而是通过预防和减轻患者的痛苦，尤其是控制疼痛，在身体和精神上给予最大程度的抚慰和支持，让病人走得更舒适、更安详。医生不再前怕狼后怕虎地不敢使用吗啡，也不再畏首畏尾吝啬鬼一般地谨慎用量，本来这一药物就没有终极剂量，在创造完美止痛的同时，尽量避免顽固性便秘，以及呼吸抑制等副反应，方才显示舒缓治疗医生的真功。

比起临床一线医生，舒缓医疗团队的医生更愿意花时间和病人及家属谈话。让他们了解自己的处境，清楚前面的道路，让他们的心先安宁，一切才能开始。虽然不能治愈疾病，但是舒缓医疗仍然可以做很多事情：他们很少再动手术刀，必要的时候，使用姑息性放疗，缓解梗阻，解除压迫和疼痛，适当使用利尿剂缓解肢体的水肿以及胸水腹水。很多人在生命的最后无法躺平睡觉，适当控制入量，配合使用少量糖皮质激素，就会让病人的呼吸稍微顺畅一些，这对病人临终前的舒适以及家人的心理都非常重要。

如果病人有宗教信仰，舒缓医疗团队会给他请来志愿者，到他的床旁做抚慰或者祷告，舒缓医疗的目的只有一个，那就是尽一切所能让病人有尊严地舒适地离开。

舒缓医疗是最大限度体现医学价值的地方，抚慰，帮助，照顾，一切都是来自人的善意和关怀，不再是寒光冷冷的手术刀、摧毁性的化疗药物、冷峻客观不由分说的呼吸机、浑身上下各种负责灌入药物和引流污秽的管子，医生不再手插在白大衣兜里，高高在上指点江山式地查房。一切都会慢下来，医生愿意坐下来，在病人的床边、枕边给予最温暖的问候、最耐心的倾听、最细致的照顾。让接受舒缓治疗的病人，在生命的最后阶段，过得舒适、有尊严、少痛苦，虽然死亡终将到来，生命犹如一场无可回避的溃败，但是他们有时间道歉、道谢、道爱和道别。

那个下午，我和奶奶聊了很多。

晚饭，我开了一瓶冰酒，给奶奶倒了一个杯底儿，奶奶尝了一口说："嗯，这色酒[1]不错，快赶上咱东北老家的九月红好喝了，再给我倒一点儿。"

老家的九月红就是香精、色素兑白开水，用没用葡萄，用了多少葡萄完全不知道，哪能和这高大上的冰酒媲美？我并没有反驳奶奶，只是给她倒满一杯，让她慢慢享用。奶奶老了，她不用智能手机，信不过网上银行，更不用淘宝，她只用记忆中的经验和词汇形容此刻并不熟识的事物，貌似和社会脱节，而这又何尝不是一种与世界告别的方式。

─────────────

[1] 色（sǎi）酒，东北人对果酒或者葡萄酒的一种别称。

　　她不再接受新事物，可能只是为了不再更多地与这个世界发生联系，以免走的时候难以割舍，她开始健忘，可能是在每天对记忆做一点一滴的放弃，就此慢慢淡出，免得在走的时候太难受。

　　人到中年，我开始深有体会，家有一老如有一宝。下班路过稻香村的时候，总要换着样儿地给她买一些小包装的点心或者零食，接过小小的防油纸袋和不锈钢小盘中的零钱时，我总会在心里轻轻地害怕，怕有一天老人去了，我就买不成了。

　　和老人生活在一起是一种缘分，我告诉自己要珍惜，共同度过的每一天，又何尝不是一种正在上演的告别。

05
|

陪伴，趁还来得及

实际上，能在崇尚孝道、忌讳死亡的中式家庭轻松地谈论死亡，不光因为我是医生，最主要的，还是因为人们都觉得死亡离自己非常遥远。

说到人生的告别，我又想到梁阿姨谈到的那位老爷子，也许他真的就是老年痴呆，如果他的家人没能及早识别，只是把老人的古怪行为认作是不可理喻，在通过给钱的方式，终于为他们的父亲找到一位法律许可的、可以提供色情服务的老伴之后，在一切令人尴尬和难以启齿的难题得到解决之后，忙于自己那一摊生活的她们，可能会选择主动疏离。

如果有一天，老人彻底失去交流能力，他又该如何与亲爱的孩子们完成这一场生命的告别？在生命的最后，一个男人要背负世人包括他最珍爱的亲人的误解，却无法再为自己辩解一句，这是多么令人寒心的痛楚？

应该还给老爷子清白，让女儿知道爸爸可能是病人，不要余生都活在对爸爸的怨恨之中，万一老爷子的病情进展迅速，一切就都来不及了。

没过多久，梁阿姨来送喜糖，她穿得非常漂亮，一看就是刻意打扮过的。

我假装轻松的样子问候梁阿姨的新婚生活，其实是想了解老爷子目前的身体状况。

"什么新婚，可别羞臊我了，那老爷子根本就没啥真本事，也没想象中那么夸张，就是洗澡的时候爱往我这儿抓一把，平时摸摸索索的，在家里随便他摸呗，反正我俩有结婚证，不犯法。我有时候给他放一张黄色光盘，好腾出手去炒菜，他看两眼也就睡了，最近有点犯糊涂，老睡觉。"

"你有没有发现他出门后就找不到家？"

"我没有让他一个人出过门，人家女儿给我这么好的条件，我怎么能让他一个人出去，再出去闯祸怎么办？咱东北人可是讲究人儿，拿人钱财得替人消灾。"

"他的女儿来看望过他吗？打电话吗？"我问。

"他的小女儿在美国，把这事儿安顿下来就回去了。上海的大女儿忙，人家可是上市公司的老总，为了父亲的事儿不知道耽误了多少大生意。自从我来了，她们都省心了，只打过一个电话。不过人家两个孩子还算不错，都是被俩老人闹腾怕了，她妈临死之前，也是三天两头地折腾，好不容易走了，她爹又接着折腾，都不是让人有脸面的事儿，好不容易安顿了，谁还来看这骚老头子。"

"骚老头子？你是说他性趣盎然，还是尿裤子？"

"什么性趣盎然，最近花痴病好了，又添了新毛病，管不住小便，总尿裤子，我一天洗好几遍，怕他难受，没给他用过成人尿不湿。张大夫，你们医院有没有能减少小便次数的药？你说为什么伺候小孩的时候我们都那么开心，我养了三个儿子，哪个不是尿裤子尿到三岁，也没觉得有味儿，这伺候老人的屎尿怎么就这么难受，真是又骚又臭，太难闻了，有时候我都吃不下饭。唉，你梁阿姨赚的都是辛苦钱。"

"梁阿姨，我觉得老爷子可能真的是老年痴呆，并不是花痴病。他是不是整个人越来越糊涂了？说话也越来越少？"我问梁阿姨。

"嗯，他最近变化很大，吃饭都困难，一口饭嚼得很慢，半天也咽不下去，一顿饭好长时间吃不完。"

"梁阿姨，您得有心理准备，现在您面临的，可能不是他在您身上摸摸索索的那些尴尬，老爷子可能很快就会瘫在床上，大小便失禁，完全靠你的照顾才能活命，你身上的担子更重了。"

"他还能活多长时间？"

"我仍然没法回答您，可能很久，一切都要你照顾，也可能很快就不行了，毕竟年龄在那里摆着。"

"我怎么这么命苦，这老爷子真的对我挺好，从不计较花钱，刚开始的时候还知冷知热的，我结婚 20 年都没被这么关心过，怎么这么快就要不行了。"梁阿姨说着，又一把鼻涕一把泪地哭了起来。

奶奶赶紧给她递上纸巾，劝她别难过，好的坏的都是绑在一块儿来的，虽然人傻了，但她也很快要有新奔头了。听到奶奶劝人的方法，我差点乐出来，奶奶您能不这么直接吗？以后还能高兴地一起玩耍吗？

老年痴呆无法治愈，全世界每年有近千个相关课题在进行。一种疾病越多成为焦点，越多得到关注，越说明问题还没有答案。也许多做脑力锻炼，摄入均衡膳食，保持良好心情，采取合理的生活方式，可以在一定程度上降低患病率，但是并不绝对。很多五十几岁的高科技工作者会患病，完全失去计算能力。家庭和睦、乐观健康、人见人爱的老人同样可能变得冷漠、多疑、易怒，甚至有攻击行为，以及各种难以想象的人格扭曲。尽早识别这部分老人，给予关爱和照顾，在医生的帮助下服用一定药物，可能对病情进展略有延缓，同时还要注意预防走失、摔倒、冻伤、饥饿等可能致死致残的问题。

还有一个重要的、一直没有被中国人重视的环节，那就是和亲人告别。

"梁阿姨，你还是要和他的女儿多沟通，让她们带爸爸去看病，确诊一下，要真的是这病，还是要经常来看看爸爸的，真的说不上哪天老人就没了。"

"我只能保证尽心尽力伺候老爷子，可不敢管人家闺女，我又不是人家亲妈。"

"不是管她们，你这是为她们好。很多时候，儿女孝顺老人，不只是对老人单方面付出，其实也是为他们自己，这是人类对自己的一种救赎。"

"什么救不救、赎不赎的，我不懂。要不你给她们打电话吧，我这有号码，我这笨嘴拙舌的，怕说不明白这些事儿。"梁阿姨随手把问题推给了我。

"我这样非亲非故的直接打电话，还是说人家爸爸可能有病，不是特别合适吧？"

"你打吧，张医生，他两个女儿人都特别好，老爷子的大女婿也是医生，好像是上海什么医院的外科大夫，我记不太清楚了。"

那就好办，有同行就有共同语言，交流起来就容易多了，起码能把问题说清楚，又不至于引起误会。

我的电话真的起了作用，老爷子确诊老年痴呆，两个女儿都请了长假，先后回到北京家中陪伴老人。

06

|

我曾勇敢地活着，我想有尊严地死去

两个月后，大女儿给我打电话，说老爷子住院了，这几天痰多，他没有一点力气，咳不出来，总是堵塞气道，医生说这样随时有生命危险，建议做气管切开手术。

我问，老爷子的整体状况如何？

她听到这里就哭了，说刚确诊的时候还挺好，她和妹妹能一左一右扶他出去遛弯儿，给他喂饭，陪他聊天。最近病情进展很快，几乎是临终状态，已经不能吃饭，全靠往胃肠营养管里滴营养液，人也一时清醒，一时糊涂，大多数时间都在睡觉。

要不要切开气管，在临终之时使用呼吸机等生命支持设备，将生命延续，对于家人是一个艰难的抉择。因为老人没有"生前预嘱"，没有人知道他愿不愿意接受这些临终抢救措施，又因为大多数中国家庭忌讳谈论死亡，两个女儿都不知道父亲的真实想法。

作为医生，我见过太多这样的临终场景：在生命的最后一刻，病人和亲人被医生迅速拉起的一个白布帘子彻底阻隔，围在病人身边的是各种慌忙凌乱的脚步，忙碌的抽血、穿刺、气管插管和心脏注射，妄图让他继续呼吸，心脏不要停跳。病人要经历 30 分钟梦魇一般完全无用的心外按压，直到打出呈现一条直线的心电图作为宣布临床死亡的证据，现代医学才有资格向他的家人交代"对不起，我们尽力了"。此时，病人已经彻底断气，家人才得到允许悲伤地扑向他的尸体，各种哭喊叫嚷，却一切都已经来不及了。

生命最后的时刻，那宝贵的、可能还来得及和家人做最后告别的时刻，都用来进行医疗抢救，这样的死，有尊严吗？是病人和家人真心需要的吗？这难道就是医学在尽一切努力抢救生命，就是医生"永不言弃"的精神所在吗？

我建议她们签署一份放弃心外按压、心内注射和电击复律等临终抢救措施的文件，让爸爸安静自然地离开，不要再受那些身体的罪，因为做什么都已经无力回天。如果父女之间该说的话都说了，该化解的心结都化解了，作为女儿该尽的孝心也都尽了，就让爸爸安静和安详地走吧。

两天后，老爷子走了，走得很平静，没有一点痛苦，他是慢慢失去知觉的，就像睡着了，他的两只手分别握在两个最心爱的女儿手里。他在床上躺了很久，大小便完全不受控制，走的时候身上没有一块褥疮，梁阿姨一直把他伺候得干净体面。

一天下班，进门发现玄关处有两双非常高档的女鞋，知道家里来了客人，正在纳闷，梁阿姨迎了出来。

原来是老爷子的两个女儿来了。

"对不起，我们很冒昧地就来了，主要是怕事先告诉您，您顾及我们的心情，不让我们来。我们是专程来道谢的，如果不是您的电话，我们对爸爸的误解可能今生都没有机会消除，如果不是您最后的建议，我们的爸爸可能不会这么安详地离开人世。

"上次把梁阿姨和爸爸的事情办好之后，在回上海的火车上，我一路都在掉眼泪，我痛下决心，再也不要回这个家了。爸爸从派出所被保出来以后，我没有正眼看过他一次，没有主动拉过他的手，我的心里充满厌恶，我厌恶一直让我们尊敬的爸爸竟然会做出这种令人羞耻的事情，我厌恶从小拉着我的手，送我上学、去北海划船、去后海溜冰的爸爸竟然会变成这样，真的是太让人难以接受了。

"后来才知道爸爸这是病了。谢谢您的电话，让我们陪爸爸走完最后的日子。我听说人在临死前，最后丧失的是听觉，每天都和妹妹拉着他的手，轮流和他讲话，怕他一个人躺在床上孤单和害怕。

"后来，爸爸已经完全不能说话了，我给他讲两个外孙女都快上大学了，他会微微握一下我的手，告诉我听到了；我给他讲孩子们小时候淘气的事儿，他会咧嘴笑一下，好像在说，你们姐妹两个小时候也都淘气；我给他讲这么多年做生意的各种不容易，他的一只眼睛还会流出混浊的眼泪，我知道他是在心疼我。

"我也看了一些资料，现在回想，妈妈当初也是这个病，早知道的话，我们就不那么数落她了，要是也能多一些时间陪她该有多好。我们对老年痴呆这种病都太无知、太无感了，这是让我后悔一辈子的事。好在最后陪伴了爸爸，算是略有心安吧。

"小时候觉得爸爸妈妈永远不会老，现在，轮到我们成为孤儿了。"

此时的大姐，已经泣不成声。

"爸爸没走，他只是换了一个地方生活，他在天上等你们，是亲人，总会团聚。"

此刻，我也只能握着她的手，轻声地安慰失去双亲的女儿。

只有医托儿知道的丛林法则

01
|

检验科的水比海深

马刚毕业后分配到北京一家医院的检验科工作。

检验科不与病人对接，只是提供检验报告，为严谨和慎重起见，他们要在每一张报告单的最下角统一标注这样的一段文字：不作为最终诊断，仅供临床医生参考。就像公司的各个部门不可能都受重视一样，这一行字也注定了检验科永远无法成为一个医院的主流和强势科室。

这让同学们都松了口气，毕业聚餐时，全体为他举杯庆祝，与其说我们祝福他找到体面工作，还令人嫉妒地进了京城，不如说是祝福我们自己。万一哪天我们自己或者家人生病，起码不用落在这样一个从大体解剖学到局部解剖学都不及格，内外妇儿四大科全靠别人带路的医生的手里或者手术刀下了。

检验科是辅助科室，马刚在这个辅助科室似乎也失去了万有引力的吸附，始终处于边缘化状态。不过他的边缘化是一个主动过程，因为手搭凉棚向前放眼 20 年，马刚丝毫望不到自己作为一个不知名医院的、非主流科室的医生，有什么光明铮亮的前途。

再瞅瞅自己身边的奇葩主任，褪去权力的光环，就只剩一个臃肿肥硕的移动躯壳，里面都是各种使唤人、忽悠人和修理人的市井智慧，不仅下三烂，而且取之不尽、用之不竭。唯独他那辆黑色大鲨鱼一般沉默和快速的奔驰轿车，总是令马刚忍不住多看两眼，但是，只要在看到第三眼的时候，在他充满解构和毒辣的眼神中，这架浑然一体的巨型机械就会顷刻间散落成层层叠叠、各种来路不明的钞票。这时，马刚赶紧防御性地紧闭双眼，大脑中迅速做出一个重要决定：作为一个知识分子，不能通过专业技能获得体面报酬是可悲的，也是可耻的，自己决不能走主任这条老路。

经过十几年的打拼，马刚表面上是一个再普通不过的检验科医生。他用于晋升的几篇论文都是科里年轻医生所写，通过给张健身中心年卡，或者购物卡，再加上一顿称兄道弟的大酒，他摇身一变就成了通讯作者，甚至通信方式中的邮箱因为来不及注册，也是胡乱编造的，反正就算是中国最顶级的核心期刊作者，也鲜有同道会有和他们通信的美好愿望，这个邮箱的真假也就不那么重要了。

这并不算什么天大的过错，没人规定医生必须成为科研工作者，马刚起码没有去中介公司花钱找枪手编造论文，发表在各种野鸡杂志上，算是有底线、有良知的知识分子。而且，工作中，马刚只要能保证每一批经手的检验报告符合质控标准，基本准确就可以了。任何化验检查都有误差，任何化验单都不能完全代表人体内的真实情况，也不应该成为医生看病的唯一根据。

化验单上的雌激素水平低，不代表女性体内真正缺乏雌激素。看到这样一张化验单，不问女性的年龄，不问月经，也不问人家有什么不舒服，上来就说人家缺乏雌激素，然后秉承缺啥补啥的逻辑，让病人服用雌激素的医生，不如趁早转行，他们从事别的工作，说不定更有前途。

化验单上的睾酮高，不代表这个女人马上就要变成男人，即使是多囊卵巢综合征病人，只要她没有多毛和男性化特征，也不代表必须对她进行降低雄激素的治疗。看到这样一张化验单，不亲自查体，不问生育要求，就听风是雨地学别人的样子开出 3 ～ 6 个月的达英－35，妇科内分泌的专科医生甚至要怀疑，这种大夫的行医执照是不是充话费时送的。

化验单上的黄体酮低，也不代表这个女人黄体功能不足。医生拿过化验单，不问是月经周期哪一天抽的血，上来就说你是严重缺乏黄体酮，然后开出半年的孕酮药片，还告诉病人药物是纯天然的，没有任何副作用，放心吃就是了。这哪是在看病，根本就是一个望文生义的笑话。

"检验科是辅助科室，注定没有什么大作为"这种理念，直到科里一个青年医生辞职下海、做出一件扭转乾坤的大事之后，才在马刚的心中得以彻底纠正。

* * *

这位青年医生从学生时代开始就关注基因诊断，落地科室后，发现医院根本没有开展这项业务的意图，非常失望。他认为日复一日地使用试剂盒做一种简单重复、自己毫不喜欢也毫无激情的工作，根本就不是医生，充其量只是个技术员，早晚会令自己棱角尽失，于是他果断下海，到一家大型基因诊断公司就职。

一位 42 岁的不孕症女性，从 35 岁开始，前后做了十次试管婴儿，终于怀上珍贵的一胎。她深知自己年龄太大，35 岁以后，女性卵巢储备越来越差，可以使用的卵泡越来越少，卵子质量也直线下降，这不仅是自己试管婴儿反复失败的原因，也是分娩畸形胎儿风险成倍增加的原因。孕期，她除了进行常规的产前检查，还进行了羊水穿刺，做了染色体核型分析，拿到正常报告的一刻，一颗提着的心才略放轻松。

怀孕 39 周，她通过剖宫产手术得了一个女儿，孩子健康漂亮，吃喝拉撒哭喊睡，一切正常，一家人高兴得合不拢嘴。但是一年之后，孩子开始出现身体和智力发育的严重停滞，身高、体重和头围都明显小于同龄儿。母亲认为孩子的问题是先天性的，医院没有尽到职责，没能在产前做出诊断，打算再次抽血为孩子进行基因检测，如果是医院的过失，定要上诉讨回公道。为保险起见，她多留了几份血样，送到不同的基因公司进行检测。

几乎是同时拿到了几份报告，都没有异常发现，唯独这位青年医生跳槽后任职的公司出具的报告，显示孩子有染色体的微缺失，该缺失不仅可以解释眼下的生长发育异常，还提示孩子可能很快出现自闭症倾向，并且具有全身多部位发生肿瘤的风险，长到成年的概率极小。

原则上，相对于人类巨大和复杂的基因组结构，小于 10 个 kb 的微小缺失完全可以忽略不计，这也是其余三家公司在报告单上完全没有提及这一缺失的原因。但是，这位醉心于基因诊断的青年医生没有放过这个微小缺失，通过进一步的检测和比对，他发现缺失的片段虽小，但缺失的东西恰好是一个非常关键的基因的前 7 个外显子。

一个不被关注的细节，往往预示真相，它只会被有心人发现，并且绝非偶然。

两年后孩子夭折，这份高水平检验报告的真实价值才逐渐显露。

它不仅减少了一例医疗诉讼，节约了社会成本，更让这位母亲提前认识到孩子的特殊性，倍加珍惜和孩子共处的一分一秒。她也许会怪老天爷不公，但是，她一定更加庆幸自己没把宝贵的时间浪费在无休止的医疗官司上，而是尽其所能，完成对这个仅有两年生命的孩子的喂养、看护和陪伴，而谁又能否认，一个两岁的生命就不完整，就不是母子一场呢？

02

|

找准医院挂对科是门高级学问

待马刚突然意识到自己职业角色重要性的时候，他已近中年。

在此之前，他利用一切业余时间，充分发挥自己的优点和长处，调动一切可利用的社会资源，凭借一副天生令人信赖的面孔、学生会里练就的好口才，还有几条可遇不可求的内线，经营起一个庞大的人脉系统。

北京的白天有各种圈子，夜晚有各种饭局，每个局上都会有一个纽带式人物，他们把有需求的人和有资源的人以一种大家都认为安全的方式聚在一起，牵线搭桥，建立相互之间的信任，促进一笔又一笔的权钱交易。

马刚的模式和这些权钱交易类似，不同的是，他促成的是医生和病人之间的对接。

他人脉的一端是病人。

人吃五谷杂粮，哪有不生病的，生病要去医院，可是医院那么多，从社区医疗到北上广的大型三甲医院，到底去哪一个？医院里科室分类复杂，除了内外妇儿，还有神经内科、内分泌科、五官科、皮肤性病科、精神科、心理科、中医科、口腔科、物理康复、美容整形科等等。

到底该去哪一家医院，挂什么科，这是一个问题。

大型综合医院被归类为服务行业，却和百货公司完全不同。它的所有货品，没有一件是摆在货架上可以供你任意取用的，除了药物。但是没有医生的处方，你绝不敢像从超市货架上随便拿下一瓶酸奶一样随手将它放进购物车，再有钱再任性你也没这胆量，当然，那些无畏的无知者除外。

医院各个科室的标牌标注"清晰醒目"，中英双语是标配，但其实外国人几乎没有专程来中国看病的。韩国距离把美容整形做成全球产业只一步之遥，泰国通过五星级医院整合医疗和旅游两大产业，相较之下，中国不知道被甩出多少条街。而且，在中国长期居住的外国人，差不多都是趁着年富力强来大把捞金的，生病的机会本来就不多，再加上有国际医疗部或者私人高端诊所为他们提供双语服务，大型综合医院的英文标牌基本没有用武之地。这样看来，很多小医院也用英文标牌，实在让人想不出，除了把 B 超科翻译成 B super，并且制成标牌认真挂起来，被人拍照发到网上娱乐大众，还有什么用途。

科室标牌标注清晰，路线指引明确可靠，应该是接受上级部门检查的硬性指标，但是除了内部人知道内二科是某医生"革命"成功，带领一路亲信人马拉出去的新山头，病人完全分不清它到底和内一科有什么区别。

病人也可能完全分不清神经科和精神科的区别，只能望文生义，因为最近整个人都没精神或者精神不好就去挂精神科，或者家里的青春期女儿和更年期老婆总发神经，就去为她们各挂一个神经科。

这里虽然也售卖医疗服务，但是没有热情的导购迎上来询问你的需求，紧接着介绍一款适合你的产品，买还是不买，根据自身需求，掂量口袋里的银子，量力而行就是。你站在人头攒动的大厅，身边除了医护人员事不关己、面无表情地匆忙走过，就是在不同窗口缓慢蠕动、功能各不相同的长长队伍，除了各种焦虑写在脸上同病相怜的病友，就是对于生老病死早已一脸茫然，只顾叫卖茶叶蛋面包矿泉水的小贩。

这时候，病人只能依靠常识，但是很多时候，常识并不可靠。

别以为牙痛都挂口腔科，这极有可能是心肌梗死的先兆，如果病人和牙医都认为这就是一个简单的牙痛，那么病人就有可能死在牙医能升能降、能坐能卧、兼具各种高级功能的电动躺椅上。

别以为肩膀痛都是肩周炎引起的。也许你正配合大型仪器进行理疗康复，随后到来的绞痛、黄疸、寒战、高热，使你迅速陷入感染中毒性休克，才知道始作俑者是急性胆道感染。

别以为血糖升高都是糖尿病惹的祸，挂内分泌科打针吃药控制血糖就可以。可能你还在兴致勃勃地规划这个月的营养食谱，在网上购置运动用品制订长期锻炼计划，却被医生的一个电话劈得外焦里嫩——你患的其实是晚期胰腺癌，这几乎和提前宣判死刑没什么两样，何况还是通过电话听到的宣判，这是向病人通报恶性肿瘤最差的方式。

别以为乳房溢液都是乳腺疾病，看基本外科就行了，随后的核磁共振检查，可能显示你有脑垂体的微腺瘤，病症表现在乳房，病根却在大脑。

　　以上这些挂三四个科室才能确诊的周折，并不仅仅发生在乳房无故溢乳的姑娘身上，更出现在有着其他各种乳房问题的女性身上。有些女性想当然地认为，乳房既然是女性的性器官，就应该挂妇产科，或者在她们的生活中，乳房两个字本是禁忌，只在万不得已的时候用"胸"来替代，市面上流行的大胸、文胸、袭胸等词汇，使得她们想当然地去挂胸外科，被医生拒诊后，还会在心里暗自嘀咕：牌子上明明写着胸外科，你们为什么不看胸？实际上，胸外科主要看肺、气管和食道，有时候也管纵隔。心胸外科分家后，胸外科连心脏的闲事儿都不管了，而胸壁上的乳房，在胸外科医生眼里，可能只是开胸手术时一对碍事的东西。

　　生病以后，个人命运的跌宕起伏很大程度上取决于你最初挂了什么科。如果挂错科，又没有足够的运气碰上一位万里挑一，看到疑难杂症那一刻，浑身都是火眼金睛的豪斯医生，可能就会浪费大量的时间和钱财走很长的弯路。你会突然感觉自己像一粒弹珠，撞入了一个满是迷路，只有单独一个狭小出口的黑匣子。你的躯体在里面叮咚作响，病痛折磨你，你还被看病这件事撞得头破血流，找不到出路。更可怕的是，这个黑匣子很多时候根本就没有出口，很多疾病人类还完全搞不清发病机制，更无从命名和治疗，医生能做的，只是顺着大概的一个方向进行猜测、支持、对症或者说拖延和陪伴。

　　现代医学貌似越来越发达、越来越无所不能，分科也越来越细，甚至专科中还有亚学科，除了专科门诊，还有专病门诊。这不仅让病人挂号时无所适从，也会严重限制医生的视野，给诊断和治疗带来诸多不利，让看病这件本来就很复杂的事情更加深不可测。

很多疾病需要相关专业的医生，不仅是内科，还包括外科，甚至康复理疗、心理治疗医生坐在一起共同参与制订临床决策，而不是铁路警察各管一段，病人没头苍蝇一样误打误撞，撞得对撞不对全凭运气，这种糟糕的感觉被称为极差的就诊体验，是导致医患矛盾的直接原因之一。

* * *

医学精深，疾病诡异，让每个人生病后都能精准挂号、精准就医，基本是不可能的。

在社区医疗发达的欧美国家，这些事都由被称为家庭医生或者全科医生的专业人员负责，无须挂号，只需拨打电话预约时间，就能得到专业咨询。但是，这样的免费服务，或者只需要花很少钱的服务，需要付出时间代价。因为不光在中国，全世界的医生都不够用，如果真有紧急状况，可以去急诊室。如果是真正的急症，经过护士的分流，立刻会有医生从天而降。

从天而降的一个意思是医生来得快，另外的意思是，你走进医院的时候，几乎是看不到医生的。医生很忙，他们都在各个角落忙碌着，不是在看病人，就是在做检查，或者已经刷手上了手术台，你根本不知道眼前这个医生是突然从哪冒出来的。

如果你的病情不急，只是心里着急，经过护士的分流，照样需要漫长的等待，有可能在你的耐心用完之前，都见不到医生。这是因为大医院的急诊室也永远是嘈杂、拥挤、紧张和忙碌的，并且时常发生极为无序的混乱场面。只要不是面临生命危险的病人，都要给重大交通事故、复杂外伤、大面积烧伤、急性心肌梗死、大面积脑出血、肺栓塞等病人让路。越是大型综合医院的急诊室，你越可能遭受冷遇。但此时，你应该为自己感到庆幸，冷遇说明你病得不重，起码不会立刻死掉。不要愤愤不平，更不要争吵，要知道，如果有针对医护人员的暴力行为，不论是身体上的还是言语上的，立刻会有荷枪实弹的警察空降到你面前，带你到该去的地方。

在欧美国家，大部分医疗问题都可以在家庭医生那里得到解决，无法解决的问题，例如一时无法确诊、控制不好的慢性疾病，或者需要手术切除的恶性肿瘤，家庭医生会点对点地、精准地把你转给专科医生。

见专科医生也面临等待，还是同样的原因，全世界的大夫都不够用。如果专科医生认为疾病复杂疑难，不能凭一己之力，将进入多科会诊程序，这又将是一个漫长的等待过程，毕竟有很多和你一样，甚至病情更加严重更加复杂的病人都在等待，每个医生的时间又都是那样宝贵，他们被各种工作和需求充满和占用着，把不同专业的医生同一时间约到同一个地点为同一个病人会诊，并不比临时抽调一支野鹅敢死队容易。

除了病情急剧变化必须去急诊室，还有一个出路，那就是放弃免费医疗，自己掏钱去私人诊所。私人诊所能够保证你得到更加快捷的诊断和治疗、更加温馨甜美的医疗服务，医生护士的脸上挂着职业性的礼貌客气和微笑，但是诊断得对不对，治疗得好不好，是另外一回事。任何时候，病人购买的只是医生的医疗服务过程，永远无法购买保证康复的医疗结果。

医疗不是商品，却类似任何一件商品，具有商品的共同属性。通常，免费的不会快捷，优质的不会便宜，同时具备免费、优质、快捷三大优点的医疗服务，除了特供权势阶层，在全世界几乎都是不存在的。

不过普通人也无须愤怒和无助，凡事都有两面性，特权阶层的医疗面临更复杂、更难以言说，或者谁都说不明白的问题。一个哆哆嗦嗦跪在皇帝病榻之前，看好病飞黄腾达鸡犬升天，看不好拉出去砍头甚至满门抄斩的太医在盘算什么，只有医生知道。

大富大贵带来的顶级诱惑和胆战心惊带来的终极恐惧，都是摧毁医生客观判断和理智权衡的毒药，只要它在医生的客观和冷静之外，略微动一点儿世俗的心眼儿，病人生与死的生命天平都可能发生倾斜。比如一心自保者，会给一个不伤筋不动骨的方子，治不好也治不坏，比如一心精进者，会下猛药开大刀，企图一鸣惊人再据贪天之功为己有。

在中国，大力发展社区医疗，建立分层医疗，应该成为医疗改革的大方向。让家庭医生成为每个社会分子的健康守门人，不仅极大节约医疗成本，并且让每个人在生病的时候，心灵都有着落，身体都被照护，而不是连号都不知道怎么挂的寂寞孤独冷。

大医院的发展趋势，不是盖更高的大楼，不是建更细的分科，而是各个专业的医生围绕病人的重新合作，建立疾病中心、会诊中心、疑难病诊治中心。

然而，这一切刚刚起步，大楼随时可以拔地而起，大楼里全科医生的培养却不是一日之功。不要小看全科医生的工作，专家无非是把一类疾病弄懂看透，全科医生却要对浩若烟海的医学知识都有所了解，除了四大科七小科的病都要会看，还要负责疫苗接种、心理健康、营养学、运动理疗康复等问题。

全科医生的工作和专家一样重要，并且，因为人类的大多数疾病都是常见病和多发病，基本都能在全科医生的诊室得到诊断和治疗，基本医疗保险和全科医生的覆盖程度甚至比治疗疑难杂症的专家重要。如果社区医疗覆盖率足够广泛，中国人哪里不舒服，可以第一时间给自己的家庭医生或者他的助理打电话，第一时间得到关怀、安慰和指引，而不是上知乎、上百度、上院子、上朋友圈。

03
|

好大夫怎样挑？活好品端名头高

马刚人脉一端是病人，另一端是北京各大医院的医生。

马刚的大脑里存有一个巨大的、随时可以为我所用的医生库，那些三观与马刚契合，并且经过马刚实践验证过的、有相当资质的医生，最终进入他的人才库。

有安全保障的、稳妥的、高于平均水平甚至超出想象的巨大红包，是马刚迅速俘获医生的法宝，也是他在一些医院如入无人之境的通行证。

收红包的医生大都心安理得，他们认为给谁看病都是看，给谁做手术都是做，学得文武艺卖于帝王家，至于从医宣誓那天讲到的医疗公平原则，不在他们小宇宙的考虑范围之内。如果不是一个非常理想主义或者在金钱方面非常有定力的人，或者不一定是为了钱，只为结交社会名流，或者只是从省心角度出发，起码病人不会欠费逃跑，谁不愿意优先给一个有经济实力、有社会地位、有中间人担保，还会有丰厚物质回报的病人看病呢？毕竟，病人的素质参差不齐，手术并发症如影随形，医生每天都是在刀尖上跳舞，没人愿意三天两头出去追债，被强扣奖金，或者无端遭受纠缠，出个小小纰漏就被讹钱或者告上法庭。

这些医生心里知道，虽然经人介绍，但是不代表这类病人不会出现医疗纠纷，甚至还可能闹得更大，拿红包总是有风险的。医生放不下对金钱的欲望，在认为自己的多年所学和医疗技术值这个钱、拿红包受之无愧的同时，也是无时无刻不在抱着侥幸心理收受钱财，或者老到地认为纠纷和赔钱都是小概率事件，只要拿的红包总数足够多，单个金额足够大，完全可以抵御偶尔一次的赔付，总归是稳赚不赔。

这些医生还要暗自期盼这些 VIP 病人的命比自己的命值钱。一般来说，经济实力强大的人，心理承受能力不会极度脆弱，不会动辄以死相拼，或者因为一些小的失误就要搞得医生身败名裂。万一有纠纷有误解，还有中间人可以出面和和稀泥，总会找到解决问题的办法，不至于鱼死网破。

马刚选择医生有自己的标准。

一是"活儿好"。光在医学会有各种显要职位和光鲜头衔没用，光有 SCI 文章没用，光会写标书做科研没用，光会在流光溢彩的主席台上发言没用，整天跟在各种美国指南屁股后头做翻译的解读专家没用，完全放弃自己的行医本行、一心搞行政抓管理即使再成功的院长也没用，教授的头衔谁都知道是拍马屁或者熬年头混出来的更没用。事业刚刚起步那些年，马刚没少被类似这样的专家迷惑和晃点，钱没少给，病没看好，自己落一身埋怨，还把 VIP 客户给丢了。总之，医生的技术必须过硬，得能把病看好。

二是"人品好"。谨遵拿人钱财替人消灾的江湖规矩。虽然医生拿了红包也没必要装孙子，但是不能又拿红包又要大牌，从头到尾连笑脸都不给人家病人一个。

三是"名头好"。要有高级专业技术职称，专家、教授、主任医师，最起码也得是个副教授，这些拿得出手的称谓总得有一个，否则马刚还得费尽口舌去跟客户解释，这位医生是如何的"低分高能"以及这背后的种种历史缘由。

此外，性格要好，情商要高，要把病人门诊、住院的前前后后照顾得舒服妥帖。在病人眼里，医生不允许出错；在马刚眼里，医生更不允许出错，他比谁都更加追求完美，毕竟经手的都是些有头有脸的人物。而且，马刚必须加倍爱惜羽毛，稳扎稳打做好每一单生意，才能保证自己的道越走越宽，路越走越长。

马刚不仅帮人联系治病，还学"上医治未病"。平时的酒桌茶桌各种下午茶的咖啡桌上，网球壁球高尔夫球的球场上，他不遗余力地进行各种科普宣教，竟也为自己拉到很多意想不到的大单。

* * *

例如经常一起打高尔夫的高总，最近总是抱怨老婆不生孩子，打算让她去做试管婴儿。马刚非常委婉地告诉他，试管婴儿可不是想做就做，说做就做，有钱就能做的，那对女人可是一场从身体到心理、从体力到耐力、从金钱到亲情的极致考验。

虽然在理论上，医生只要把一个卵子和一个精子弄到一起，就能制造出小孩，但是为了提高成功率，为了获得更多的卵子，并且精确掌握排卵时间，就要先给女性打促排卵针，把卵巢里可以动员的卵泡都动员起来。

自然状态下，女性每个月经周期只排一个卵，如果在同一时间内，在注射促排卵药物之后，十几个甚至几十个卵泡一起被动员起来，身体就有可能吃不消。

有的女性，距离当妈妈的美好愿望还差着十万八千里，就先栽在卵巢过度刺激这一步上了，全身肿得跟气儿吹的似的，不仅胸水、腹水，连心包里头都是水。如果治疗效果不满意，病情进展，就算孩子已经种到子宫里还幸运地着床生长了，还得做人流拿掉，因为不终止妊娠，这种过度刺激就会先要了妈妈的命。

高总听得直咧嘴，耳边吹过瑟瑟秋风，他打了个寒战，缩起脖子，并拉起高尔夫球衫的领子。

"我还真不是吓唬您，重度的卵巢过度刺激综合征真的会要命，发生率1% ~ 10%，可不是闹着玩的。上次在金宝街香港马会会所请我们吃饭的任总，他那对双胞胎就是我找人给做的试管婴儿。"

"我还以为任总的双胞胎女儿是老天爷赐的呢，原来是试管婴儿。"

"那俩孩子一半是老天爷给的，一半是她妈拿老命换的。"马刚说。

任太太就是打促排卵针后出现了卵巢过度刺激，开始不是很重，属于轻型，这种情况平均五个做试管的女性就有一个会碰到，谁都没在意，促排卵接下来就是取卵，医生用一根大长针，从阴道顶端穿刺卵巢，把卵泡抽吸出来。

年龄不超过30岁，因为输卵管堵塞等因素做试管婴儿的成功率最高，平均一次能取到十二三个卵，如果男性的精子质量也好，体外受精的成功率相当高，新鲜胚胎医生直接给种在子宫里头，剩下的继续培养几天变成囊胚，留在医院里冻个十年八年都没问题。以后想生二胎的时候，就不用再打促排卵针，不用受过度刺激的罪，不用再次忍受穿刺取卵，只要找对生理周期，将囊胚解冻后直接往子宫里种就行了。

任太太做试管婴儿那年都43岁了，医生花好大力气，总共才取出两个卵，结果一个都没受精成功，第一次试管婴儿失败。

女人明白要趁早，生孩子要趁早，做试管婴儿也得趁早，年龄是决定试管婴儿成功率最主要的因素。结不结婚，生不生孩子，什么时候生，生几个，都是女性的自主权利，都应该是女性的自主选择，但是女性在决定之前应该知道，这个选择的按钮并不是永远掌握在自己手中，也并非任何时候自己都有按下的权利。

绝经之前，理论上女性都有受孕的可能，但是生育能力并非始终如影随形，不离不弃。女性身体都要遵从自然规律，在21～25岁年龄段，她们的生育能力最强，随着年龄的增长，30岁之后开始走下坡路，卵巢储备以及卵子质量显著下降，40岁以上女性在每个月经周期自然怀孕的概率只有1%。进行试管婴儿的女性中，一半以上年龄超过35岁。40岁以上妇女进行试管婴儿的时候，有一半以上已经无卵可用，必须接受捐赠者的供卵，最终成功的机会还不到10%。42～45岁的成功率大概在5%，一旦超过45岁，试管婴儿的成功率只有1%～2%。我们身边从来不乏40岁以上仍然可以自然受孕并且顺利生产的例子，但是应该清楚，喜讯总是被任意高调和无限放大，实际情况却是，更多的女性面临受孕困难以及孕期高血压和糖尿病等妊娠并发症的威胁。

43 岁女性做试管婴儿，失败是意料之中，成功才是意料之外。经过新一轮的促排卵方案，总共取到三个卵，为了提高受孕率，医生通过卵细胞的透明带切割和单精子显微注射技术，使两个卵子成功受精，再全部移植到子宫，这次很争气，两个胚胎都活了。可谁知喜悦来临之时，也是噩运到来之际，刚才说的卵巢过度刺激那事儿还没完呢。

两个胚胎种进去以后，任太太的脸上是以前从未见过的幸福和笑容，但是她整个人却不好了。孩子在子宫里只是刚刚落脚，还没长出胎芽、胎心，她那肚子却跟怀了五六个月似的，里面没啥干货，都是腹水，胸水也是见天儿地长。她只能半靠在病床上，连喘气儿都费劲，每天都打四瓶子白蛋白，上下午各穿刺一次胸腔和腹腔，每次都放出好几瓶子黄黄的水，整个人都快被医生扎成筛子了。结果这水是抽得不如长得快，马刚满北京城给她找白蛋白，什么关系都托了，终于把长水这事儿控制住。可是没过两天，她又长血栓了。

"为什么会长血栓？不都是老头老太太才得脑血栓什么的吗？"高总表示费解。

哪儿那么多为什么，这就是这个卵巢过度刺激的特点，人的血液是什么构成的？主要是血细胞和血浆，血浆都渗到血管外头成了胸水和腹水，那剩下的血细胞不就黏稠了，不就抱团了，不就形成血栓把血管堵塞了吗。再加上肚子里的孩子金贵，任太太除了解决大小便问题从不下床，更别提适当的体育锻炼了，高凝状态加上活动减少，都是长血栓的原因，结果半条腿都被血栓堵了。

医生把家人都找来，说肚子里这俩孩子，无论如何不能再怀下去，如果抗凝治疗效果不好，无数微小的血栓会把肝脏、肾脏还有大脑等重要部位的血管全部堵住，大人随时有生命危险。虽说现在是大小三条命，但是医生永远以保护母亲的健康和安全为第一要务。

他们两家都是大家族，婆家人娘家人都来了，开了整整一天的家庭会议，亲属都深明大义，认为大人的命要紧，孩子毕竟只是没见天儿、没有人形的两个胎囊，不应该让母亲冒险。

结果谁劝都没用，任太太说什么都要坚持下去，理由只有一个，我要做妈妈，我不能放弃我的孩子。最后她们家老太太哭着说，你要做妈妈，你不能放弃你的孩子，可是你也是我的孩子，我也不能放弃你啊。母女二人抱头痛哭之后，任太太擦干眼泪，把家人全部轰走，留下老公和自己共同对抗这个过度刺激。

两口子跟医生签下生死状，再三表明，出什么问题都不怨医生，只求医生心无旁骛尽心诊治。夫妻二人除了听大夫的话继续打针输液穿刺放水，一个念佛经，一个读《圣经》，原来两个什么都不信的人，这次真的感动了上天，医生都说没希望，硬是被这两人给扛过去了。

一切稳定后，又不断出现新麻烦。

任太太是高龄孕妇，怀的又是双胞胎，怀孕那些磨难她一个都没躲过去。

先是先兆流产保胎，后来是妊娠剧吐，不仅不能吃饭，连喝水都吐，胆汁吐出来不算什么，最后食道黏膜撕裂，都吐鲜血了，每天靠静脉营养度日。

怀到4个月的时候，医生建议羊水穿刺，30岁之前的女性分娩唐氏儿的风险小于1/1000，而40岁女性所分娩的新生儿中，每85个就有一个是唐氏儿，任太太怀上的时候43岁，生的时候都44岁了，每39个新生儿中就会有一个是唐氏儿，应该进行产前诊断。考虑到羊水穿刺有流产风险，任太太坚决不同意，说两个孩子都是傻子也认了，也好好养着，签字画押后才被医生放走。

怀到 6 个月的时候得了妊娠糖尿病，每天照着食谱吃东西，米饭多一口不敢吃，甜饮料一口不敢喝，天天都要扎手指头测血糖。怀到 7 个月的时候妊娠高血压，输硫酸镁一颗心燥热得都要跳到嗓子眼儿．好歹挺到 33 周，剖宫产生了一对双胞胎，这俩孩子真的是要多宝贝有多宝贝。

"女的做试管婴儿还有这么多危险，我真是头一次听说。我还以为把精子卵子弄成小孩儿，养在医院的玻璃试管里，长大后捞出来直接抱回家呢。"

不光普通人不了解试管婴儿会这么想，好多医生、医学生也不清楚试管婴儿究竟是怎么回事。马刚也是给人帮忙，整天跑试管婴儿中心，才知道是怎么回事的。高总还是不甘心："听您这么说，还真够恐怖的，不过我上网查过，试管婴儿是不孕症女性最后的福音，发明试管婴儿的科学家已经获得诺贝尔奖，总不会是骗人的玩意儿吧。"

"试管婴儿是整个不孕症家庭的福音，不单单是女人的福音。因为没有收成这件事不能都赖老娘们儿，说不定人家那片土壤肥沃，你这种子有问题。我先给你介绍一位男性科医生看看，首先化验一下精液常规，除了知道精液里有没有精子，精子数目够不够，液化好不好，还得看精子跑得快不快，是不是都走正道往前蹿，要是原地打转或者装死不动，都不行。此外，还要看精子的身材是否标准，那些尖嘴猴腮的、挺大脑袋的、头大尾巴短的或者一头俩尾巴的精子都属于畸形。"

"行啊，老弟，你简直是半个生育专家，可是，这个要怎么检查？"

马刚见高总的生理知识一穷二白，又出现行动上的畏难情绪，赶紧缓解气氛，一边打趣一边解惑："别怕，特简单点事儿，就是到医院手淫取精，说白了就是自己打飞机。没情绪的话，医院还给提供色情画报或者小电影看。"

"不过您先别着急去，精液化验有严格要求，大医院的医生特别专业，做事严谨，咱就这么去了，还得让医生赶回来。"

"为什么会被赶回来？还有什么讲究？"

"当然有讲究，手淫取精要求病人先过一次性生活，将陈旧的精液全部排出，禁欲 3 ～ 5 天之后，再到医院取精化验。"

"这又是为什么？"

"精子这东西是常用常新的，如果超过 7 天没有性生活，精子将严重老化，数目和活力都会下降，医生要求排精后禁欲一段时间再检查，是保证你射出来的精子都是最新鲜、活力最好的，最能代表你生育能力的，这都是为病人着想，目的是不给每一个男同胞轻易扣上不孕症的帽子。"

"对，对，大夫这样考虑有道理，都听老弟的安排。不过，你看我这身份，去医院还是有点不合适吧？万一被什么娱记狗仔队撞上就麻烦了，要不我在家里取，司机帮我送到医院怎么样？"

"大哥，这事儿就跟吃饭睡觉进洞房一样，谁也替不了您，必须亲自去。现在都 11 月底了，听说过两天还要降温，眼瞅着咱这球都打不成了，精子最怕冻，一路折腾过去，本来挺好的小蝌蚪，到医院都冻僵了，给您盖一个死精症的戳儿，多不划算。"

接下来的一个月里，高总连续送检了三次精液，结论都是严重的弱精症。马刚成功解救了一位可能已经被扣了很长时间不孕症帽子，家里家外抬不起头的无辜女性，这令他在酒桌上胡侃狂吹的时候，双眼不时放射出佛祖一般智慧和悲悯的光芒。

* * *

再比如酒桌上，有人提到食品安全问题，就有人骂空气不好、土壤不好、水也有问题，这是什么世道。接着就会有人大秀自家幸福，说老人身体好，天天爬香山，到樱桃沟背水回家煮饭，泉水煮饭喷香，健康还环保。

马刚立刻就会泼上一盆冷水："兄弟，让咱爹咱妈悠着点儿，上山下山和上楼下楼一样，最损伤膝关节。咱体育总局的王局，大家都知道吧，全家都是运动员，他老妈身体多棒啊，年轻时候是北京市女子速滑前三，人老了也闲不住，每天都爬香山鬼见愁，大练狮子吼。前段时间我刚给找的专家，把两个膝关节都置换了。人的关节就像机器的轴承，能用多长时间都有定数，不用会生锈，用多了就会过度磨损。老太太的关节年轻时候受过伤，专业训练肯定比一般人磨得厉害，晚年再玩命使唤，你们说能不坏吗？给老太太主刀的李教授，那可是全国有名的骨科专家，红墙里头的人工关节都归他换，技术一流，人家饭桌上亲自告诉我，生命在于运动，但要适可而止，除了注意运动强度，还要注意运动方式，他们病房里换人工关节的真不都是老弱病残，好多都是运动不当、运动过度发生运动损伤的中年人。这话听得我直发毛，前段时间我每天中午跟科里一个小护士练习深蹲，她为了翘臀，我为了泡妞，原来泡妞还有泡坏关节的危险。很多人为了减肥玩命上下楼、每天暴走动辄几十公里，自行车一蹬两小时，体重真能减下来，而且都是十几斤、几十斤地往下瘦，但是人瘦了，关节毁了，得不偿失，锻炼身体讲究柔缓坚持，上了岁数的人更得悠着点。"

"那怎么办？"

"我改静蹲了，这个尤其适合中老年人，不损伤关节，不引起疼痛，简单易学又容易坚持。就是一种上半身靠墙，脚尖和膝盖都朝前的马步，别蹲得太厉害，膝盖不要超过脚尖，这样能够更大程度练习股四头肌，保持关节稳定性。"

马刚拍着大腿前面那块结实的腱子肉，一边身体力行地给大家示范。

"看见没有，就这么简单，每个人都能做，我才不花钱去健身房，那里节奏太猛，空气又差，看到满屋子的肌肉男，不仅受不到任何激励，反倒全是自卑。我就利用午休时间做静蹲，一边锻炼，一边跟妹子聊天，既保关节年轻，又悦心养眼。大家伙儿要是嫌这个枯燥，消耗卡路里不过瘾，干脆去游泳，在保护关节方面，游泳比所有陆地运动都强，全身协调性都能得到锻炼。"

马刚这一番聊天，不仅给大家科普了如何科学锻炼，避免运动损伤，还传递了一个重要信息，他认识中央保健局的专家，还列举上级单位领导的母亲经其介绍成功手术的案例，令全桌人等刮目相看，心生崇敬。话音未落，一桌人轮番前来敬酒，主要是要电话留名片以备不时之需。

04

|

一路绿灯不等于一帆风顺

中国人没有家庭医生，有病现学来不及，要是没这方面的亲戚，谁不想趁机交一个这方面的朋友，作为自己的人脉储备，关键时候派得上用场。有需求的时候花钱送礼算什么，能花钱解决的问题都不是问题，人生最怕的事儿是手拎着猪头，找不到庙门。

这些年，检验科医生成了副业，带着病人找全北京各大医院的专家看病成了马刚的主业。在当年一起上学时候的学霸们先后成为各个领域的专家之后，在真正的临床过程中，在不断的实践和旁听过程中，马刚也不折不扣地成为我们班医学知识最全面、知识实用性最强的杂家。

曾经有一个咯血的女病人，看了好几个内科医生，都没明确到底什么病。

有医生说像肺癌，有医生说像结核，最后一个医生反复追问病人的居住地迁徙史和饮食习惯，认为是肺部寄生虫病。马刚挺着急，决定改变一下思路，请胸外科医生看看。

外科医生看病普遍粗糙，眼下这个胸外科医生不是粗糙，而是粗暴，他连病人都没看一眼，就在电话里朝着马刚嚷嚷："别让那些内科大夫隔着皮肉各种瞎猜，多耽误工夫，打开看看不就知道怎么回事儿了。"

打开看看，相当于外科的剖开探查术，简称剖探，是外科医生在搞不清楚诊断的情况下最常用的一种诊断方式，肺有问题就开胸看看，肚子有问题就开腹看看，要是打开病人的脑袋像掰开一只河蚌那样简单，说不定脖子上头有问题的病人都逃不过开颅看看的命运。

随着微创技术的进展，胸腔镜代替开胸，腹腔镜代替开腹，打几个钥匙孔大小的洞洞，就能插入内窥镜，将人体各种密闭腔隙的情况充分放大，转载在电视屏幕上，显示得一清二楚。内窥镜技术还能利用人类各种自然孔洞进行器官内部的检查，上消化道的问题通过口腔插入胃镜看看，下消化道的问题通过肛门插入肠镜看看；膀胱输尿管有问题，通过尿道插入膀胱镜、输尿管镜看看；子宫有问题，通过阴道顺着宫颈插入宫腔镜看看。

微创技术的迅猛发展，使侵入性检查和诊断技术本身不再成为病人的巨大负担，医生也不再畏首畏尾、顾虑重重，利用微创手术进行探查的理念也越来越深地植入外科医生的大脑。

麻醉成功后，胸腔镜插入胸腔，除了发现胸膜上有几块黑了吧唧蓝瓦瓦的斑块，没有发现别的问题。外科医生傻眼了，打开了，瞅见了，自己却不认识是啥病，只能取活检。一周后病理医生做出诊断：胸膜子宫内膜异位症。

马刚在酒桌上给同学们讲这故事的时候不停感叹，幸亏这世上还有病理医生的最后诊断，否则毁我多年清誉，谁能想到一个女人咯血的毛病，查来查去问题竟然出在妇产科，子宫内膜不是应该待在子宫那个宝葫芦里头吗，怎么会异位到肺上去呢？实在让人想不通。

子宫内膜伴随女性的生理周期，每个月全面剥脱一次，排出体外形成月经，每个月又重新生长和更新一次，极具生物活性。按理说子宫内膜应该待在子宫里头，如果跑到别的地方，引起相应的临床症状，就成为一种疾病——子宫内膜异位症。

子宫内膜异位症被比喻为女性盆腔中的沙尘暴，意在描述它良性转移的生物学行为，并且所到之处，破坏力极强。不光在盆腔，目前为止，全身上下只有脾脏没有发现过子宫内膜异位症，可能缘于脾脏巨噬细胞强大的吞噬能力，即使偶有子宫内膜细胞逃窜至此，瞬间即被吞噬和消化，根本无法扎根定植，自然无法兴风作浪。

*　　*　　*

子宫内膜异位症不是癌症，却像癌症一样四处播散转移，甚至被称为"不死的癌症"，是妇科领域的一大难题，发病率高到每 10 个育龄女性中就有一个子宫内膜异位症病人，全世界保守估计，至少有 1.7 亿女性患病，它造成的痛经、不孕和盆腔包块三大主症，严重影响女性的生活质量和社会生产劳动力。

就是这样一种十恶不赦的疾病，从病人出现痛经症状，直到获得诊断，平均延误时间长达 7 ～ 12 年。这其中，很多病人都是 20 岁之前就已经出现严重痛经，平均要痛十年，才得以明确诊断。

　　造成延误诊断的一方面原因来自病人的忽视，很多女性认为痛经不是病，自然不去就诊。很多女孩子疼痛难忍，向母亲发出求助的时候，她们的母亲也认为痛经不是病，或者干脆告诉她们没办法，就得忍着，女人倒霉那几天哪儿有不痛的，甚至她们会告诉女儿，生完孩子就好了。

　　就这样，很多女性一直耽误到婚后无法生育去看不孕症才得以诊断，一直耽误到单位查体发现卵巢上长出巨型巧克力囊肿，去找医生开刀才得以诊断，甚至一直耽误到卵巢巧克力囊肿自发破裂，突发剧烈腹痛，被紧急送往急诊救命才得以诊断，最晚得到确诊的病人已到绝经年龄，每月一次的苦痛折磨似乎终于可以过去，却因为持续的腹胀腹痛腹围增大去看医生，发现卵巢巧克力囊肿已经发生恶变和转移，成为晚期卵巢癌。

　　造成延误诊断的另一方面原因，是妇产科医生缺乏专业性。病人以痛经为主诉就诊，医生连最基本的三合诊检查（已婚者）或者肛门检查（未婚者）都不做，直接导致病人漏诊。亲口说出"来月经哪有不痛的，生完孩子就好了"的妇产科医生不乏其人。

　　或者病人还算幸运，及时确诊子宫内膜异位症或者子宫腺肌症，但是医生缺乏相关治疗经验，可能非常轻率地就甩出一句"没什么好办法，自己去买止痛药吃"的治疗意见。有的医生甚至到了除了会切子宫，什么都不懂，也什么都不管的地步，他们或蛮横或冷酷地告诉病人，你这病就是子宫内膜异位症，没什么好办法，来月经疼就忍着，忍不了就切子宫。

　　苏格拉底说过，我的高明之处在于我比别人多知道一点，那就是我知道自己是无知的。现实生活中，很多一点都不高明的医生恰恰缺乏这种可贵的自知和内心的反省，很多时候，医生治愈了病人，有些时候，也正是医生直接让病人丧失了治愈的机会。

医生有失专业的诊治可能直接阻断病人的求医之路，病人总是能忍则忍，忍无可忍之时，病也重到一定程度，即使找到专门治疗这类疾病的医生，也早已丧失治疗的最佳切入点，可供选择的道路早已被疾病的拖延和时光的飞逝逐一堵死。

子宫内膜异位症和子宫腺肌病同属一大类疾病，通常合并存在，都属于渐进性进展性疾病，如果很多年的听之任之，毫无医疗干预，病情将不断进展，就像一个不断滚动的雪球，越滚越大，越滚越快，越来越具有摧毁力，使得本来已经面临种种困境的治疗前景越发扑朔迷离。

现代医学博大精深，分科越来越细，医生不可能什么病都会治。做常人要知足，做学问要知不足，求学问要不知足，说的就是医生。除了对自己专业的研究和深入，医生还要广泛涉猎相关专业的治疗理念和前沿进展，不断进行自我补充、自我修正和自我精进。

治病和打仗一样，讲究知己知彼，要知道病人是什么病，还要知道自己能不能治，有能力救的时候，要尽心诊治，没能力救的时候，要学会放手，把病人转诊给更高级别的医生或者专科医生，或者哪怕只是一句"到北京上海看看专家，或许有好办法"这样的话，也是在为病人指一条明路，也是功德无量，切勿一叶障目，妄下断言，灭了病人的念想。做医生不只是掌握一门专业技术，行医更像是一门艺术，一门社会科学，永远给予病人希望，是医生义不容辞的责任，这不是忽悠，也不是说谎，而是医学创始之初的本意。

子宫内膜异位症属于慢病，需要医生的长期随诊和管理，不是做一个手术，吃一副神药就能简单根治的。除了清除病灶，控制疼痛，让女性不丧失劳动能力，有尊严、自信地生活，还要保护卵巢功能，帮助她们在生育年龄如愿顺利地成为母亲，即使进入绝经期，仍然不能掉以轻心，而是坚持随诊，警惕卵巢子宫内膜异位囊肿的恶性病变。

这是目前为止，整个妇科领域除了肿瘤以外最值得研究的疾病之一。

子宫内膜异位症的发病机制不清，治疗包括手术、药物、内分泌调节、心理疏导、辅助生殖等多重手段，需要医生具备精湛的妇科手术技术、扎实的妇科内分泌基础，以及为不同年龄段、不同症状、不同生育要求的病人制订个体化治疗方案的思辨能力，以及将这些需要病人具有很好顺应性的治疗方案贯彻下去的沟通能力，还需要具有保证病人长期随诊不失访的亲和力。这除了考验一个医生的医术、她的体力和精力、她本身所具有的不屈不挠的战斗精神，还考验一个医生的医疗黏度，也就是说她能不能把病人紧紧吸引在自己身边，不放弃治疗，不失访，甚至可以说，如果一个医生弄懂了子宫内膜异位症，他就掌握了整个妇科学。

* * *

还有一个病人，40 岁，一个上市公司老总的二姨太，没啥大病，就是月经不调。

马刚听说妇产科里妇科肿瘤医生段位最高，他们根本不把那些只会生孩子的、专搞计划生育的或者只会看更年期的大夫放在眼里。于是，就给病人联系了一位妇科肿瘤专家的 VIP 门诊，没想到病人进入诊室还没说三句话，就被医生打断了。

"我没空听你说今天出几滴血，昨天用几块卫生巾，也别给我看你手机里的手纸照片，这些都没用，异常子宫出血必须首先除外子宫内膜恶性病变，先去病房做诊断性刮宫，取出内膜做病理检查，出来结果再说。"

真应了那句话，医生行业有两大奇怪现象，一是干啥专业的医生容易得啥病，二是干啥专业的医生看啥都像自己专业的病，就算不像，只要有蛛丝马迹，也要首先除外他自己专业的病，否则绝不放你走，如果没有除外诊断，他们会发自内心地认为自己对你没有尽到职责。

医生都是科班出身，这个是协和医大的，那个是上海医大的，还有白医大、哈医大和各个军医大的，其实统一都是"吓大"的。长期的职业生涯，医生见了太多症状不典型，怎么看都不像自己专业的病，最终还真是这个病的病人，难免风声鹤唳草木皆兵。

于是，免疫病医生对免疫病的警惕性最高，你最近只是掉头发，晒太阳过敏，以为初来乍到水土不服，他们一定要让你抽血查查有没有自身抗体，起码排除自身免疫病；结核病医生对结核病的警惕性最高，你久咳不愈，以为上次感冒没治好，留下病根，他们一定问你有没有低热乏力痰中带血，就算没有也一定要你拍个胸片做个痰涂片找找结核菌，起码排除一下肺结核；肿瘤医生对肿瘤的警惕性最高，如果你知道病人只是鼻子突然不好使，闻不到香臭是因为颅底肿瘤压迫嗅神经，病人反复低血糖休克是因为胰腺肿瘤，病人血压急剧升高是因为肾上腺嗜铬细胞瘤，病人长期消化不良是因为晚期卵巢癌，老年人腰腿痛是因为前列腺癌骨转移，就会明白为什么肿瘤医生看啥病人都像肿瘤，就算怎么看都不像肿瘤，他们也要做些关键性的化验检查，起码首先排除肿瘤的道理了。

"可是哪儿有那么多肿瘤呢？就算你见多识广，曾经给大马路上飙车（飙自行车）的精壮老太诊断过子宫内膜癌，也得尊重一下总体人群的客观发病率吧。子宫内膜要是长了肿瘤难道 B 超看不见，再者说人家病人才 40 岁，不说花样年华，也算花好月圆正当年，身材修长，脸蛋漂亮，根本没有肥胖、糖尿病、高血压这些子宫内膜癌的三联征，人家还给老总生过俩孩子，才母以子贵有了今天的地位，给没给别人生过咱不知道，总之人家是经产妇，压根儿不属于子宫内膜癌的高危人群，不带这么折腾病人的，肿瘤医生的心咋都这么狠。"

马刚还真看了不少书，懂得不少子宫内膜癌的高危因素。

"那是因为肿瘤不光心狠，还善于伪装和出其不意，肿瘤医生不狠，怎么斗得过肿瘤？"我立即反驳他。我最讨厌马刚动不动就不知天高地厚地羞辱我们临床大夫，疾病生长有多么出人意料，临床诊断要走过多少九曲十八弯，不深入其中的人，就凭一时的好奇和勤奋，偶尔搬来《妇科肿瘤学》研读一番，怎能悟出其中的无常和奥妙。

虽然大多数子宫内膜癌都是绝经后的老年女性发病，这些老太太又大都是肥胖、糖尿病和高血压，如果初潮早、绝经晚、得过多囊卵巢综合征，终身没有生育就更加危险，但是总有身材消瘦，四十几岁年纪轻轻就得子宫内膜癌的病人，到哪儿说理去？

医生这个职业会时时受困于医生的性格缺陷，容易骄傲自大，目中无人，同行相轻，一意孤行，或者稍微有些小能力，有块自己说了算的小地盘，就自信心爆棚，失控到飞扬跋扈谁都"熊"的德行。但是妇科肿瘤永远是整个妇产科学界最具挑战性的专业，妇科肿瘤医生永远是面临最多棘手的突发事件、最多重的技术难题、最无解的伦理困惑和最残酷的人性考验的医生，也是最有能力全方位解决病人这些问题的医生。

＊　　＊　　＊

提到这位在马刚眼中兴师动众、貌似要用高射炮打蚊子的妇科肿瘤教授，还有一段"近镇西单，远镇北海，能量波及积水潭"的传奇往事。

话说一日手术结束，教授走路回家，发现前面有一精神矍铄健步如飞的老太太，买了两兜子菜从超市出来，她把菜往前头车筐里一放，抬腿骑上自行车往家走。就在这时，教授发现老太太白裤子的裤裆上有血迹，急忙呼哧带喘地跑上前去，死死拉住车后座问："大妈，大妈您多大岁数？"

"这位大爷，您管谁叫大妈呢？我才65。"

"65？那您肯定绝经很多年了，对不对？"教授仍然不管不顾地接着问。

"你问这干什么？臭流氓，你还要抢自行车？再不放手我可叫警察了。"老太太一边喊，一边就要踹他。多亏教授矮胖黑，重心比较低，一个深蹲躲过这一脚，可就在大妈甩出这一记干脆漂亮的后踢腿时，教授再一次看清并确认了她裤裆上的血迹。

教授更加自信了，这才想起来解释："大妈您别误会，我是大夫，是大夫。"

"大夫？我又没挂您的号，医不叩门这道理您懂不？"老太太仍然处于强烈的应激状态中。

"知道，知道，不过我真的是××医院的大夫，您裤裆上有血，有血，不信您自己看看。

"绝经后出血要高度警惕内膜癌，您相信我，明天上午我在三楼妇科18诊室有专家门诊，您来找我，我给您加号看病，我不是吓唬您，您一定要来。"

虽然教授天生一副轻浮猥琐、不值得信赖的相貌，但这事儿发生在医院大门口，他还拿出公文包里当月的《中华妇产科杂志》给老太太看，里面有很多铅笔钢笔画过的道道，还有相当俊秀的笔迹，想想骗子无非是骗钱骗色，自己除了车筐里的两兜菜，没财又没色的，再撒开腿低头瞅瞅自己裤裆，还真不知道什么时候见了红，老太太的脸唰地红了，这才信了。

通过分段诊刮术，教授给老太太精准诊断为高分化子宫内膜癌。好在这是她第一次绝经后出血，自己还没发现，就被肿瘤专家的一双鹰眼给瞄到，绝对是第一时间发现，第一时间确诊，第一时间治疗，这预示着治疗效果一定错不了。

老太太是幸运的，如果不被教授发现，买菜回家后，她也会很快发现裤裆上的血迹。就怕她完全不懂绝经后出血是大病先兆，美滋滋地以为自己是返老还童。

子宫内膜癌起源于子宫内膜，在疾病早期，肿瘤可能只是局限在子宫腔内某一处的一小簇菜花样肿物，虽然子宫内膜癌在所有妇科肿瘤里属于进展较为缓慢的，性格相对温良的，但这是一支非常有耐力，并且善于长途奔袭作战的队伍。

肿瘤能够沿着子宫内膜爬行蔓延，向上到达两侧子宫角部，再顺着输卵管溜出子宫，到达盆腔，长到腹膜、输卵管、卵巢、直肠等盆腔脏器的表面。肿瘤向下可以蔓延到宫颈和阴道部位，并且种植下来。它们同时具有坚忍不拔的深钻能力，伸出螃蟹爪子一样的伪足紧抓子宫肌层进行侵袭性生长，子宫壁只有1厘米左右的厚度，绝经后的子宫肌层更薄，阻挡肿瘤穿墙而过的本事更差，肿瘤突破子宫最外一层薄薄的浆膜组织后，会像秋天的麦穗一样在子宫表面迎风飘扬，继而，它们又像阳光下欢快爆裂的豆荚，将生命的种子撒满盆腔和腹腔，在腹膜、肠管、大网膜脏器表面定居生长。肿瘤还会搭乘顺风车，顺着遍及全身的血管和淋巴管，进行跳跃式转移，到达看似遥不可及的肺部、肝脏和骨骼，将胜利的战旗插到每一个占领的高地。

即使反复出现绝经后出血，老太太可能仍然不当回事，或者只是觉得有点烦，毕竟出血不多，只是几滴，或者只是几天，只要换洗一下内裤或者用几片卫生护垫就把问题解决了。她可能不会向家人诉说，也不去看医生，等到突然大出血的一天，或者有烂肉样散发臭味的恐怖东西从阴道里掉出来才想起害怕，才去看医生，很有可能已经是肿瘤晚期。

打那以后，老太太只穿白色纯棉内裤，而且让家里的俩闺女还有儿媳妇都穿白裤衩，有任何阴道出血或者白带异常，让她们都能第一时间发现和就医。毕竟，自己的人生还要自己掌控，不能寄托在马路边上，总有一位长着慧眼、其貌不扬的教授把自己从自行车上拉下来解救。

* * *

肿瘤专家让病人首先刮宫，排除子宫内膜病变，再做内分泌治疗，这个思路虽说有点过度，但是没什么大错。

但是病人说什么也不同意刮宫，马刚只好拜托一位微创中心的妇科主任接着给她看。微创中心以治疗良性疾病为主，例如子宫肌瘤、卵巢囊肿，自然不会动不动就出"刮宫取内膜做病理"这些要死要活的大招。医生先按功能性子宫出血保守治疗，开了三个月的药，病人表示满意，高兴地道别拿药走人。

三个月过去了，出血一点儿没见好，反而愈演愈烈，流出的血液已经由红变粉，整个人也渐渐没了什么血色。

在职工餐厅，马刚问了他们医院的妇产科医生才知道，不管是搞妇科肿瘤的，还是做妇科微创的，统统都是开刀医生，只不过前者开大刀，后者开小刀，有些医生眼里只有瘤子，每天的工作就是切切切，看月经不调还得去找专业的妇科内分泌医生。

"真是隔行如隔山，全北京绕了一大圈，最后终于求对了行家，竟然还有专门看更年期和月经病的妇科内分泌医生。"马刚不停地发着感慨。

"确实是看月经病的专家，一招一式都和那些舞刀弄枪简单粗暴的动刀大夫不一样。前两位大侠都是来去有风，站着的时候后脚跟不时离地，坐着的时候只有半个屁股挨椅子，随时要打发你走人的架势。人家妇科内分泌医生四平八稳，不慌不忙，从第一次出血一直问到最近一次出血，详细地询问每次出血的时间、出血的量和颜色，每次用多少片卫生巾，还要问用的是日用纤巧还是夜用超长，就差关注卫生巾的网面是棉柔还是清爽的了。接着又问有没有凝血块，有没有刷牙出血，有没有未经磕碰身上就青一块紫一块的情况，吃过什么药，吃药后出血情况有什么变化等等。最后，除了查体，医生还亲自看了病人的卫生巾，当场提出一个震惊全场的观点，虽然出血在子宫，但是病根不在妇科，他怀疑病人因为全身凝血障碍才导致下身崩漏不止，应该去看血液科。"

"真的是血液病？"我好奇地问道。

"没错儿，一查血小板，才两万多，明确诊断白血病。因为月经不调看一圈妇产科，谁能想到最终是血液病？"马刚继续感叹。

"为啥连看妇科肿瘤和妇科微创两位专家，连个血常规都没查过，如果查了，早就确诊了。"我问。

"唉，还不是有能力的人都脾气大，教授让你刮宫你不刮，以后的事儿人家就不管了，另请高明吧。病人也是主意太正，要是同意刮宫，起码刮宫之前要做一个血常规，早知道血小板低，早真相大白了。后来去找微创中心主任看病，人家特给面子，直接让我们去病房，医生现从手术室风尘仆仆赶回来给看的病。医生看她脸色不好，真建议她查血常规了，病人一问要40分钟出结果，而且医生马上要去做下一台手术，起码两小时以后才能回来帮她看结果，就开始着急了。她家里两个半大孩子，哪个都离不开她，来趟医院真心不易，就想让名医看一眼，能给开点药，她好拿回家吃。唉，还不是绿色通道VIP惹的祸。"

说到这里，马刚的眼神开始迷离，不知道他是不是在反思这种都是熟人，一路绿灯，不按规矩看病可能铸成大错的问题。

这中间还闹了一个天大的笑话，问完病史，教授一本正经地说："把你卫生巾拿出来给我看看。"

病人愣了一下，急忙翻包，拿出一片没用过的恭恭敬敬双手呈了上去。其实大夫是要看那片正用着的卫生巾，目的是仔细观察出血性状，评估出血量，进而分析出血原因。

看病是一件费工夫的事，是一个医生事必躬亲的过程，不管多大的大夫，不管有过多么辉煌的成就，只要今天你站在给人看病的位置上，就得亲自去做，亲自去问，亲自去检查，亲自去看病人的卫生巾，去看病人的引流物、阴道分泌物、呕吐物甚至是排泄物。

医生的工作不同于其他工种，不是在重要的地方指点一下，或者关键的时候带个路，下面的人就能完全做好的。医生，是一个一辈子都要事必躬亲的职业。

你学很多年才会看病，但是这不像投资一个项目，运营稳定后就可以做甩手掌柜，扛着长枪短炮周游世界，定期收钱就可以的。每一次看病你都得亲自去，每一个手术你都得亲自做，每一次都要看得仔细，不允许有一点马虎，一不留神就会小阴沟里翻船，多年清誉毁于一旦。

医生要有好身体，虽然坊间传说医生越老越值钱，但是老到不能亲自看病那一天，也就一钱不值了。除非留有可以传世的医学著作，那些为了晋升评奖或者装点门面，让研究生和小大夫私编乱攒，自己编审校对一样不做，只管署名编者，错误百出，前后矛盾，专供学术界后辈们耻笑的印刷品不在其列。除非坚持从事教育工作，言传身教给下一代人，否则，一个医生整个职业生涯换来的经验、技术、心得、体会，那些书本上没有的东西，不管多么含血带泪地宝贵，都将跟随医生走进坟墓。每一个从头开始的青年医生，都不可避免地要跋涉同样的泥泞，遭遇类似的陷阱和荆棘。虽然，伴随整体医疗技术进展，会出现水涨船高的现象，但是每一条航船自身的前行和突破，仍然离不开成长中的医生每一次费力的双桨划动。

这是医生的职业特点和职业宿命，谁都逃不过去。

医生比普通人高明多少？名医比普通医生高明多少？其实没有多么多的神秘和玄机，虽然都是妇产科医生，但是妇科内分泌医生做到了仔细和全面，并且将人看作一个整体，没有头疼医头，脚疼医脚，除了问阴道出血，还问刷牙是否出血，还看全身上下有无青紫和瘀斑，甚至亲自查看病人的卫生巾，这就是水平。详细询问病史，不放过任何蛛丝马迹，就会少走弯路，尽快诊断。医生无非是通过学习掌握了医学知识，而诊断线索都是病人通过诉说病史告诉医生的，医生进行体格检查和各种化验无非是要知道更多，并且验证自己的诊断。

在你仍然搞不清楚诊断的时候，记得重复你的病史询问和身体检查，现代医学之父威廉·奥斯勒早在 19 世纪就向他的学生面授机宜。早在医学还不是十分发达，没有什么高级检查可以做的 20 世纪 70 年代，汉密尔顿就已经发现，医生通过倾听并和病人交谈就能做出基本正确的诊断。

做医生就像狗一样地生活，但是，如果通过多年所学救下一条性命，反之如果没有出手，或者判断失误，这个性命就会魂飞魄散；如果谁都弄不明白的病，到你手里就能抽丝剥茧搞清楚诊断；如果谁都认为没有手术机会的晚期卵巢癌，到你手里就能披荆斩棘柳暗花明；如果你体会过那种如爱情一般爆发的幸福感，从医也将成为你认为终生值得度过的一种生活。

05
|

敢拿红包的大夫大多有两把刷子

我和马刚毕业后同在北京城，他有钱，有人脉，黑白两道混得开；我没钱，没地位，要不宅在家里读书看孩子，要不泡在病房搞临床。只有雾霾和沙尘暴来袭之时，我们才称得上同呼吸共命运。他常吃燕窝鲍鱼鲨鱼翅，从营养学角度想想，无非是一些可能受到各种污染、各种假冒貌似高级的蛋白质，其实并没有高级到哪里的营养价值，我吃个蛋炒饭喝杯酸奶也能获得充足的优质蛋白。

我们经常几年见不上一面，像两片顺水而来的树叶，偶尔遇到一起，搭伴儿漂流一段，再回到各自的旋涡里打拼。2012 年，我受聘澳门山顶医院，将要完成两年的顾问医生执业工作，于是给马刚打电话，相约吃饭告别。

想到一方将要背井离乡，想到不是随时想见都能见了，两个处女座便同时显露出生离死别一般的忧伤和恋恋不舍。

七月北京的午夜，酷热暂时褪去。大槐树下，无比珍贵的天然凉爽中，马刚借助酒精的作用，给我讲述了最近的一件烦心事儿。

这次，托马刚办事的，是内蒙当地的一个小干部，病人是他乖巧漂亮的女儿，孩子一岁，被当地诊断为完全性心内膜垫缺失，一种复杂的先天性心脏病。

近年来，三甲医院越建越大，再加上交通便利，人们兜里的钱越来越多，大医院就像一个巨大的抽水机，将病人和基层医院的人才全都吸引到自己身边，导致小医院门可罗雀，大医院每天都像春节前后的火车站，尤其是基层医院的外科，面临手术种类和手术量的严重萎缩，有些不算小的医院几乎到了只能割胆囊和阑尾的地步，完全无法完成心脏手术。

医生看他经济条件不错，让他赶紧带上孩子上北京，并且给他写了几个医生的名字。当地医生对这些专家的了解只限于全国会议上听过讲座，专业杂志上看过文章，并无私交，帮到这里，也算仁至义尽。

小干部在县城里的生活如鱼得水，提到偌大的北京城，又是找专家看病，顿时两眼一抹黑，几经打探，人托人，最后托到马刚这里。

马刚看了看小干部带来的纸条，上面几个名字他都有所耳闻。

一个是副院长，原来是一把好刀，步入仕途后，几乎不做手术了，成为业内皆知的政治明星。

一个是科室主任，手术还凑合，但因名气严重超过学识，已遭奇祸数次。此人出了名的胆大能吹，靠着主办各种全国会议，混圈子，混饭局，混学组，硬是把自己忽悠成一方学术霸主。

另外一个是出了名的会说能写但是手潮，时常把不太复杂的手术搞得惊心动魄。因为经常在各大电视台各种讲健康的"堂"里出没，在各大媒体和社交平台露脸，粉丝如潮水一般前赴后继，是一位名不副实的明星医生。

此人有理想，有定力，一分钱红包不收，就是做不好手术，偶尔将病人亲手治死，病人家属还都流着眼泪感谢他，说死在他手里，值了。麻醉医生术前访视他的手术病人时，都要反复交代和强调术中输血，术后进 ICU，一两天出不了 ICU，花费巨大，甚至死在台上的风险，并且阴阳怪气地问病人，你是怎么想到找他做手术的？还故意把"他"字拉成长音儿，之后再做出一副欲言又止、打死也不说的诡异表情。虽然对于本应并肩战斗的同行，这样做事太不讲究，但是一想到明天手术室里本不该发生的一场硬仗，麻醉医生顿觉暗无天日，眼前一片漆黑，真心希望自己的旁敲侧击和暗中使坏能让病人三思而后行，直接做出取消手术的决定才好呢。

马刚接连否定纸片上的三位专家后，给他简要介绍了北京各大医院心外科的技术特点和专家布局，小干部听马刚说得头头是道，对各大医院了如指掌，提起专家教授如数家珍，顿时双眼放光，觉得自己找对了人。

因为和马刚没有什么交情，他的心里特别没底，与其许诺事后重谢，不如大把金钱开道，于是当即拍出一个巨大红包交给马刚，托他全权代办此事，找全北京最好的专家给孩子做手术，而且越快越好。

这是一种复杂的先天性心脏病，孩子的心脏在娘胎里没有发育完全，二尖瓣（左侧心房和心室之间的瓣膜）、三尖瓣（右侧心房和心室之间的瓣膜）发育都有问题，影响心脏功能，手术需由经验丰富的小儿心脏外科专家完成，首先进行瓣膜重建手术。

马刚认识好几个专门给小孩做心脏外科手术的医生，交情一直不错。这些医生个个手术干练，为人厚道讲究，办事稳重妥帖。接过病人家属双手奉上的纸袋的刹那，凭借多年练就的看眼信封厚度，掂掂信封重量，就能估算出红包大小的能力，他欣然应允，让家长回去等电话，并拍着胸脯夸下海口，这一两天就能住院。

马刚送走孩子家长，接连打了几个电话，才知道正赶上每年一次的全球心脏病盛会，熟识的几位医生都不在家。如果是小生意，或者实在推托不开的，甚至是无端耗费自己人脉资源的事儿，马刚可能眼皮都不抬一下，只跟病人家属风轻云淡地说声"知道了，回去等我消息吧"。在点过信封中一万一沓整齐码放的人民币个数后，马刚有些坐不住，等不及。

＊　　＊　　＊

时代飞速发展，什么行业都不容易，都面临竞争，都有紧迫感，马刚做这行也是一样。

理论上，对于社会的稳定运转，任何一种职业和社会角色都不可或缺，但是如果你不是业内顶尖或者行业老大，作为一个普通个体，也就没有那么重要了。要知道，北京城里绝非马刚一个托儿，大大小小，以各种形式伪装和隐藏在各个国家机关企事业单位的暗托大有人在。另外，网上的看病中介、挂号公司，以及专门在医院附近转悠的明托，早已不计其数。

医院门口排队挂号的，都是把需求摆在明面上的病人。此时，不论贫富，他们早已成为砧板上滴油的肥肉，被一些人死死盯上。大医院门前车水马龙，三教九流，商机无限，随处可见拿广告牌骑三轮车拉客的黑旅馆，走在人群中对暗号一样不停低声询问"要号吗？专家号！"的号贩子，伪装成各种病人操着各地口音专门骗人的黑心医托，灵活使用医生手术用的长镊子，但是不会看病，而是随时准备窃取病人口袋里救命钱的小偷。

别看病人在老家急得团团转，一到北京，只要拎着印有各地医院名称的放射科大袋子，在大医院门口一转悠，很快就会被盯上，很快就有同病相怜的热心人上来搭讪。

这些都是完全靠行骗为生的黑心医托，他们长期盘踞在医院门口、医院附近的地铁口，或者公交车站，甚至医院周围几十块一天的地下旅馆都不放过。通过病人手里塑料袋子上的医院名称，就能初步判断你是哪个地方来的，再派一个和你差不多地域的同伙，说方言，攀老乡，制造话题，拉近距离，另有图谋。

他们会说自己得了和你一样的病，在大医院看了几个来回都治不好，在某某诊所的某某医生那里吃了几副药，彻底好了，这次是专程来北京复查的，看在都是同乡的分儿上，愿意带你一起去见专家。

他们或者告诉你，你根本挂不到专家号，一个月以后的号都没了，但是他恰好知道这位专家在某某诊所出诊，答应带你去看病。

你人生地不熟，老乡见老乡，两眼泪汪汪，却不知他们朝你背后打枪的招数早都准备好了，你有病乱投医，毫不怀疑地就跟着去了。可想而知，你遇到穿着白大褂留着长胡子摇头晃脑装名医的真演员假大夫，丝毫没有鉴别和拒绝的能力，看完后给你开几千元上万块的药，还有人全程陪你付款，你还觉得服务不错，其实是怕你跑单，等你高兴地交了钱买了药，回来和家人一说，或者吃了十天半个月仍不见效，甚至病情加重，才知上当受骗，悔之晚矣。

未曾相识却一见如故，素昧平生却嘘寒问暖，当你在漫漫求医路上遇见"超级好心人"的时候，千万要提高警惕，大个儿的馅儿饼有时也会从天上掉下来，但要时刻追问自己何德何能，会不会偏偏那么准地就砸自己头上。

如果没有人主动找上门，病人靠一双眼睛，也能找到些许出路。开住院条、早住院、高价收药的小广告像皮肤科难以根治的牛皮癣一样，此消彼长地贴在大医院的外立墙、卫生间隔断门，甚至你正在行走的人行道和黄色的盲人路上。这里头虽然真真假假，各种坑蒙拐骗，也不乏利用和医院内部的各种关系，给病人牵线搭桥，多少能够办些实事儿的。

再或者，如果病人愿意花高价，就能通过号贩子挂上真正的专家号。有些"资深号贩子"长期盘踞某一固定医院，一干就是很多年，对专家的擅长一清二楚。简单的事重复干，他们也成了专家；重复的事认真干，他们也成了行家，无形中也在行使人民导诊员和医院分诊台的功用，只是要给令他们满意的人民币才提供服务。病人一旦和专家对接，说不上就跳过自己直接把这事儿给办了。

马刚深知，自己有今天的市场，一是因为中国没有建立一个良好的转诊体系，病人找不到对口的专家，专家也总是在门诊接诊一些盲目挂号，和自己专业特长八竿子打不着，除了做个分诊工作，自己完全用不上力的病人。二是顶尖医疗资源的极度短缺，供不应求，才产生今天食物链上残酷血腥的争夺，自己才会在这个有失公平、容易滋生腐败的人情社会中屡屡渔利。拿人钱财替人消灾的江湖道义无时无刻不在催促马刚，再加上他本来就是一个非常有行动力的人，这么一块巨大的肥肉，如果不抓紧推进，落袋为安，说不上哪天就跑单了。

* * *

一筹莫展之时，马刚脑海中跳出一个人。

上次和几个小儿外科医生吃饭，听他们共同说起一位心外奇才，姓郭。这位郭医生是北京某综合医院专搞小儿先心病的，据说每一个看过他手术的内行，都会被他独特的手术思路吸引，禁不住为他手下的每一个精妙动作叫好。

大家继而谈到，上天就是不公平，有人为外科手术而生，不需太多努力，就能做得很好，要是人再勤奋，注定成为飞机中的战斗机。而那些天生不是动手术这块材料的人，可能已经付出相当多的努力，也只能达到一个普通外科医生的基本水准，这种人越是笃信勤能补拙，手下的冤魂越多。过去戏班子的老板挑学徒要看身板、看灵性，现代芭蕾舞选学员要测量身体比例，都是看老天爷赏不赏你这碗饭吃。

事不宜迟，马刚从医生朋友那里要到郭医生的电话，决定重新拿起自己开创事业之初的三板斧，闯一闯这位传奇医生的办公室。

基本上，当了主刀的外科医生才有机会收红包，医生对待红包的态度各不相同，马刚将外科医生大致分为以下几类。

一类人是谁的红包都不拿。这其中又分几种人，一种人铮铮铁骨，两袖清风，不干净的钱一分不挣，他们严守职业道德，代表业界良心。一种人雄心壮志，胸怀仕途或者专家学者等远大抱负，或者虽然目标没有那么远大具体，或许只为眼下能顺利晋升，或者在几个候选人中脱颖而出成为领导助理或者什么不起眼儿的小官儿，总之他们杜绝一切小阴沟里翻船的不划算行为，在理想实现之前，坚决不为蝇头小利所动。这种不收红包一般是暂时的，他们只是觉得时机还不成熟，知道"手莫伸，伸手必被捉"的道理，时机成熟后是否伸手，就不知道了。一种人学艺不精，胆小怕事，但有自知之明，他们对自己的手术比谁都没信心，不拿红包，出了问题还能利用医学的不确定性找补一下，自然不敢拿红包为自己添堵找事儿。

　　一类人是只要自己拿得下的手术，差不多的红包都敢拿。他们认为医生这一职业和地方官员、公司老板、引车卖浆者没有两样，都是养家糊口的饭碗，天下熙熙，皆为利来；天下攘攘，皆为利往，这世界永远撑死胆大的，饿死胆小的，不拿白不拿，你不拿也被别人拿了。学医的哪一个不是十年寒窗苦读，学徒一般拉钩打杂一干就是十几年，大好年华耗费在手术室里学艺，个别金字塔尖上的老师和教授们就是这么收获豪车别墅的，凭什么到了自己主刀的季节不去收获？一个阑尾炎手术费才几百块，一个大型卵巢癌手术需要四个手术医生、两个护士、一个麻醉医生，动不动不吃不喝不拉不尿手术台上一站四五个小时，月经期的女大夫上台之前，要穿好成人尿不湿，下台后双脚肿成两个大馒头。男医生因为长期手术台上憋尿，膀胱功能绝佳，前列腺肥大，手术费却只是区区千把块，还只有几个百分点划给医生算绩效奖金。医生不是固氮菌，靠空气就能生存，买房买车养活孩子红白喜事随礼给爹妈看病，哪一个不需要真金白银。他们认为既然体制和分配制度不合理，自己没有话语权也无从抗争，干脆遵循民间自有的解决办法，吃得苦中苦，红包甜上甜。

　　一类人是有选择地收取红包。有的医生只收熟人介绍的红包，这是杀熟型。有的医生只收有钱人的红包，这是劫富型，之后有没有济贫就不知道了。有的医生只在手术完成之后收红包，属于稳妥型。不过很多红包在手术之前信誓旦旦，手术完成后便消失无影踪，或者化作口头感谢和作揖叩首。

　　病人送红包的心理大同小异，或者是怕医生不尽心，或者是怕别人都送红包自己不送，医生有限的能量和爱心就会发生偏移，或者是希望获得额外的照顾，例如比别人更早住院，住为数不多的单间，要求在医生精力体力最佳的第一台做手术，想由专家主刀做手术，而且是从头到尾亲自做，这都是略有非分，并且侵占同病相怜的病友资源的想法。

有的病人送红包，要的真的不多，虽然没有医学知识，但是活了一把年纪，智慧和常识还是有的，他们深知生老病死，不死不生的道理，也不指望医生能把自己一身的坏零件全部修好再组装一新，他们只是希望医生能跟自己多说几句暖心的话，关于病情，能跟自己推心置腹地交个实底儿，让自己活得明白，走得干脆，尽量少受罪。

真心感谢医生付出的病人很多，愿意用红包表示心意的没有几个。这也是为什么手术前拒绝的红包，很少有在手术后再送回来的，不管医生的诊治多么尽力，抢救多么惊险，手术多么成功，也不管专家的名头是多么响彻大江南北。

在红包这件事上，每个医生都有自己的界限、原则和尺度。

红包的稳妥性最要紧，谁都不愿意因为一个红包断送自己的职业生涯，对知识分子来说，毕竟，这是极不名誉的事情。红包的稳妥，一方面来自医生对送红包的病人或者中间人可靠性的评估，一方面来自医生对自己能否拿下手术的自我估量。

对绝大多数医生来说，个人荣誉和职业生涯比任何一个红包都重要。那种毫无原则、见钱就收，也不管自己是否胜任手术、完全丧失职业道德的医生不是没有，但是极少。如果他们在成为主刀之后如此行事，很快会被频繁的医疗官司或者同行的口诛笔伐清理出医疗队伍。从这个角度反过来看，敢拿红包的医生，手里基本都有一张王牌、两把刷子，或者消灾治病的金刚钻。

郭医生就是第一类人中的第一种。此人出身医学世家，从小没受过穷，吃着黄油巧克力，弹着钢琴长大，对钱几乎没概念，而且个性桀骜不驯，要说文艺青年和愤怒青年二者有其一，就够毁人一生的，郭医生就是这两种青年的混合体，本人又无特殊癖好，唯独看到手术刀两眼放光。

官场、商场、医疗场都一样，没原则、有爱好的人最容易攻克，有原则、有爱好的其次，有原则、没爱好的人最难疏通。唯一可能攻陷他们的是病人的病情，越是扑朔迷离谁都搞不定的疑难杂症，越是风险高，难度大，谁都不敢比画，一旦成功又能立刻带给病人惊奇逆转的手术，他们越是喜欢。在他们眼里，疑难手术对自己的巨大诱惑，好比贪婪者眼中闪闪发光的金币。

* * *

马刚打着正在美国开会的同行的旗号，顺利摸到郭医生的办公室。因为没有交情，而且多年来金钱开道的各种横冲直撞都是屡屡得逞，马刚丧失了最初开拓市场时的柔缓试探，以及步步为营的耐心，直接拍了一个大大的牛皮纸档案袋在郭医生的面前。

"有个孩子需要你做手术，想马上住院，这是家长的一点心意。"

这完全是黑社会老大雇佣第一冷面杀手的简练台词，翻译过来就是"给你钱，足够多，快去杀人，少废话"，却被马刚无缝拼接到了这里。

结果，还没来得及说细说孩子的病情，马刚就成功激怒郭医生那根愤世嫉俗的神经，被连人带钱轰出了办公室。

06

|

手术台上的隐形守护神：麻醉医生

　　出道以来好久没遇到这样的事儿了，灰头土脸的马刚气得够呛，心想这小子太不识抬举，不给我面子也就算了，商品社会，竟然连钱的面子都不给，我就不信有这么多钱，还不让谁推磨谁就得推磨，我让你们大主任亲自做这手术，让你小子看看老子的能量。

　　但是，马刚并不认识这位大主任。他又想到一个人，上大学时系里足球队一起踢球的老三，老三去年考研刚来北京，在这家医院读主任的硕士研究生，干脆托他帮忙。

　　马刚为什么一开始没有找老三，除了前面提到的过于自信，死认有钱能使鬼推磨的道理，多年来中间人的经验告诉马刚，一件事情在推进过程中，每多一个中间人，每多一道中间环节，就多一道不确定因素，都会折损自己的掌控力。

钱这东西，经手的中间环节越少越好，最好是自己和主刀医生直接对接，否则雁过拔毛的事儿很难避免，经手的又都是熟人，不追查的话自己生气，追查起来伤大家的和气，徒增内部损耗。

每一个职场，都会产生职业倦怠感。刚刚受挫的中年马刚，不再像年轻时候小刀片割在大象身上的硬皮上一样毫发无损。反正经费足够，想到自己一把年纪，还被这种小愤青儿甩脸子，他就气不打一处来，决定不再亲自出马，钱，少挣一点又何妨。

老三和女朋友毕业后双双留在长春并且结为伉俪，不久老婆考研去了北京，读完博士留在北京，老三急于结束两地生活，终于在数次失败后考研进京。他是胸外科医生，那年他终于上线但是需要调剂到心外科，想到心胸相通，自己考研又不是真正醉心于科学研究，于是果断转行。

一块毫无遮掩的肥肉，在途经的每一个地方，都会得到垂涎。

老三深知马刚这么多年都在北京干的是什么买卖，也了解马刚的为人。一般来说，中国商人更多地希望把利润留给自己，从上游拿走利润，不管下游死活，马刚虽然也是在商言商，但他更多考虑各个方面的利益关系，而且一向出手阔绰，只要能把事办好，他不亏待每一个出过力的人，绝不吃独食。

马刚找到老三的时候，他在新医院的新科室刚刚落脚，人生地不熟，急需拓展人脉，站稳脚跟。虽然是主任的研究生，但是老三知道，自己完全不懂实验室，做实验纯属浪费主任的科研经费，根本不会拿出什么像样的科研成果，最后能不能弄出一篇论文体面地毕业都难说。作为一个外来人口，他相貌平平，

还是半路出家，一不会写标书，二不会写 SCI，连为主任开会做个花哨漂亮的
PPT 的机会都捞不到，对主任来说，自己毫无利用价值，更别提让主任深入了
解自己，有朝一日提拔和重用了。

　　他急需一个狠拍马屁的时机，要是能像马刚一样开展业务，给主任不断介
绍带着红包的"好病人"，一来二去就有了联络，有了彼此，不愁主任不了解自
己，也算曲线救国，为自己谋一条生路。

　　马刚是个负责任的托儿，病人和医生专业的精准对接，一直是他对自己
的最高要求。他非常严肃地问老三："这种小孩的心脏手术，你们主任做得
多吗？"

　　老三吐着烟圈，故作老成地说："我们主任是全才，早些年心外科没分这么
细的时候，人家是什么手术都拿得下，没问题。"

　　没想到，主任一听是给先心病的孩子做手术，直接拒绝了老三，让他去找
专做小儿的郭医生。

　　其实，这时候老三拿着病历去找郭医生，是最佳途径。反正郭医生不知道
这孩子到底是谁，按照正常的工作流程，他没有理由不给孩子做手术，不过床
位紧张，病人有先来后到，等床是肯定的，可能是一两个礼拜，也可能是一两
个月。老三完全可以说孩子是自家远房亲戚，三天两头前来打探一下床位，郭
医生就是再清高，也会给亲情留一个薄面，尽早收入院。

　　但是这位郭医生，老三有所耳闻，他没有任何行政职务，只是个带组的
副教授，是一个有能力又不懂低头的人，才华闪亮的时候，完全不顾及别人
的感受。他好像完全感受不到周围人的嫉妒以及恶语中伤，并且永远不会从
各种排挤和打压中吸取教训，只是疯魔一般醉心于自己的手术，这样一个医

生自然不招人待见。

只有北京这种移民城市的三甲医院，医生可以仗着技术好，靠真拳脚打出自己的天地，若是主任执掌生死大权的小地方，这种医生根本没法混。虽说老祖宗都讲言者无罪闻者足戒，但是领导看不上眼的医生被边缘化，被斩立决，一辈子不能翻身的事儿太常见了。老三干了十几年的临床医生，虽然业务能力平平，对办公室政治早已烂熟于心，尤其是医院这种等级森严、高级知识分子和精英人物扎堆儿的地方。自己初来乍到，正是抱住一棵大树站好队伍的时候，实在没有理由为一个不相干的病人不给主任送礼，反去贴近一个毫无政治前途的医生。

老三赶紧放下姿态恳求主任："是当地医生极力推荐您的，病人看重您的技术和口碑，就奔您来的，只有您能救他，求您一定成全。我爸爸年轻时候在内蒙古插队，这家人对我爸有恩，这孩子我也只有交给您才放心，也是替爸爸报答人家的恩情。"接着，恭敬地递上事先精心准备的牛皮纸档案袋说："主任，这里面是孩子详细的病历资料，请您在百忙中抽时间给看看。"

主任看他说得诚恳，又沾亲带故，没再拒绝，让老三把病历留下，自己找时间看看再说。

按照心脏外科专业的细分，孩子交给郭医生开刀最理想，他年富力强，手疾眼快，天生一块做手术的材料。在戴上老花镜仔细看过病历之后，主任觉得手术并不复杂，并非孩子家长说的只有他能做，自然也就不是只有郭医生能做，虽然不是专门做小儿先心病的，但是自己在瓣膜病领域打拼了大半辈子，他自认有能力把手术做好。

第二天查房结束，主任把老三叫到办公室，把档案袋里的钱如数交给老三时，让他把孩子收住院，并且语重心长地嘱咐："这钱你替病人拿回去，手术我亲自做，你是我的学生，咱自家人生病，不用这个。"

在老三眼里，老师收钱开刀，无可厚非，那是给自己面子。现在不仅答应亲自做手术，又如数退还红包，这让他对导师肃然起敬，暗自感叹，北京城里有大家。

钱应该退给马刚，但是马刚会退给家属吗？肯定不会，他就是靠这个吃饭的。主任没要钱，念的是师生情分，那么这个情分是否可以理解为自己的人脉和资本？再想到他和孩子来北京快一年了，还没买房买车，自己做研究生没工资，家里全靠老婆一个人撑着，老三差点掉下心酸的眼泪，他抹了一把鼻涕，把钱悄悄锁进抽屉，就像一切都没有发生。

＊　　＊　　＊

手术当天早晨大交班，郭医生一眼看到手术表中有个一岁患儿，疾病一栏写着完全性心内膜垫缺失，这不是一般的先心病，第一次手术至关重要，做得好不好直接决定孩子的预后。他本来打算在交班会上问几个究竟，来几个质疑，但是顺着手术表往后看，主刀医生是主任。也许多年来横冲直撞、不懂迂回留下的伤疤在那一刻忽然隐隐作痛，他终于管住那份早和自己年龄不再匹配的愤怒，管住那张在国际会议上报告独特术式、令自己闪亮，给自己荣誉，却在现实生活中不知道给自己惹过多少灾祸的嘴巴。

马刚为人厚道，绝非见钱没命，或者分毛必争的人。他从剩下的钱里留够自己和老三的那份，没用家长提，主动帮孩子托了一位经验丰富的麻醉医生，为手术保驾护航。要知道，马刚每张一次嘴，这些答应帮忙的医生都是要分得一杯羹的。

复杂心脏手术绝不是外科医生一个人的 T 台秀，而是整个手术团队的集体作战，病人做手术都知道要找一位超级医生做主刀，却不知道还有麻醉医生这位真正的幕后英雄。疾病有轻重，麻醉没大小，手术台上，外科医生只管动刀动枪，修理出现问题的零件，病人的整条性命却都时刻攥在麻醉医生的手里。

很多病人一生感恩外科医生开刀救命，却很少有人记得麻醉医生的姓名。

他们的工作并不是老百姓想象之中那样，在手术前打个麻醉针就大功告成。他们通常寸步不离守在病人头侧，眼睛不时扫描各种监视数据，手中不时调整各种操控按钮、阀门和气囊，升压、降压、利尿、输血、平复心律、维持电解质平衡，时时记录生命体征和各种使用药物的名称、剂量、给药途径、给药时间，一切有条不紊，果断迅速，又悄无声息，沉着冷静。一切尽在掌握是每个麻醉医生最基本的素质，在手术台下，麻醉医生不说是千手观音，也是病人三头六臂的保护神。

全身麻醉是介于睡眠和死亡中间的一种状态，病人全身肌肉松弛，呼吸肌肉麻痹，完全没有自主呼吸，全靠麻醉医生手下的呼吸机鼓动双肺，完成每一次喘气。麻醉医生给予的呼吸模式是否科学，是否让你平稳舒适，是否能够减少应激过程中产生的大量有害物质导致术后恢复缓慢艰难，都是病人有眼看不到、有苦说不出的。

外科医生可以一辈子只靠一种术式吃饭，可以因为抢救了某个名人或者治疗某种罕见病例一战成名，麻醉医生却只能是默默衬托红花的绿叶，你把病人麻过去，再让病人醒过来，这是天经地义，不代表成功，要让每一个睡过去的病人都按计划醒来，才能保持一辈子职业生涯的良好记录。

每一个先天性心脏病都是上帝造人的疏忽，虽然和正常结构不同，但是差误绝非千篇一律。胚胎时期心脏的发育是动态的，导致畸形的原因或内在，或外来，或内忧外患，致畸因素的作用强度、作用频率和作用时间点不同，产生的畸形类别五花八门，严重程度也各不相同，这决定了手术所要面临的极度复杂性。

先心病的另一个特点是，经过矫形手术的心脏会伴随孩子的生长发育不断长大，这决定了小儿心脏外科医生的手术作品只是一个模胚，当时做好了，够用了，很可能几年之后，伴随心脏结构的增大，功能跟不上了，这需要医生以高度发展和动态的眼光看待和打磨手底下的幼小心脏，做成什么样子，能用多久，取决于医生长期所受的临床训练、技术、技巧、经验以及天赋。

体外循环开始，心脏打开后，主任发现孩子的畸形比想象中复杂，成形手术很不顺利。

外科医生需要让心脏停止跳动，才能在心脏上做手术，阻断主动脉后，留给外科医生进行手术的时间并不多，小儿心脏本来就小，供医生操作的瓣膜部位更小，理想的手术是一次成功。主任出师不利，他需要重新阻断主动脉，再做一次。

孩子的畸形非常复杂，就在这时，患儿发生了严重的低心排出量综合征，出现了肺动脉高压危象。

幸亏马刚帮忙找了一位心脏外科麻醉的大拿坐镇，他沉着指挥麻醉团队的抢救，孩子的情况终于平稳下来。

下一步怎么办？主任可以选择再一次阻断主动脉，再成形一次，但是，再不成功怎么办？这时候，不管多高级别的医生，都应该想到"商讨"和"求助"。

＊　　＊　　＊

手术台上的四位医生同时想到一个人，那就是郭医生。都说旁观者清，但是，除了主任亲自提出呼叫郭医生来帮忙，几乎没人有这个胆量，这明摆着是对主任手术能力的质疑，是对主任手术能力丧失信心。

手术台是战场，医院却是一个巨大职场，即使是为病人好，是为挽救生命，大多数助手都不会不知深浅地先放这一炮。一个医生如果在能力有限的时候，长期管不住自己的嘴，不知深浅地乱放炮，迟早要惨淡出局。大多数医生都是凡人，都要首先保全自己在俗世的稳固地位，获得职业安全感和个人安全感，才能更好地行事天使之职，救治别人。

主任的额头上渗出一层细密的汗珠，他可不是那种随便做个小手术就会大汗淋漓的外科医生。麻醉医生注意到了这个细节，他知道自己的老战友正在接受前所未有的考验，于是绕到他的身后轻声说："小郭在隔壁呢，我给您叫过来搭把手吧，这孩子的畸形不一般，我都没见过。"

"好，好，您受累。"面对这突如其来的台阶，主任略作停顿思考后，立即做出决定，这让他突感如释重负。

郭医生正在隔壁手术台上，听到通播呼唤，立刻想到手术表中那个一岁的孩子，一定出事儿了。幸好手术主体已经完成，他把关胸的工作交给助手，三步并作两步，蹿到主任的手术台前。

他探头看了看心脏的情况，真的很糟糕，不过再试试也许还有机会，于是果断地对主任说："领导，我协助您，咱们再试试。"他重新刷手，套上巡回护士早已准备好的手术衣，戴上器械护士早已撑好的无菌手套，一个小助手悄声离开手术台，主任将主刀的位置让给了他。

此时，郭医生完全替换主任做了主刀，但他没把话说那么明白，是出于对主任的尊重，是给主任留面子，这有利于稳定主任的心理和情绪，也让自己处在一个更加舒服的位置上，更好地完成手术。是的，一个已经证明自己实力的人，本来就不需要再像年轻人一样处处争风头，还一定要赢在嘴上。

患儿情况暂时稳定，郭医生再次阻断主动脉，打算重新修剪瓣膜，希望尽量完美地完成重建和缝合，然而外科手术就像在一块布上做裁缝，最好一鼓作气，裁剪成功，再而衰，三而竭。30分钟过去了，麻醉医生再次绕到主任身后，用非常低沉和凝重的声音问："怎么样了？我这边坚持不了多长时间了。"

体外循环时间过长，反复阻断主动脉，打开心脏，对孩子的心肺功能打击太大，先心病的孩子本来身体就差，手术进行不下去了。麻醉医生说得隐晦，实际上，他是在非常审慎地提醒外科医生，该收手了。

外科医生在手术台上是神圣不可侵犯的，他是整个手术的总指挥，也是责任的全权承担者，他为职业而战，为生命而战，更为个人荣誉而战，他的决策常常是不需要解释的、武断的、毋庸置疑的，一切都因为他有这个能力，并且要对手术台上的生命负全权。

正因为如此，作为麻醉医师，如果对手术提出质疑，尤其是直接要求外科医生停止手术，或者改变手术计划尽快结束手术，都需要付出勇气。尤其面对气场强大、正在经历极度紧张和巨大压力之下的主刀医生，必须有非常专业和精准的判断作为后盾，经过快速和周密的考虑，并且加以合适措辞，否则，非常容易将局面搞砸。

麻醉医生通常是整个手术团队中最隐忍的角色，他们是沉默的主角，他们一方面要让病人安全；一方面要让手术医生安心，不能一有手术失血就大呼小叫，一有血压升高自己就血压上蹿，不能一有心律失常就乱了阵脚。也正因为如此，当一位经验丰富的外科医生接到同样经验丰富的麻醉医生尽快完成手术的信息时，等于接收到一个极度危险的信号，危险到病人随时可能死在台上，这就是手术室里医生工作的默契。

病人死在台上，这是任何一个外科医生终其一生都要极力避免的意外。

走仕途的人整天想着上台，车牌尾号愿意选 7，取"七上八下"之吉祥寓意，全世界恐怕只有医生整天盼着早点下台。

上台，代表手术的开始；下台，代表手术的完成。

手术做得行云流水，下台相当于画上完美句号，医生或心如止水或扬扬得意，全由自己的脾气秉性决定。手术做得差强人意，及时下台相当于阻断随时可能变得更坏的局面，医生略显狼狈，但总算全身而退。胆怯的医生可能告诫自己，以后无论如何不接这种手术，业务就此停步不前；勇敢的医生会吸取教训，改进手术方法，避免在下一个病人上犯同样的错误，业务就此精进一步。

外科手术的魅力，在于世上几乎没有完全一样的两个病人，病人的身体切开，病情往往出乎意料，手术过程总是跌宕起伏，病人前一刻还好好的，突然间就飞流直下，医生必须审时度势，力挽狂澜，过程往往惊心动魄，荡气回肠，不管最终结局如何，有时候，能下台就已经代表成功。

此刻，手术做得差强人意，应该及时寻找退路，否则病人死在台上，两位大刀一个都下不来台。第一次对瓣膜的设计和剪裁至关重要，事已至此，郭医生纵是浑身本事，也已回天无力，再次成形的效果仍然很差。手术不能无休止地做下去，经过讨论，他和主任都同意将瓣膜组织全部切除，他们选择了最小号的人工主动脉机械瓣膜，倒扣在二尖瓣位置，进行缝合，勉强将心脏复跳，得以下台。

两位医生下台之前的选择不无机巧，却也是迫不得已，实属无奈。缝上去的瓣膜是人工的，是死的，是不能伴随孩子心脏的生长发育一起长大的，一旦不能满足心脏功能，孩子还将面临二次或者三次换瓣手术，直到成年。

＊　　＊　　＊

下了手术台，还要出 ICU，才算基本脱离危险。ICU 的治疗相当花钱，家长没有一句怨言，来北京之前，当地医生说这孩子是死马当成活马医，他早有心理准备。手术前，主任把他请到办公室，把为什么要做手术，手术要干什么，几种方案，能够达到什么程度，术中术后面临哪些风险，大概需要准备多少钱，都讲得一清二楚，对于今天的结果，他心中有数。

除了吃饭睡觉，他几乎都和老婆红着眼睛蹲守在儿科 ICU 的大门口，等待医生随时出来交代仍然不是十分理想的病情，交代仍然不是十分明朗的预后。除了每天为孩子默默祈祷，他们什么都做不了，他们想见医生，又怕见医生，希望和失望交错，每一天都度日如年。

生命脆弱，又超乎想象地强大，在医生护士的精细照护下，在现代高级医疗设备的支持下，在父母无私的情感和巨大资金的支撑下，孩子渡过危险期，拔了管，出了 ICU，回到人间。

这是一个先天不幸的孩子，上帝造人没有公平而言，在妈妈肚子里，她没有得到一颗发育完全的心脏。她又是一个幸运的孩子，因为地方小，产前检查不规范，产前诊断技术跟不上，她的心脏畸形没被发现，她的小生命得以逃过早在子宫之内的一场浩劫，得以出生，并且磕磕绊绊地长大到会走路，会叫爸爸妈妈。

这是一个不幸又有幸的孩子，起码，她的父亲爱她，为了她什么都舍得。在中国，有多少男人愿意花高昂的医疗费去救一个成功概率并不是很高的孩子，还是一个女孩子。毕竟，夫妻二人重新来过，再生一个健康的孩子，可能也只是时间的问题。别说不会花钱去救孩子，有多少男人甚至将人老珠黄无法再生育的孩子妈妈一起抛弃，娶个年轻漂亮的大姑娘，全部生活都重新来过。

在中国，又有多少孩子，全身上下大毛病没有，只因嘴唇上有一道豁口（唇裂畸形，民间也称兔唇），只因多一根手指（六指畸形），只因心脏上一个非常小的裂隙（房间隔或者室间隔缺损），一旦这些一不致命、二不致愚的微小畸形被高精尖的现代仪器发现，并且被医生白纸黑字地诊断，生命的轨迹就此发生改变。

实际上，很多出生缺陷是可以在出生后得到矫形和纠正的。他们的父母如果认为这是一条生命，不能随意放弃，那么只要花不是很多的钱，或者找到慈善机构，完全不用花钱，为孩子做一个不是很大的整形或者修补手术，就能给孩子健康长大的机会。

然而，太多的家庭无法接受孩子的不完美。

或者因为产科医生没有尽到充分告知的义务，家长想当然地就把"有问题的"孩子引产了。

或者因为不知道要带着肚子里的孩子去找整形医生或者心外科医生提前咨询，他们完全搞不清孩子出生后要做多大的手术，要花多少钱，能达到什么效果，孩子能够顺利长大，身体和智力的发育是否受影响，在一切都没有答案、叫天天不应叫地地不灵的情况下，家长忍痛将孩子引产了。

或者医生总是坏话说在前头，让本不明朗的前景黯淡无光，他们没有坚持下去的勇气，或者，医生已经尽力，父母充分知情，却仍然无力承受，压力可能是心理上的，也可能是经济上的，可能来自家庭本身，也可能来自或者蛮横或者所谓一心为儿女好的上一辈，总之，家长最终将孩子引产了。

放弃孩子的母亲都是有难处的，没有一个母亲真心舍得肚子里的孩子，但是如果家里家外没有一个人支持她，甚至在一个巨大的家族里，她从来就没有话语权，怀上这样一个孩子更加令她蒙羞，没脸见人，甚至孩子还没出生，母亲已经开始厌恶他，这样一位自身不保的母亲，拿什么去拯救自己的孩子。

再或者，有时候，不可否认，引产的建议可能直接来自医生的所谓"长痛不如短痛"这种看似安慰，实则残酷，并且恣意代替父母做主的粗暴理论。我们甚至不能过度责怪医生，如果整个社会都漠视胎儿的生命，认为他们有一点瑕疵就可以被随意处置，医生也难独善其身，越过孩子的父母去维护和珍爱腹中的生命。生活在同一个天空下，同一片土壤上，善之花，恶之果，大家都有份，亲自将腹中已有胎动的唇裂胎儿引产的父母之中，医生也不乏其人。

07

|

大型外科手术首选有传承的教学医院

在我国，达到或超过 28 周的胎儿才进入围产期，在此之前，他们不被认为是生命，引产只要由家庭自主提出，抛弃与扼杀易如反掌。我们甚至会见到这样的报道，父母将嗷嗷待哺、最需要亲人怀抱的、只是嘴唇上有一道裂口的新生儿丢弃，任由他们饿死、冻死，在荒郊野外被蛆虫啃噬，被野狗撕扯。

做了一辈子计划生育工作的钱老姐，那副大大咧咧的脾气难改，每次出门诊回来，都要跷起二郎腿，掰着粗胖的手指头向我们显示，自己又劝退了几个要做人流或者要求引产的母亲。我们打趣地说，照您这么干下去，把病人都赶跑了，咱计划生育病房要喝西北风了，我们这些小医生什么时候才能练成"吸宫大法"。

钱老姐总是哈哈大笑之后，乐此不疲。退休之前，对病人的规劝也愈演愈烈，开始是孩子没毛病的引产她坚决拒绝，后来，孩子没大毛病的引产她坚决拒绝，再后来，孩子没有致死致愚性畸形的引产她坚决拒绝。

在把那些反复规劝无效，仍然坚持引产的女性收到病房后，她又是尽心尽力。

现实生活中，很多医生对于不听自己规劝的病人，会采取不予理睬的态度，让她们另请高明，并将之当成自己的个性抑或行医底线。钱老姐则不然，虽然她在门诊秉承"能劝一个是一个"的原则，但是她告诉我们，那些不能劝的女人一定有苦衷，医生不是上帝，不能替病人做决定，人世沧桑，每个人的认知和承受能力是不一样的，医生认为花个万儿八千给孩子做整形手术是小意思，有些家庭偏就真的拿不出这个钱，医生认为自己和身边的人不会嘲笑唇裂修复术后的孩子，不代表这个孩子可以生活在真空里，永远不被嘲笑，甚至她的母亲在此之前，就一直打心眼儿里瞧不上亲戚或者邻居家的残疾孩子。

在歧视消除之前，医生只能把引产做好，尽量不留后遗症，让她们还有机会再生一个健全的孩子，这也是慈悲，虽然医生是往子宫里注射毒药，亲手杀了一个孩子的人。

有钱看病一百个好，凡事金钱开道是否也会适得其反？

这个有钱的爸爸还不如一个没钱的农民，背着铺盖卷挂号排队，排错队挂错号也不怕，几经周折，总会折腾到小儿心脏外科医生的手里，没钱没地位不怕，只要病够重，住院费交得上，总会有充满职业好奇心、充满职业冒险精神、正处于事业上升期、勇于挑战自我的小儿外科医生接手。

孩子在这么小的年纪，就经历世间人事和人性的复杂，被命运的狂潮裹挟，抛起，跌落，差一点粉身碎骨，到底哪里出了问题？

这其中经手的每一个人，从孩子的父亲、当地医生，到北京的马刚、老三、主任、郭医生，他们每一个都不是经典意义上的坏人，没有任何一个人有主观伤害孩子的意愿，但是他们每个人，都如一片有漏洞的瑞士奶酪，具有致命缺憾。而当他们因为一件事走到一起，也就是发生重叠的时候，当每个人进行判断和决策的时候都发生一点点的偏移，就会出现这些奶酪漏洞完全重合的情形，整个事件就会崩盘，结局失控。

固执、恃才傲物、不懂变通的郭医生看似拒绝了金钱的侮辱，彰显了自身洁净的品质，但是他不知道，在将马刚亲手推出门外的时候，也是将患儿亲手推出门外。狂怒、个性不得收敛之时，医生会暂时将医生的本分抛之脑后。冷静下来想，不管病人是什么来路，她终究是生病的人，终究是需要医生帮助的人，如果不是有病，她的父亲又何必动用金钱拷问医生的人性？

也许郭医生会说，老子就愤世嫉俗，宁可被排挤，被边缘化，也绝不"同流合污"。但是应该考虑，一个有天赋有能力的医生如果只想一清二白，两袖清风，醉心于自己小作坊里的那些小研究，是不是太狭隘了？

妇产科学界顶级的医学杂志，同样关注医生的个性和品格，2015 年 3 月号的《妇科肿瘤》专门刊登一篇名为"你开始沉沦了吗？"的文章，着重讨论可能导致已经开始专业化道路的医生面临专业困境的九重障碍，它们分别是拖延、没有重点、完美主义、自私、愤怒、排斥异端、破坏性行为、自我放弃和专业的孤立。在医学事业的上升期，如果医生沿着这九宗罪一层一层走下去，终将走向职业生涯的毁灭。

人活着不能都干大事，总有一些人要安心做小事，而过分正义，不懂变通的做法，在现实生活中也不值得大力提倡，对于任何人，这样一种工作方式都会令其相当辛苦，一个受困于自我障碍和人际关系，还没有获得平稳工作节奏的医生，又如何从容动用爱心和医术去治病救人。

所以，年轻人，不要再无端愤怒，如果真的有能力，你需要为自己的理想暂时放下桀骜不驯，脚踏实地努力前行，开始可能还会觉得难受，但是放下久了，你自然不会重拾那些曾经让你酣畅淋漓，但也皮开肉绽的所谓个性，那时候，你才褪去青涩稚嫩，走向稳重成熟。

＊　　＊　　＊

老三，一介凡夫俗子，科学工作者却对科学毫无兴趣，甚至丧失最基本的执着与好奇，只将这一高贵的职业当成养家糊口的饭碗，现实生活中比比皆是。在决定把病儿交到谁的手上时，他追求的不是真理和真相，或者眼下的最佳，而是时刻提醒自己不要站错队伍，不要带给自己丝毫的坏影响。对于一个没有能力保护自己的人，在这个人不为己天诛地灭的纷繁乱世，指望他能豁出去自己，站在客观立场，完全为别人考虑，几乎是一件不可能完成的任务。所以，当你决心要将一件重要的事情托付给一个人的时候，除了考察他的能力和忠诚度，还要考虑他的个人处境和做事原则。

能在北京三甲医院坐上科室主任位子的人，绝非一日之功，他们手眼通天，人脉辽阔，在俗世呼风唤雨无所不能的时候，会让他们偶尔忘记自己在自然科学面前的无知和渺小。小医生在成长过程中，碰到的问题多是技术不精湛，操作不熟练可能导致的初级错误，后果大多不会非常严重。大医生的判断通常具有决策性，和治疗效果密切相关，一旦犯错，多是高级错误，后果严重，甚至不堪设想。

我们甚至忘了口诛笔伐令人痛恨的红包。实际上，只要存在供求失衡，拥有超凡医术的医生就会像某些手握国家权力的高级官员一样，诉诸权力的寻租。即使医生不主动，也会被大环境裹挟，当医院里每天只能空出几个床位，却有上百人等待住院的时候，送红包的人自然会排起长队，这时候，问题不再是收不收红包，而是收谁的红包，哪些红包是有悖人伦无论如何不能收的。不特立独行地随波逐流，每个人在自我约束的界限之内行事，反而成了医生们的约定俗成。

＊　　＊　　＊

"以后，你还会和这位主任打交道吗？"我问马刚。

"当然要打交道，人家做成人瓣膜置换又快又好，无论病人还是同行都是有口皆碑，我还怕够不上人家呢。"

"他在这个手术上可是走了麦城。"

"那又怎样，世界上有常胜将军吗？作为一个科室至高无上的大家长，在麻醉医生非常隐晦的提醒下，他能立即同意下级医生上他的手术台救场，并且把主刀的位置让出，老实说，人家做人的胸怀和对生命负责的态度都值得钦佩。"

"我一个朋友在国外的一家私立医院做手术，肚子打开，主刀医生说做不了，直接关上。到了北京，我找人给他二次开刀，切得干干净净。一个人就决定'开关腹'这种事情，在咱们北京的教学医院就不会出现，主刀认为做不了，一定呼叫更高级别的医生救场，一直呼叫到主任也认为做不了，才会关上肚子，不管送不送红包，医生都这样做，因为近百年的传承摆在那里，大家都按规矩来。不让主刀医生成为病人命运的唯一决定因素，这才叫团队和尽力。私立医院里医生独立执业，你做得了的手术就做，做不了的就关上，没人管你，也就没人帮你，更没人给你兜底。我朋友这件事上，我有诸多教训，大型外科手术还得在这种有传承的教学医院做，给不给红包都放心。"

"向上级呼叫容易，向下级求助难。虽然有麻醉医生给的台阶，但是借坡下驴也需要勇气，这一点我是由衷钦佩，没有几个大医生能做到。手术不如想象中成功，但是，主任不逃避，不躲闪，在最艰难的时刻，给予家属最力所能及的关爱和支撑，都说明其强大的个人综合能力。"马刚说。

"可是，他低估了孩子心脏畸形的复杂性，高估了自己的能力，他犯了错误。"我穷追不舍，作为一个每天都要上几次手术台，每时每刻都在做判断做决策的妇产科医生，我急于知道马刚的想法。

"他对患儿病情的低估，受限于个人能力，更受限于医学的复杂和不确定性，这其中，也有可能掺杂了学生对他毫无原则地马屁忽悠造成的干扰，以及他对学生关照、给予的急切和居高临下。但这都是我们的分析和猜测，在他没有做出个人忏悔之前，我们无从攻击他的职业道德。"

"再有，失败这件事对医学就没有贡献吗，我的张大大夫？"马刚反问我。

我不置可否。

马刚自问自答："失败和成功一样有意义。主任在经历这样一个手术后，一定会有所改变。他可能从此大力扶植郭医生这样的青年才俊，分给他更多的床位，支持他搞科研，让小儿心脏外科这一重要的心外分支发展壮大。要是不服输，他可以跟从郭医生专攻两年小儿心外，不只是专家，还能成为名副其实的杂家和行家。不过，人过四十不学艺，放下身价向晚辈学习这个事儿不容易。

或者他能就此认清一个人的局限，彻底不再去动小孩的心脏病手术，把这一块交给更加胜任的人，也是功德。"

外科医生不容易，个性虽有软弱、怯懦、油滑、世故，一旦上了手术台，每个医生都是一个斗士，他们像足球场上卖力奔跑的少年，为了职业精神和个人荣誉，纵使满头大汗，纵使伤痕累累，都要咬紧牙关战斗下去。

我和马刚是老同学，多年的老友，算得上"碳粉知己"，然而我并不赞同马刚的人生哲学。按照社会公平原则，他虽然没有明抢豪夺，貌似还在帮助一些人，有时候，甚至利用自己的医学背景和一颗善于思考、勤于实践的聪明头脑，破解一些医学谜案，但是他侵犯了那些没有能力、没有人脉，也找不到各种关系或者没有能力打点这种关系的普通人的权利。

人类已经进入文明社会，但是对有钱有势者的喜爱乃至钦佩，以及对贫穷卑贱者的藐视，或者至少是忽视，是道德败坏的重大原因，这导致丛林社会的弱肉强食似乎一天都没有真正停止过。作为医生，我不敢说早已参透生死，但是我在保护自己不被吃掉的同时，始终坚持反省和节制，努力成为一个自给自足、张弛有度、不过度侵占社会资源的素食主义者。

对于医疗的前景，我始终心存一份倔强和天真，虽然我对很多东西并不过分和盲目抱以希望，也没有亲身的作为，只是做一个医生的分内之事，但我知道有一批人已经成为改革的先行者，已经在探索和改进。

历史的车轮并非滚滚向前，有时也会犹疑、停滞甚至倒退。很多人花了很长时间，付出极大热情做了诸多努力，但是回头看看，好像还是原地踏步，这让我们时常看不到希望，觉得毫无奔头，甚至失去作为的理由和动力。但是如果我们一直坚持，并且有足够的耐心，再过十几年或者几十年，必将是不一样的风貌。

"中国是一个巨大的人情社会，只要顶尖医疗资源供不应求，你手里的人脉资源就永远都有用武之地，你的余生都可以继续为一部分先富起来的人和人民币服务。但是人是必须为明天忧虑的动物，今天如鱼得水，明天就可能无事可做，以后社区医院全面建立，每个中国人都有医疗保险和自己的家庭医生了，你们这些托儿还给谁当守门人去？你难道不想利用这些年苦心经营的人脉资源，干点正经生意？"我问马刚。

"张大夫，还真让你说对了，我早打算改头换面了，正在计划投资一家高端私人诊所，把多年结交的大医生们请来出专家门诊，以后摊子越做越大，还可以建立临床诊断中心、医学会诊中心、大型综合手术室。"

"你这还不是谁掏钱才为谁服务，还不是为人民币服务？"

"商品社会，为人民币服务没有错，给那些愿意花更多的钱享受更加快捷和优质医疗的人服务，也是为人民服务。你别那么愤青好不好，这样起码可以把公立医院的公共资源让出来，让给那些没钱没权又没人脉的普通老百姓。重要的是，我保证医生装进口袋的每一分钱都是干净的、合法的、不沾鲜血的，不受公众指责，不受道德质疑的。医生是高级知识分子，他们的平均受教育程度和道德水平都不在社会底层，是高素质阶层，是精英阶层，在任何一个发达国家，医生都是光明正大的高收入、高社会地位人群，为什么我们中国的医生不可以？"马刚回答。

"大医生本来就有很多路可以走，原来是飞刀走穴，现在叫多点执业，你们可以通过各种方式强强联合，赚得盆满钵满。苦的其实是小大夫，每个医学院毕业的医学生都是可塑之才，但是他们并非都有机会公平地接受培训，往往是毕业后分到哪里工作，就是哪里的水平。分到协和接受住院医师培训，就是协和水平，成绩不好运气不佳分到县医院的同学，就是县医院水平，医疗资源分布不均衡，才会有今天的全国人民看协和，如果国家把初级医疗保健做好，把基础医疗夯实，谁愿意生个小病就背井离乡，跑到人生地不熟的大城市彻夜排队，还挂不上号？"

"那是国家要管的事儿，不是你我可以改变的东西。你去澳门干两年，回来就跟我一起创业吧。别回协和看7块钱一个的门诊了，号贩子倒你一个号卖500，你连看70个病人才赚490，你口口声声要做一个纯粹的医生，全心享受其中的艰难与快乐，其实只是在为号贩子打工。或者干脆就别回来了，在澳门做顾问医生年薪百万，福利待遇优厚，良禽择木而栖啊，我的张大夫。"

世界纷繁复杂，自信又聪明的人类总是认为可以凭借心灵的秩序性，洞悉和对抗一切。坐在槐花纷纷撒落的树下，我再一次陷入虚空，不知道如何回答他。

CHAPTER
SEVEN

—

在澳门，这样做医生 第七章

01

|

病人对自己的隐私拥有绝对话语权

2012 年，我受聘澳门特别行政区卫生局，作为顾问医生在澳门仁伯爵综合医院妇产科执业两年。

整个医院因为坐落在仁伯爵山的山顶，本澳居民习惯称之为山顶医院，这是澳门特别行政区政府为当地 50 多万居民提供全面医疗服务的唯一一家公立医院。

下飞机的当天，我到卫生局人事科签署了劳动合同，随后在秘书处拿到工作服、员工号码、个人印章和工作手机，在接受院内感染控制培训和认证合格后，正式加入山顶医院的妇产科团队，开始在澳门的工作和生活。

面对全新的工作流程、一窍不通的广东话、当地医生时常夹杂葡萄牙语缩写和略写的龙飞凤舞的英文病历，在一个中西文化多年来不断碰撞融合的陌生城市，每个初来乍到者都需要一个适应过程。

派驻澳门之前，我在协和历任住院医生、主治医师，直到副主任医师，已经工作 15 个年头，平时上班，晚上值夜班，几乎每个周末都要查房，每日里在临床摸爬滚打，又在乌鲁木齐自治区人民医院挂职妇产科副主任，开展过一年的援疆工作，会问病，会检查，会诊断，会手术，会做病人的思想工作，核心技术没有问题。山顶医院的医学文件全部使用英文，对从实习医师开始就查阅英文文献，一直通过翻译文章赚些小钱补贴家用的协和医生来说，也完全没有障碍，我迅速地融入了澳门的工作和生活。

工作之初，感触最深并且时常令我陷入感动和感慨的，当数山顶医院为保护病人隐私制定的各项法规制度，以及执行的力度和诸多细节。

山顶医院各个病房的进门处都有电子显示屏，列出当日住院病人的基本信息，包括病人姓名、床位号和入院日期。一方面便于病房管理，一方面方便亲友在迂回曲折的病房，按照床位号码快捷地找到想要探视的病人。

即使是为医院管理和亲友探访，此项列示也并非想象中顺理成章。因为涉及病人隐私，亦需充分说明情况，在每个病人住院之初，护士征得病人同意并且签字，住院部才会将病人的名字列示。如果病人有任何顾虑或者不愿意，名字都不会出现在公开的显示屏上。

山顶医院是公立医院，妇产科病房基本都是双人或者三人间。虽然硬件条件有限，但一些辅助设施极大改善了个人空间的舒适性和私密性。其实也只是在每个病床周围有一个随时可以拉起和放下的软隔断布帘，这样，即使病人同处一室，也能拥有各自的空间，不会出现四目相对、无遮无拦的尴尬。

医生的任何医疗工作，都会有一位护士随行和协助，查房每进入一个新的房间，护士会以凌厉身形先行进入，将布帘拉起围好，把将要接受检查和巡视的病人暂时保护和隔离。这样，就不会出现医生为一个病人检查伤口，同一病房里其他几个病人或者因为关心，或者因为好奇，探头踮脚甚至毫无顾忌地走到床旁围观的场面。

每个床边都有涂抹式洗手液，检查病人之前，护士礼貌地提醒我，要对双手进行涂抹式消毒，她也亲自示范，以身作则。

对病人来说，医生和护士是移动的白衣天使，给自己带来呵护和照料，但从院内感染的角度，这些洁白的天使在传递医术、温暖和关爱的同时，也是一个个随意移动的污染源。处理或者接触过感染病人的伤口、分泌物或者排泄物之后，如果不注意手卫生，就可能污染下一个将要查视的病人，白衣天使一不小心就会成为院内感染的罪魁祸首。

查房的时候，护士会把病历放到病人床尾的移动多功能桌上，以备医生查看。还没翻开病历，首先映入眼帘的是病历夹上"未经许可，不得翻阅"八个醒目大字，下方还注有"依 8 月 22 日第 8/2005 号法律《个人资料保护法》第 15 条规定"的详细说明。

不仅纸质病历管理严格，医务人员进入电子病历系统，除了必须键入本人工作号码和登录密码，在开始查阅每个病人的个人资料之前，还会腾地跳出一个大大的提示框：阁下即将查阅一个病人的病历，此程式会记录此类行为的有关资讯（人员、时间、地点等），按"是"继续，按"否"中止。任何浏览病人电子信息的医生都会留下个人印迹，供日后追踪和查询。

医生每一次查阅病历，都需要敲击确认键，才能打开病人的个人信息和病历资料。这时刻提醒医生，病人的信息受法律保护，除非医疗需要，否则即使是医生也不能随意窥探和泄露。

在美国做过访问学者的医生告诉我，她所在地区的一家医院曾经发生过这样一起诉讼：一位外科医生利用职务之便，在未经允许的情况下查看未婚妻的病历，在家族史记述中，医生发现他的未婚妻可能携带一种家族遗传性疾病的致病基因，因而拒绝和她结婚，联邦政府判罚医生有罪。

此外，医生不能随意下载和复制病人资料。工作电脑不能使用个人 U 盘，如需使用，需要事先到卫生局登记和备案。正在挪威做访问学者的同行告诉我，那里涉及病人医疗信息的电脑系统根本不能插入个人 U 盘，一些欧美国家的电子病历系统也都严格涉密，个人 U 盘一经识别，整个电子病历系统就会自动锁定，无法再进行任何操作。

从小我妈就教育我，好记性不如烂笔头，意在强调"记录令人和事物精准"。多年来，我养成一个工作习惯，在白大衣口袋里放一个小笔记本或者一小沓便笺纸，记录一天的工作要务，完成后逐一画钩，以免遗漏重要事项。

初来乍到，我还不知道去哪儿买生活用品，小本子自然没有着落，于是四处张望，发现护士工作站的盒子里有一摞废弃纸张，就随便抽取两页，这立即遭到护士的制止。

得知我的用意后，护士找来一摞工作信笺给我用，并且告诉我，这些带有病人信息的医疗文件，即使废弃也不允许弃置垃圾桶，更不允许随意带出病房，必须由碎纸机粉碎消除。

在随后的工作中我发现，不论是门诊、急诊、病房，还是医生办公室以及护士工作站，都配备有碎纸机。这些文件和银行营业厅里载有公民个人信息以及财产账号的文件一样重要，医院通过规章制度的制定和碎纸机的充足配备，最大程度保证病人隐私不会轻易外泄。

02

|

医学探索诚可贵，病人感受价更高

几年前，在一次国际会议上遇到一位国内同行，此人笔耕不辍，频频在国际知名医学期刊杂志发表医学论文，是年轻医生效仿学习、领导赞许有加的标杆人物。

我利用会议间歇向他请教，他亮出钥匙串上一个闪亮的 U 盘，告诉我，他对工作以来经管过的每一个癌症病人都了如指掌。别的医生在电脑上录入电子病历后只是打印归档，他却每次都留心拷贝一份，这个小小的 U 盘里装着全部宫颈癌病人的电子病历和个人联系方式，相当于一个小型数据库。想随诊病人，一个电话打过去就能搞定，不管是流行病学分析，还是统计三年、五年存活率都易如反掌，根本不用像其他医生那样，还要利用业余时间身陷小山一样的病历堆中，大海捞针一般地总结和统计纸质病历。

我暗自钦佩，真是一个临床工作中的有心人，不仅随时注意病人资料的收集，还定期整理总结，怪不得有那么多论文发表，年纪轻轻已经是知名教授。

现在想来，一旦这个下班带回家，逛街时会放在私人手袋，甚至走出国门都会挂在钥匙串上的 U 盘不慎丢失，医生便无意中泄露了全部病人的个人隐私。每一个宫颈癌病人的病历都会包含一个重要的临床统计学项目，除了病人姓名、电话和家庭住址，还涉及病人初次性生活的年龄、避孕情况、性传播疾病的感染情况、婚育情况，甚至包括性伴侣的数目、性伴侣的性传播疾病患病情况，等等。另外，U 盘中还有大量女性外生殖器的阴道镜图片，以及手术中女性病人体内肿瘤的录像。U 盘遗失，也许没事儿，也许出大事儿，一不小心就可能弄出一个新的什么"门"来。

签署手术知情同意书是每一台外科手术前的必需工作，在需要签署的术前文件中，山顶医院多了一张涉及手术录像和肿瘤部位拍摄的知情同意书。虽然这些手术中拍摄的影像资料最后都会归档病历，成为重要的医疗记录，即使病人将来转诊其他医生，也能最大限度还原初始病情和治疗情况，对病人的治疗和远期随诊有百利而无一害，但是因为涉及病人的身体，仍需签署知情同意书，这充分体现了对病人隐私权的尊重。

内地某些医院在这方面的工作显然做得不够，无论是病人体表的肿瘤还是身体内部的肿块，包括影像学资料（X 光片、造影片、B 超图片、CT 片、核磁共振片），都有被频繁拍摄，却极少获得知情同意，更不要说签署知情同意的书面文件了。一般身体部位的拍摄，也只是在病人清醒，或者需要脱去外衣并且主动配合做出特殊体位的时候，医生才会口头征求病人的意见。

大部分病人表示理解，觉得自己得的是少见病、罕见病，愿意留下珍贵的影像资料供医生们研究，拿到同行之中去交流和探讨，供医学生在课堂上学习，让没见过的医生在今后的临床工作中也能想到诊断，而不是百思不得其解，使得病患走太长的弯路。病人对医生多报感恩之心，病长在自己身上，医生却为弄清楚病因又查资料，又组织讨论，殚精竭虑费尽心神，本来无以为报，拍个照片有何不可，权当还给大夫一个人情，也为医学进步做点贡献。

有些病人不理解，也不愿意，但是碍于情面，不得不同意。一般来说，医生大多是没有笑脸的，病人总要苦哈哈地有求于医生。突然间医生找自己语重心长地谈话，讲了诸多需要拍摄的道理，还保证不泄露个人隐私，保证在用于教学的时候隐去姓名、年龄，并在眼睛等明显显露个人特征的重要部位遮盖黑色条码，真是受宠若惊，也就半推半就地答应了。

有的病人心里一百个不乐意，但是怕医生不高兴，尤其是治疗还没开始，或者以后仍然需要定期复查和随诊，担心医生因为被拒绝，从此不再尽心诊治，也就勉强答应了。

工作之初，我曾配合教授拍摄过一个外生殖器巨大肿物的病人，在数码相机还不是如此发达的今天，医生要留下达到国际期刊杂志要求的高质量照片，得去医院借来高级相机和镁光灯，需要病人采取不同体位（站位、卧位、膀胱截石位等）配合拍摄。

这个肿物确实不一般，相信很多妇产科医生一辈子都没见过。长在外阴部位的巨块型湿疣导致病人浑身恶臭，无法排尿，大冬天没法穿裤子，最后完全不能走路，只能靠轮椅移动。肿块开始只有葡萄大小，病人没当回事儿，长到橘子大小的时候，当地医院说不能治，长到苹果大小的时候，她辗转求医到了省里，自然没人敢接手，越往后拖肿块越大，来到北京的时候，走了几家妇产医院，都说必须去大型综合医院。

她抱着最后的希望来到协和，肿块已经长到篮球大小，自己已经被拖累得不成人形。瘤体巨大，血液供应异常丰富，来自外阴无数蚯蚓一般粗的血管怒张着，像树枝一样深深扎入并滋养着瘤体，只要将任何一根弄破，都会顿时血流如注。

对一向善于毁损和切除的外科医生而言，搬走瘤体和止血并不困难，困难的是如何收拾之后的"烂摊子"。切除肿物后，会阴部位将是一个巨大的血窟窿，面对如此复杂的创面，基本外科那些缝合技术根本无法奏效，必须有整形科医生协助，从大腿部位游离大块皮瓣，翻转到外阴创面，进行整个会阴的重建。换言之，切除肿物可能只需要几十分钟，之后的游离皮瓣，会阴体重建却要耗费若干小时，是整个治疗的重中之重。

这种病例世界罕见，充分体现综合医院里多科协同、合作治疗的重要性，医学图片异常宝贵，教授叫来病房全体实习医生和进修医生观摩学习，并且从各个角度拍摄了可以充分显示解剖关系的医学照片。

拍摄完毕，人群四散，教授收起摄影器材，轻声对她说："谢谢您的配合，辛苦了，明天要做手术了，我们一定尽力，让小张医生送您回病房好好休息吧。"

那女人没有说话，只是低下头把脸扭到一边，我清楚地看到两行默默滚落的泪珠。作为医生，我能理解教学医院里医生强烈的教学意识、积极发表论文的学术意识，还有被棘手的、谁都不敢接手的疾病激发出来的雄心和马上就要与之殊死搏斗的亢奋。但是作为女人，我更能理解这个被镁光灯猛烈照亮，被反复拍摄，并被一大群即使是医学生但对她而言始终是"无关人等和陌生人"围观的委屈、害羞和无助，最终汇成的这难以言说的羞愧和屈辱感。

将心比心，如果换作我是病人，漫漫求医路，终于找到愿意接手的医生并且马上可以开始治疗，卸载肿块，重返能走能动、能穿上裤子的正常人生活，一定心存感激，日夜在心中为医生祈福祝愿。但是被这么折腾着围观和拍照，实在是无法令人愉悦的经历，想必早在另外一个频道千百次地问候这伙人的十八辈祖宗了。

有些时候，医生和病人貌似总是不在一个频道上。

病人只想多快好省地看病治病，自己的私事不愿被更多人知道，自己的身体不愿被当作教学模型，也不愿被变成图谱印到教科书上供学习、交流、研究和讨论。

医生看病治病的同时，要想到医学生的教育。医学院里一旦没有了这种手把手的传帮带，就会后继无人，医学也无法传承和发扬。医生还要想到学术交流。近年来，发表那种不痛不痒，几乎没有什么建树的SCI在一些愤青医生眼中，貌似已经沦为沽名钓誉之事，更有多篇来自中国的医学论文被国际知名杂志以学术不端为由撤稿，中国医生发表SCI的数目越来越多，有巨大影响力和被广泛引用的并不多。虽然个别医生为了评职称，滚动科研项目，拿更多的科研经费，抢夺话语权，稳固学术和江湖地位，为SCI闭门造车编纂数据和同行评议，写一些狗都不愿意看，自己都觉得浪费国家科研基金的烂文章，做一些对知识分子来讲最不光彩的事情，但是发表医学论文仍是一个医生毕生应该做好的事情。避开为个人谋利和那些人类总会存在的行业不端行为，医学论文更重要的意义在于对人类和疾病斗争过程的记述和分享，供给更多同行交流和借鉴，使更多病人获救。即使是失败的科研结果也有意义，甚至更有意义，重在告诫同行不要在这个科研方向上继续浪费时间和精力。

这样看来，从一个更高的角度，用一种更长远的眼光，医生和病人又都是始终站在人类和疾病斗争这个共同平台上的，对于人类医学的贡献，除了医生的研究和攻克，每一位患病个体的贡献都不可或缺。

近年来，数码照相技术发展迅速，很多医生看门诊都是背着数码相机的，很多注意收集影像资料的小医生白大衣口袋里常年揣着卡片机，如今每个人的手机都有强大像素，拍照摄影易如反掌，很多医院的宫腔镜、腹腔镜工作站自带拍照录像功能，很多医生在遇到疑难病例或者开展新术式时，都会全程进行手术录影。

只有医生知道，一些处于全麻状态的病人，是在全然不知的情况下被拍摄的。虽然这些医学影像资料最终将用于会议讲座、学生教学、科学研究和论文发表，医生并无私心，也会注意资料的保存，不会随意发布到公共平台供人取乐，伤害病人。但是，未经病人许可，或者没有事先签署书面同意文件，这一行为始终存在伦理学和道德争议。

03
|

术前核对制度: 360 度无死角

临床工作中我还发现，山顶医院住院病人病历夹被统一设计为优雅的浅灰色，但是巨大的文件储存柜中，总有几本特别醒目，整个都是耀眼的大红。红色，常有危险和警醒之意。护士告诉我，红色病历夹是代表病人有药物过敏史，让医生和护士都能一目了然，在开具处方和发放药物的时候特别注意核对。

在随后开具电子医嘱的过程中，我发现，除了整个病历夹是红色的，在为这些有药物过敏史的病人开具处方时，屏幕会以红色边框的形式着重标记药物过敏记录。这个电子病历系统对所有公立医院的专科医生和卫生中心的全科医生开放，每一位医生在观察到病人有药物过敏或者其他不良反应后，都随时记录在案，并被所有医生和护士看到，最大程度保证病人用药安全。

　　每个人都是生来就有认知缺陷的，例如，记忆力不完整，注意力不集中，甚至有时涣散或者出现错觉。医生无法每时每刻记得每一个病人的药物使用和过敏情况，夜间值班或者专科会诊的时候，医生更是常为陌生的、不是自己一直主管的病人诊断和开具处方，这都是非常容易犯错的时候。

　　只身在外工作，就会格外想念家乡，就会更加注意来自内地的消息，一段时间内，大家都在热烈议论一起医疗事故。

　　一个肾脏肿瘤病人接受患侧肾脏切除术，手术结束，医生走下手术台，将切下来的肾脏用手术刀剖开，准备让等候在外的家属看一眼肿瘤，再送病理检查。可是无论如何找不到肿瘤。

　　难道术前诊断有误？医生抬头看挂在灯箱上的 CT 片，没错，肿瘤就在右侧肾脏。他继续切，继续找，整个肾脏已经被这位几近抓狂的主刀医生切得稀巴烂时，他恍然大悟，是不是切错了肾？

　　重新核对病历、病人和 CT 片，确实切错了，病人的肿瘤位于左侧肾脏。

　　原来，前一台手术病人的肿瘤位于右肾，手术结束，病人推走，但是他的CT 片没有收起来，仍然挂在通亮的阅片灯箱上。新病人推进来的时候，医生、护士并未核对片子上的姓名、性别和年龄，想当然地认为这就是他的片子。毕竟 CT 片上的个人信息太小，太不起眼，不刻意或者仔细看，根本看不清楚。

　　主刀医生走进手术室，一没低头查看病历，二没与病人和主管医生核对病情，而是径直走向灯箱看片，多年执掌手术刀的他，早已习惯了上台前被准备好的这一切。是的，右侧肾脏肿瘤一目了然，不难切除，他想。于是，摆体位，设计切口，画线标记，他踌躇满志地走上手术台，其他人自是一呼百应，各种随从和配合，一切按部就班地进行，无辜的右肾就这样行云流水地被切了下来。

如果及早发现错误，还可将误切的右肾移植回病人体内，尽量弥补事故造成的损失。然而此时，这个健康的右肾已经快被主刀切成"腰花"，基本结构和重要血管破坏殆尽，根本没有机会进行移植，而病人患有肿瘤的左肾几乎没有功能，将要面临终身透析的命运。

面对一些极其严重简直难以置信的错误，回过头来想，当时可能只需要任何一个极其轻微的质疑或者提醒，就会引起重要人物的重视，避免事故的发生。而悲剧的发生通常如此，那就是有一件非常重要的事情，谁都没有去做。绝对杜绝这类医疗事故的发生，不能全靠医生和护士的责任心，也不能靠"总会有人发现"这样的侥幸，而是要建立一个每一位参与者都严格遵守的术前核对制度。

术前核对制度在欧美国家已经广泛开展，而我们国家只有一部分医院在实行，还有一部分貌似在实行，其实并没有严格按照流程实地操作。现代医疗已经不是某一个单枪匹马唯我独尊的英雄式人物的舞台，而是一个团队的集体作战，每个人都开足马力，做好分内之事，都视病人的治疗和预后为己任，才有可能在现有条件下谋求最佳治疗效果。

个人的智慧、敏感、觉察以及责任感和判断力都是宝贵和难得的软件指标，甚至可以说是可遇而不可求，但是一个人总会犯错，而一群人犯错的机会将变得很小，建立由手术医生、麻醉医师和护士多方共同参与的术前核对制度，是为手术安全保驾护航的必需。

每年，全球至少有 700 万病人在术后发生残疾，至少有 100 万病人没能走下手术台。人总会犯错，医生也是一样，医生的记忆力、自觉性、警惕性会因为事务繁多、个人压力或者身体疲劳等因素，变得不是那么可靠，稍有闪失就可能铸成大错。

医院里生死攸关的大事不可能都靠医生个人的自觉和周密，因为这并不时时可靠，而且时间久了，个体压力过大，容易使从业人员产生职业倦怠感，内心防线极易崩溃，最终导致整个医疗安全堤坝的坍塌。医院要不断建立和完善各项安全制度，最大程度去除因为人的疲劳、健忘或者疏忽可能造成的错误。这是保护病人，更是保护医生。

04

|

内地"建档"大业 vs 澳门分层医疗

澳门拥有强大的初级卫生保健系统，在卫生中心，由全科医生为本澳孕妇提供产前检查，有特别情况的孕妇才转诊山顶医院，进入专科医生的产前高危门诊。这在合理分配和利用医疗资源的同时，极大缓解了澳门妇产科专科医生严重不足的压力，又能最大程度保障高危孕妇的医疗需求和安全。

转诊到山顶医院的孕妇都会持有全科医生的介绍信以及化验检查报告。刚开始工作的几天里，我便发现一个奇怪的现象，病人的化验结果都是电脑打印，唯有艾滋病检查结果是医生手写签发，不免暗暗在心中画了个问号。

有一次，孕妇路上遗失病历资料，我查阅电子病历系统尝试重新打印化验结果，却怎么也找不到艾滋病一项的化验报告。护士告诉我，同世界上大部分国家一样，澳门将病人的艾滋病感染状态视为个人隐私的一部分，予以保护，只有开出化验申请的医生本人，才有权利查阅化验结果。

一天夜里，救护车送来一位意识不清的孕妇，她完全无法诉说自己的病情。我一边进行身体检查，听胎心的情况，一边嘱咐护士抽血送化验，做心电图，进行心电监护，大脑中迅速回忆意识不清的各种可能性：低血糖，低血钾，心脑血管意外，颅内肿瘤、颅脑外伤、颅内感染以及各种脑病，肝性、肾性、肺性昏迷，甚至吸毒过量都想到了。突然，我发现她左侧手腕有数道新旧不一、深浅不同的割腕疤痕，她会不会有导致行为失控的精神疾病？我赶紧查阅她的电子病历，却并无特别发现。

满腹狐疑之时，她的家人接到护士电话后及时赶到，证实孕妇确实有严重的精神疾患。我紧急呼叫精神科医生会诊，专科医生通过她的特别身份登录，才调出她的精神科档案。原来，在病人的精神疾病面前，我这个妇产科医生也成了"无关人等"和"局外之人"。

2012 年，澳门迎来整个亚洲的龙年生育高峰，妇产科医生的工作相当紧张和忙碌，产妇临产后的十几个小时里情况经常是瞬息万变，一旦胎心不好、脐带脱垂或者羊水栓塞，顺产瞬间变难产。但是妇产科医生也是最有成就感的，因为除了能够千方百计将病人腹中的恶性肿瘤切除干净，还能亲手接捧啼哭着来到人世的鲜活生命。路过为新生儿洗澡、抚触、提供脐带护理的婴儿房，看到阳光中一个个粉红灵动的小生命，一贯急促的脚步会忍不住慢下来，内心顿时充满欢喜惬意。

婴儿房的一整面都是全透明玻璃墙，即使是离开自己怀抱的短暂时刻，新妈妈们仍然可以随时观察和了解宝宝的情况。在玻璃窗的醒目部位，都有严禁摄影和拍照的警示，小宝宝同样享受个人隐私，他们从一出生就被法律和法规严格地保护着。

此时，口袋里的电话铃声大作，即使我已落地澳门，仍逃不过来自内地数不清的营销电话的追杀。这次，是某知名教育机构问我是否考虑给女儿报名英语学习班。想自己生了女儿以后，刚回家就有推销奶粉的电话打来，还没满月就有商家打电话免费上门理发、制作各种价位的胎毛笔，快过百天了，又有各大儿童摄影机构争相打来电话问候，顺便询问是否需要亲子拍照和家庭摄影。我们的个人资料还有私人电话，包括住宅电话、生日等都不知道被谁卖得满天飞，我们却只能装作习以为常的样子。

和澳门的分层医疗不同，内地医院的产科检查大都采取建档制度，有名的三甲医院产科或者专门的妇产医院都会有建档名额限制，每个医院根据病房床位和门诊接纳能力，决定每个月接收多少孕妇建档。

不能让孩子输在起跑线上，考验女青年智商情商体能速度的时刻到了。谁能最先敏感地体会到月经周期的变化，懂得使用早孕试纸判断自己已经怀孕，有强大的挂号攻略精神，并且以最强壮的体力、最持久的耐力，网络时代甚至还要拼 Wi-Fi 速度，总之，能最快挂到或者通过强大的人脉搞到炙手可热的产科门诊号，才能抢先完成"建档"大业。

＊　　＊　　＊

按照先来后到顺序建档的制度貌似公平公正公开，却严重浪费了大型三甲医院病理产科的综合实力，结果往往是有并发症的，例如合并甲状腺疾病、糖尿病、心脏病、肾病、自身免疫病等高危孕妇抢不到号，建不上档，得不到最理想的产前管理。

那些抢到床位、什么毛病都没有的健康孕妇，也未必占到便宜，生孩子前后的就诊体验、对医院的整体满意度并不见得都好。三甲医院病理产科那些捉妖降魔的十八般兵器，可以说没有一样是她们真正需要的，整个孕期她们很少需要正襟危坐的产科专家和教授，不需要逻辑缜密的遗传咨询，更不需要诸如羊水穿刺等高大上的产前诊断，她们需要的是和颜悦色，细致入微，带着微笑和安抚的答疑解惑，而她们那些所谓的疑惑，全科医生或者家庭医生完全胜任，在人性化服务方面还可能做得更好，而涉及日常生活的各种碎碎念，好多大专家真不见得知道。

民以食为天，中国孕妇怀孕后最在乎的首先是忌口问题，这个能不能吃？那个能不能吃？在协和，我看过上万例次的产前检查门诊，被提问最多的问题并不是关于病，而是关于吃。

提到这些问题，太多夹杂着让医生啼笑皆非，甚至辟谣都不知从何下手的民间传言，诸如吃兔肉会唇裂，吃羊肉孩子抽羊角风，吃鸭肉孩子长脚蹼，吃鱼孩子吐泡泡，吃螃蟹孩子横着走，吃驴肉更糟糕，要怀12个月，可以直追哪吒了，还有吃牛肉孩子长大不会说话等等。按这些民间逻辑，要想生个健全的宝宝，看来只能大吃活人了，为了孩子聪明，还得尽量找个像爱因斯坦或者达·芬奇这样有才华高智商的吃，而且最好整个儿吞下，疗效才佳。

还有很多与吃无关的民间习俗，诸如孕妇不能使剪刀，否则孩子得兔唇，听得医生哑然失笑，那都是过去科学不发达，不懂导致胎儿畸形的原因，才会如此臆测。要是按这说法，我们整天在手术台上拿刀动剪子的医生，还有职业裁缝，生出来的孩子还不得是片儿汤啊？

　　一贯以解决医学难题为主业的医生被问得不耐烦的时候，也可能无奈和抓狂地甩出一句"别问了，平时能吃的东西孕期也能吃，没毒的东西孕妇都能吃"！

　　事实的确如此吗？面对吃的问题，虽然大致可以总结为"没毒的东西都能吃"，但是由于环境污染、重金属残留、细菌病毒寄生虫等问题，有些东西还真的不能多吃，有些东西最好不吃，有些东西千万别吃。吃是一件很重要的事，掌握了孕期吃什么，如何吃，有哪些必须遵守的厨房守则，有哪些绝对和相对禁忌，还能一直坚持做，那么不只在孕期，女性长长的一生还有她的家人都会受益。

　　像羊肉、土豆、木耳、螃蟹、辣椒、葱姜蒜这些常见食物和调味品都可以吃，不会发生坊间流传的各种诡异事件。孕期饮食原则是任何食物都讲究适量，搭配合理，营养均衡，总体摄入强调多样性。日本是亚洲营养学发展最好的国家，在他们的膳食指南中，甚至要求每天进食的食物种类达到 30 种。如果认定一种所谓"好"的食物，就长期吃，大量吃，也会导致营养成分的摄入过于单一，其他重要营养素的缺乏。

　　孕期真正不该吃的是生的鱼和贝壳类，如生鱼片、寿司、生蚝、蛤等，所有的肉类、鱼类、贝壳类和禽类都要完全煮熟后再吃。不要吃生的、没有熟透的蛋，或者蛋制品。

　　不吃生蛋容易做到，容易被忽视的是一些常见的西式点心，例如提拉米苏，它是一款不需要烤制的甜品，其制作食谱中就包括隐藏其中不易发现的生蛋液。

　　李斯特菌是一种可能在孕期导致严重食物中毒的细菌，避免食用可能被李斯特菌污染的食物很重要，孕期不要吃未经高温消毒的奶酪和奶制品，不要吃软奶酪，除非被加热到滚烫。而硬质干酪、加工干酪、奶油干酪和酸奶在怀孕期间都是安全的。

西方饮食对于奶酪的软硬干湿分类复杂，对习惯中式饮食的国人来说，如果你从来不吃也不懂更没有系统研究过奶酪制品，最好不要在孕期心血来潮地贸然食用，并且大吃特吃。虽然很多孕期保健书籍指出，孕妇多吃奶制品有利于补充天然钙质，但是现代社会毕竟食物种类繁多，可供选择和替代的食物也多，例如牛奶、酸奶和豆制品都是日常生活中极易获得的、价格实惠口味好、补钙又安全的孕妇食物。

不要吃烟熏制品，超市买来的肉类熟食不要拿来就吃，一定加热到滚烫再吃，而且要在处理过肉类熟食之后认真洗手。

吃鱼对孩子的大脑发育至关重要，老百姓都知道孕期多吃鱼，宝宝才聪明。还是那句老话，世界上几乎不存在绝对"好"的食物，好东西也不能多吃，不能总吃，尤其是鱼类，越是体型庞大的深海鱼类，汞含量越超标，过度食用不仅不会让宝宝更聪明，还会伤害正在发育的大脑。

"万物皆有毒，只要剂量足。"这句毒理学名言放在孕期仍然有道理。美国儿科学会（AAP）明确指出：孕期应该避免吃鲨鱼、鲭鱼、方头鱼和剑鱼，每周吃鱼不超过 340 克，长鳍金枪鱼，也叫吞拿鱼，每周食用量不应超过 170 克。尤其要避免吃任何生鱼或者烧煳烤焦的鱼。

知道什么不能吃，还需要知道好吃的东西怎么做。很多孕妇吃海鲜后出现急性胃肠炎，发热衰弱，上吐下泻，大多是因为没有养成良好的厨房卫生习惯，或者是因为肠道对蛋白质过敏。

处理生肉、鱼类、贝壳类、家禽和蛋类之前和之后，要用热水和肥皂彻底洗手，在厨房处理过这些食物，特别是生鲜类食物之后，要使用厨房清洁剂或者漂白水清洁和消毒厨房用品，最后用清水冲洗干净。

要养成定期整理和清洗冰箱的习惯，注意食物保质期，避免和减少细菌在食物之间的污染和扩散。解冻食物要在冰箱的冷藏室或者冷水里进行，或者利用微波炉的解冻功能，不要长时间在室温下解冻食物，尤其是天气炎热的夏天。可以吃生的蔬菜和水果，但一定要用流动水清洗干净。生熟食物要分开，避免交叉污染，处理和盛放生熟食的刀具、菜板以及锅碗瓢盆都要严格区分。所有易坏的食物、剩饭剩菜都要在 2 小时之内放进冰箱的冷藏或者冷冻室，剩菜在冰箱里保存不要超过 4 天，使用前要彻底热透，建议每餐都估计好食物分量，为孕妇准备现做的新鲜食物。

孕期应该尽量减少咖啡因的摄入，每天摄入咖啡因超过 300 毫克（大概是两杯 250 毫升的咖啡或者 6 杯 250 毫升的红茶），可能对胎儿造成伤害。如果每天摄入咖啡因超过 500 毫克，可能降低新生儿出生体重和头围。孕期咖啡应该限制在每天 1 ~ 2 小杯，尽量选用去咖啡因的咖啡。

孕妇还要知道，日常生活中，除了咖啡、茶、可口可乐等碳酸类软饮料、巧克力糖果、咖啡冰激凌，还有一些药物中也含有咖啡因，不仅喝咖啡要限量，还应该控制咖啡因摄入的总量。如果特别喜欢喝茶，可以将茶包在开水里浸泡的时间减少到 1 分钟，将大大降低茶水中咖啡因的含量。

不论是备孕期、怀孕期还是之后的哺乳期，女性都应该避免摄入酒精。有些地方的风俗是给产妇喝大量的米酒，或者每天吃三顿醪糟鸡蛋，传说有下奶又大补的作用。这些老辈人传下来的饮食进补习惯并没有科学道理，都是过去日子艰难食品有限遗留下来的旧习。孕期摄入的酒精会通过胎盘，对胎儿造成影响，哺乳期摄入的酒精会透过血乳屏障，影响婴儿的身体健康。记住，任何一点酒精、任何形式的含酒精饮料或者食物，对于孕妇和哺乳期妈妈都是有百害而无一利的，不要喝酒。

不要在怀孕期间食用糖精和甜蜜素。有些加工食品中可能有这些添加剂，要想不吃或者少吃，除了改变饮食习惯，少买便利店里又油又咸或者甜甜腻腻保质期超长的零食，尽量在家中制作食物，使用天然食材，还要学会辨识食品标签。

这是一门大学问，如果养成习惯，清楚自己吃进去的食物到底是什么成分，有什么营养价值，杜绝不健康饮食，女性将终生受益。如果你不会看食品标签，不懂得区分好的和坏的食物，即使知道"孕妇不能吃糖精"这一条提醒，还是有可能在完全不知情的情况下吃进去很多。

至于可能导致严重食物中毒甚至丧命的河豚、野生蘑菇等食物，孕妇坚决不要吃，民间宣称能治病的生吞鱼胆、吃活泥鳅等偏方，任何时候都不要尝试，除了寄生虫病，还可能造成肝肾衰竭，民间常有中毒死亡的报道。

任何时候，都不能抛开剂量谈论毒性，这是最基本的科学素养。深海鱼可能汞超标，但偶尔吃一两口，也不会让孩子变傻，不要动辄哭哭啼啼，惶惶不可终日。

* * *

女性在平时就应该注意培养和提高自己的科学素养，养成良好的运动、饮食、卫生、起居等生活习惯。如果在没有怀孕的时候，整天都是大吃特吃垃圾食品、喝酒抽烟熬夜赖床，对科学搭配和营养饮食更是毫无概念和常识，一旦怀孕，也是很难一下子就做到健康生活的。

然而人是可以改变的，很多女孩子在成为母亲后，不再任性，懂得了健康生活的必要性，反而就此按时吃早餐、少吃或者不吃垃圾食品，学会看食物标签、懂得更多的营养学常识，让自己的生活真正健康起来。怀孕不是让女孩子成为一肚皮妊娠纹、满脸妊娠斑的邋遢婆，生育的天性会让你变得更加智慧和完美，前提是你要善于学习。

看电影，打电话，使用手机、电脑、复印机、电饭煲、微波炉、电吹风等常用办公用品和家用电器，在孕期都是安全的，不存在可能导致胎儿畸形的过量辐射。那种又丑又贵，颜色非黑即灰，毫无线条感和设计感，围裙似的防辐射服，完全是中国特色。除了早孕期肚子还不是很大，孕妇特征还不明显的时候，在地铁公交车上提醒别人给自己让个座，真的想不出还有什么别的用途。商品社会，做孕妇生意的商家实在太多，那些看似可有可无的东西，在你犹豫买还是不买的时候，一律不买，日后会有事实证明，当初的决定大都是对的。

爱美女性时常在产前检查的时候问起如何预防妊娠纹。市售宣称可以减少和预防妊娠纹的各种油可能有一些作用，但并不是最主要的，使用的时候，一定先在远离肚皮的部位小范围少量涂抹，皮肤没有异常反应，再在整个肚皮上使用。我曾亲眼看到过涂抹防妊娠纹的油膏发生严重过敏反应，腹部皮肤大面积溃烂的孕妇，实在是得不偿失。

妊娠纹的多和少、轻和重，最重要是看个人体质，有的人生过几个孩子，肚子上的妊娠纹一点不明显，有的人只生一个孩子，肚皮就花了。控制妊娠纹，重要的不是抹油，而是控制饮食，适量运动，让孩子不要在短时间内长得太快太大，否则在孕期激素和机械撑开的双重作用下，妊娠纹只会愈演愈烈，抹再贵的油都于事无补。

一群完全没病的大肚子孕妇，不需要挤在三甲医院潮水一般的病人群里排队挂号，不需要手里拿着已经排到几百号的电子导诊标签，等待一个例行的、不能再简单的抽血与验尿，不需要和拄拐杖坐轮椅或者躺平车的重病号挤电梯。

她们应该在阳光明媚、有粉红和天蓝装饰的温馨诊所里接受产前检查，来之前有电话预约，到达后分时段就诊。如果需要在诊室外暂时等候，门口会有咖啡茶点以供选择，有八卦期刊杂志可供翻阅，还有循环播放的分娩以及母乳喂养宣教片等可以学习。

健康孕妇并不是对产检和分娩医院没有要求，而是对医疗服务有另外一个层次的、可以说更高水平的要求。例如，有专业资质的麻醉医生提供安全有效的无痛分娩。而国内三甲医院的现状是，麻醉医生严重短缺，给手术台上开刀的病人打麻醉还忙不过来，一个全麻胃镜可能要约在半年以后，哪还有人手给生孩子的产妇打麻醉。

理想的待产和分娩过程，应该在家庭一体化产房中，在家人和爱人的陪伴和鼓励下，将待产、分娩、母乳喂养、产后恢复一气呵成。而不是像现今大部分三甲医院的产科，不允许家人陪产，一间待产室里同时躺 5～6 位产妇，没有任何身体的私密性，更得不到充分的情感支持和身体的休息和放松，宫缩一阵紧似一阵，万分痛苦之时，或者已经破水必须躺在床上，还要在待产室、产房和产后病房之间被多次转运。

产房里，没有并发症的健康孕妇很少需要从天而降、扛着硕士博士学位和头衔的产科大腕，手持手术刀来做剖宫产或者主持大抢救。大多数时候，她们需要的只是学历不高但是懂人情接地气、经验丰富、温暖温和的助产士麻利地接生，对会阴强有力的保护，还有科学及时的母乳喂养指导。

05

|

妇科检查如此温暖润滑不尴尬

日常工作中，山顶医院关爱病人的细节也时常感动和打动我。除了医院管理和流程设计尽最大能力为病人着想，客观上，一切落实在具体行动上的关爱，都离不开医生护士发自内心的人文关怀，以及特别行政区政府强大的财政投入。

妇科检查也叫盆腔检查，是每个已婚女性就诊妇产科几乎都要接受的专科检查，也是每年身体检查的常规项目。妇科检查的特殊体位叫膀胱截石位，女性平躺在检查床上，屁股紧靠床边，两条腿尽量分开，并且高高地架在一左一右两个对称的腿架上，目的是充分暴露会阴部位，有利于检查的顺利进行。

来到山顶医院，我多年来在妇产科诊室单打独斗，早已练就的"脱两只鞋子一条裤腿上床检查"的顺口溜没了用武之地。在这里，妇产科医生做任何检查治疗，都会有护士协助，除了医疗协助的必需，更为保护女性病人隐私，保护医生的职业名誉，尤其是男妇产科医生。

妇科检查之前的准备工作完全不需要医生出面，会有护士或者护士助理将隔离的布帘拉起，为病人更换一次性纸垫，告诉她如何脱衣服，如何顺利地躺到妇科检查床上。一切就绪后，她们会为病人盖一块大毛巾遮盖腹部和会阴，等待医生检查，一为保暖，二为减少不必要的身体暴露，保护病人身体的私密性，减少尴尬以及医疗本身可能带来的心理不适。

在欧美国家，这一过程的设计更加人性化。护士在隔壁房间，或者布帘的隔离下，协助病人换上一件宽大的裙摆式检查袍，躺到检查床上等待医生检查。

这并非多此一举，虽然病人最终都要在医生面前暴露身体，但是当着医生的面一件一件脱掉衣服，彻底裸露下半身，是医生和患者双方都不太愿意接受的尴尬过程。

妇科检查的一个重要步骤是阴道窥器检查。

阴道并非如我们想象是一个中空的通道，自然状态下，阴道口被大小阴唇遮盖，阴道壁紧密贴合在一起，这些都是女性生殖道异常聪明的地方，可以最大程度防御细菌病毒等微生物的入侵。

女性进入性兴奋期，全身都在发起动员，生殖器充血，阴道口前庭大腺等腺体分泌黏液样液体，对外阴和阴道口起到充分的润滑作用，同时阴道壁向外渗出液体，阴道长度增加，阴道变得非常润滑。性交过程中，男性器官的插入是在柔情蜜意和被极度渴望的情况下发生的，这时候，阴道的扩张过程是润滑的、顺畅的、自然而然的、没有痛苦的。

到妇产科就诊的女性却是完全另外一番景象，她们大多已经有生殖道方面的难言之隐，或者是外阴瘙痒坐立不安，或者是同房后出血惊慌失措，或者是月经淋漓心烦焦躁，或者是高烧腹痛形容枯槁，或者自己摸到腹中包块，虽然不痛不痒但是恐瘤恐癌，茶饭不思。

双腿叉开并且被高高架起的特殊体位，已经让很多女性感到羞臊、紧张和不安，恨不得这一检查赶紧结束。在这种特殊情绪下，医生使用窥器对阴道进行机械扩张，多会引起一定程度的不适，尤其是没有生育过的女性，还有绝经后妇女。绝经代表卵巢分泌女性激素的终止，没有雌激素的滋养，阴道黏膜逐渐变薄，失去皱襞和弹性，阴道萎缩变窄，这时使用窥器扩张阴道更加困难，甚至可能造成细小破口，引发出血和疼痛，需要医生选用小号窥具、进行充分润滑并且更加轻柔巧妙的操作。

嘈杂的、毫无私密性的就诊环境，医生的职业傲慢、不雅呵斥或者简单粗暴、引起疼痛的阴道检查，都会导致病人产生心理障碍和抵触情绪。可能只是一次不愉快的就诊经历，甚至可能只是一次不愉快的妇科体检，就会让女性终身惧怕妇产医院，惧怕妇产科，惧怕阴道检查，由此导致延误诊治的悲剧并非耸人听闻。

对于在这方面毫无心理准备，也从无看病经验的女性，尤其是年轻女性，医生首先要对整个过程耐心地解释和说明。检查过程中，医生需要非常了解女性的解剖结构和生理特点，选用合适号码的窥器（这个说着容易做起来难，据我所知，很多医院的器材处只为妇产科医生提供统一规格的窥器，只适用于育龄期妇女，没有适应未产妇或者绝经后妇女的小号窥具，医生根本没有选择），再顺应阴道的方向，熟练地插入、旋转和撑开窥器，自始至终轻柔地操作，并且及时安慰和鼓励病人。

除了语言的安慰、动作的轻柔和专业精准的操作，医用润滑液是帮助医生顺利进行阴道扩张的不二法宝，不可或缺。

在协和，护士会在开诊之前，为每个医生准备一个不锈钢小碗，里面是无菌生理盐水，专做润滑用，插入女性阴道的一次性塑料窥器会事先在盐水中浸湿，以减少不适。

这一小碗水看似平常，却并不是哪里都有准备。我从做实习医生就落地协和，临床工作十几年，每次进入诊室，永远都有一小碗水准备在那里，早就习以为常。2010年，我曾受国家中组部派遣支援边疆医疗建设一年，外出巡诊的时候，为病人做妇科检查之前，却到处找不到这样一碗水。

我问当地护士要，她们的表情十分惊诧，因为工作以来，她们从来没为诊室配备过这个东西，问我要做什么用，我说用来润滑窥器。她们说不用，没那么麻烦，我们这里多少年来都是去除包装后直接使用，可以的，不信您试试。

不做润滑当然可以，但是医务人员可曾想过，那种干涩的一次性塑料窥器，和因为紧张而毫无润滑液体产生、同样干涩的阴道黏膜发生摩擦，会是怎样一种痛苦的感觉？我固执地提出，必须马上准备盐水碗，否则这专家门诊没法看。

我向来是一个温和的人，但这一次是强硬、蛮横、没有商量余地的。

从事写作后，时常看到那些敢于直言的文字，会在内心深处产生深深的自卑感，因为自己不够勇敢，没有那些作者写作时候的决绝，总是怕说出的话和写出的字磕碰到谁，怕现实生活中的各种对号入座，特别是那些与我工作生活息息相关的人，尤其是自己曾经和一直敬重与深爱的人。很多时候，世俗让人闭嘴，写作需要强大的内心，克服这一障碍，才会有好的文章。

现在回想，当时的自己那样强势，是从来不曾有过的直截了当，可能正是因为完全没有私心的缘故。自己只是为了让病人更舒适一点，如果不给我盐水，就这么生硬地将干涩的窥器插入病人已经生病、已经很痛苦的身体，真的是下不去手。那一刻，我懂得了什么是真正的内心强大，它不是什么都不怕，更不是豁出一身剐，各种浑不吝，而是发自心底的正直和无私。

援疆工作一年，我离开爱人和孩子，在几千里之外的边疆出门诊、查房、讲课、做手术，跟随医疗队到更边远的和田、喀什等地区巡回医疗，开展义诊，解决了一些病人的切实问题。临走之时，虽然身佩"优秀援疆干部"和"优秀援疆专家"两朵大红花，但是一个人的能力终归有限，很难说为边疆做出了多少实质性的贡献。我最大的愿望是我走以后，那里的女性能够在有充分润滑的情况下接受阴道检查。

到了澳门，面对检查床上的病人，我的第一反应仍然是找盐水碗。这时，护士主动递给我一次性窥器，并且麻利地在前端涂抹了一种透明的胶冻样的东西。

我知道这是做润滑用的，我将胶冻涂抹在阴道口，一边轻声安慰病人不要害怕，一边将窥器旋转伸入阴道，在润滑剂的辅助下，窥器顺着阴道侧壁顺利滑进阴道，检查和取样顺利完成。妇科检查后，护士为病人提供纸巾擦拭外阴，在看到她的宫颈细胞学涂片标本中混有血迹时，更是细心地提醒她不要紧张，并为她提供了一片免费的消毒卫生巾。

这个润滑的东西真是太棒了，我本想问个究竟，但是人到中年总得学会淡定，不能凡事大惊小怪，动不动就问东问西。

这是我做实习医生时积累的小经验，实习生每三个礼拜，就会从上一个刚刚熟悉的病房被扔到另外一个完全陌生的病房，每天跟着老师查房，都会有大量从来没听过、完全搞不懂的专业名词，还有貌似尽人皆知只有你不知的缩写、略写向你袭来。

可以选择只要不懂就发问，此时，问题难免幼稚可笑，临床水深火热，老师忙得焦头烂额，但还是见缝插针耐心细致地讲给你听，你听得云山雾罩，印象并不见得深刻，若不及时反刍消化成为自己的东西，很快就会一五一十地还给老师，不仅没学会，还会在同学们心中落下一个"这个都不懂""怎么什么都要问"的印象。

即使信息量巨大到让人自惭形秽，仍要保持镇静，把不会的问题记在本子上，下班后带着疑问去图书馆，靠自己就能弄懂很多基本概念，昨天还不会，今儿就懂了。如果还有不明白的问题，第二天再问老师。你做过功课，问题自然不再浅显幼稚，还可能有些小小水平或是对老师的智囊作小小挑战，说不准还会激发老师的斗志，真刀真枪地和你较量讨论一番。只是一个晚上的差别，却是主动与被动的差别，一天两天看不出什么，日积月累之后，一定会有不同。

我送走病人，趁护士不在，拿起刚才用过的那管牙膏样的东西仔细研究了一番，这是美国著名医药公司生产的一种无菌水性润滑胶，使用时涂抹在外阴和阴道口以及窥器前端，润滑效果绝对好过盐水，而且无色无味，不影响医生对生殖道黏膜的观察，不影响宫颈涂片和宫腔细胞学标本的采集，容易清洗擦拭，不会弄脏病人的衣裤。

一位同事路过，看我正低头研究一支无足轻重的润滑胶，打趣地说："这东西好几美金一支，整个山顶医院一天不知道要挤出去多少管，病人一分钱不花，完全政府埋单，真要感谢全世界赌客对澳门人民的慷慨赞助。"

是的，温暖润滑不尴尬的人性化医疗，要有心，还要有钱。

06
|

温度比技术更彰显文明程度

山顶医院没有超声科，病人的超声波检查全部由妇产科医生亲自进行。B超是医生了解病体内部无可替代的一双眼睛。在山顶医院，我有幸接受专业的超声检查培训，白天跟在每一位有几十年超声检查经验的高级顾问医生身后观摩，并在他们手把手的指导下操作和演练，晚上自己阅读专业书籍，通过专业网站观看教学录像，依靠多年来在手术中对盆腔解剖的精准了解，我很快能独立进行B超检查，并且出具合格的超声波检查报告。

超声检查室内昏暗安静，仍能感觉到无处不在的温暖。护士助理会给每一位将要接受检查的孕妇更换一次性垫纸，将肚皮暴露后，盖好大毛巾，等待医生检查。

　　B超检查需要使用耦合剂，我自己怀孕的时候，就曾被这冰凉的一坨东西激得寒战连连。接过护士助理递过来的一瓶耦合剂时，我发现它竟然是热的。耦合剂加温的原理很简单，毫无高科技可言，如果没有专门的加温机，把耦合剂瓶子放到暖气上，或者在普通的热水盆里泡一泡也有异曲同工之效。

　　这让我想起实习呼吸内科时候的一个细节，我的带教老师留健永医生，在询问病史的时候，会把听诊器的铁头握在自己宽厚的手掌里，等到需要听诊心肺的时候，病人就不会感到冰冷。

　　这些医疗过程中的细节，体现的正是医学产生之初，医生对同类最细致和温暖的关怀，何况孕妇不是病人，她们的体内有两颗心脏同时跳动，更加需要呵护和照顾。

　　做完B超、看完门诊、查房结束后，已经有两台妇科手术，一台择期剖宫产手术等着我。

　　离开病房的时候，我看见护士推着一辆暖箱，也要赶往手术室。我很纳闷，马上要剖宫产的孕妇并非早产，为什么要推婴儿暖箱去手术室？

　　护士告诉我，这里的新生儿运送一律使用暖箱，不论是否早产。这样宝宝就不会冷，而且相对封闭的暖箱，也能最大程度保护初生婴儿在途中不受细菌病毒微生物的侵扰，不仅舒适，而且安全。

　　暗自感叹这真是一家土豪医院的同时，我不免想起自己多少年来无数次推着简陋的"全人工四轮驱动敞篷婴儿车"，从二楼手术室到八楼产房之间运送新生儿的岁月，想起自己年少无知，一边推着婴儿车和伴行的产妇家属，那位娇情刻薄的老太太打嘴仗，一边还在有冷风吹过的走廊过道里，用自己不算伟岸的身躯替她家的小宝贝遮风挡雨。

在内地，有婴儿车运送新生儿的医院已经算是条件不错的了，好多医院剖宫产后的婴儿都是由医生或者护士亲自抱着，走过长长的走廊，再上下电梯，把宝宝运送回产后病房。万一医生摔倒，新生儿可能遭受严重外伤，尤其是头部。

不要说从手术室到产后病房的路可能很长，即使在产房内把顺产宝宝从妈妈身下转运到开放暖箱，也许只有几米的距离，都有可能发生摔倒。

一次产妇难产，许老太上台拉吸引器，奋力将胎儿娩出，因为宫内缺氧时间较长，新生儿有窒息发生，许老太利落地断脐，亲自抱着新生儿到两米外的开放暖箱进行复苏。可能是心急地滑鞋子也不给力，老太太重重地摔了一跤。通常，人在摔倒时，会不受主观控制地产生一系列保护动作，例如上肢大幅度摇摆以保持身体平衡，或者扔掉手中的物件去抓扶墙壁或者干脆双手挂地，对自己的身体进行保护。而许老太摔得咣当一声，单腿跪地，双手却高高地举着婴儿，一点儿没让他受伤，一时传为佳话，成为对后辈最有力的言传身教。

然而新生儿的安全，不能都靠大夫的舍己为人，产房地面采用防滑材料，时刻保持干燥，为医护人员配备护脚防滑的工作鞋，为新生儿长距离转运配备婴儿车，貌似都没有什么技术含量，都不难做到，却是对生命最有力的保护，为医疗安全保驾护航。

在山顶医院，从母亲温暖的子宫出来，迎接宝宝的一切都是和妈妈身体相似的温暖。医生将宝宝从子宫里捞出，交给台下护士，用来接住这个"新鲜热乎"宝宝的大毛巾，早已经预先烘热。孩子被抱到开放式暖箱中，产科护士迅速帮他擦干身体，防止沾满羊水的皮肤加快散热。接着，儿科医生在开放式暖箱制造的适宜温度下，为他处理脐带，完成身体检查和疫苗注射，再测量身长体重，穿上预先烘热的和尚服，戴上同样暖烘烘的绒线帽子，放进移动式婴儿暖箱里，推回妈妈身旁。

在这里，整套保暖流程约定俗成，大家早就习以为常，我看在眼里，记在心上，尽量不被别人看出少见多怪。随后我又注意到，不光宝宝的包被和衣物是热的，手术间里所有和产妇身体发生接触的大部分液体，包括擦拭下身血迹的毛巾、输进静脉的葡萄糖和生理盐水都是预热过的，都是温暖的。麻醉恢复室里常备一台吹热机，盖在术后病人身体上的被子都是被持续吹热的。

站在楼顶眺望澳门著名的东望洋赛道，不禁想起北方寒冷的冬天。那时候，因为不愿意离开热乎乎的被窝，早晨我会装睡，会赖床，妈妈总有让我快些起床又不被冻到的办法，她会轻声呼唤我的小名，再把暖气片上烤热的棉袄和秋裤一股脑地塞进我的被窝，让我披着被子快速穿衣起床。

细心的母亲不让孩子冰冷的方法就是这样简单。多年以后，只身一人在陌生和遥远的城市打拼，仍能感受到妈妈的力量一直支撑着自己，母亲的强大总是那般自然而然，只因一切源于生活的智慧和发自心底的关爱。

就像细心的母亲对待心爱的孩子，让医疗不再冰冷并不难，让接触孕妇身体和输入血液的液体不再冰冷并不难，把小婴儿要穿的衣物和包被事先烘暖也不难，关键看是否想到，是否愿意去做，有没有制定保证温暖的流程和制度。

医院里的诸多细节就是这样，医疗做得到，病患温暖许多，医疗做不到，也很少因此而致死致残，病人甚至没有能力和你讲理，和你抗争，更别提硬性要求你去做什么了。但是，只有医生知道，我们有义务要求自己做得更好，在积极学习和试图赶超欧美一流医疗技术的同时，我们首先不能输在温度上。

07

|

不让 B 超报告成为孕妇心中"焦虑的种子"

　　B 超室通常是两位医生同时工作，当地医生和孕妇的交流方式很有意思，对我日后的工作方式也有特别影响。

　　一天上午，我和阿吉医生一起工作。隔着帘子，他那边悄无声息，只听孕妇问："医生，我可不可以知道肚子里的宝宝是男是女啊？"医生说："不要着急，看胎儿的生长发育和内部结构更重要，最后帮你看性别好吗？"过了一会儿，医生告诉她肚子里是一个男孩。孕妇沉默片刻又问："是真的吗？"阿吉医生慢悠悠地说："是真的，真的是一位靓仔，你看行吗？"

　　这回答逗得床上的孕妇、护士还有我都乐了，瞧这其乐融融的医患关系。而在内地，这种情况几乎不会发生。重男轻女的恶习以及随便就可以实施的引产，使得我们的 B 超医生在胎儿性别问题上一定是三缄其口的，绝不敢随意透露，更不敢开这样的玩笑。但在内地的很多妈妈希望早些知道肚子里胎儿的性别，并不见得都是要残忍地打掉女胎，只要男孩，而只是为多一份幸福的憧憬，早一些为孩子取名，或者更准确地准备好衣物和床品的颜色。

山顶医院的前身是天主教会医院，澳门特别行政区不实行计划生育政策，基本法也不允许堕胎，医生多会主动告知宝宝性别，提前给妈妈一些惊喜。一位葡萄牙医生的工作方式更有意思，他做产科 B 超的习惯是上来就看胎儿的屁股，看清性别后，马上告诉孕妇宝宝是男是女。我问他为什么这么做，他说为了让她们暂时陷入对未来儿女的无限遐想当中，就不那么紧张和害怕了，更不会不停地问东问西，自己才好耳根清净地仔细检查胎儿。

周四下午，照常是产科扫描工作。一位妈妈已经有两个儿子，在得知肚子里又是男孩的时候，她眼泪汪汪地问我："医生，您看清楚了吗？真的不能改了吗？"我心想，这个哪是随便可以改的？不过为了安慰她，我灵机一动，把胎儿两腿之间那件傲娇挺立的"神物"打印了一张照片，送给她说："别哭了，看看它多可爱。"她终于破涕为笑，捧着照片乐颠儿地走出诊室。

我在澳门的超声波门诊和阴道镜门诊都执行严格的预约制度，极少有超员，也不会有一群病人堵在诊室门口求加号的事情发生。看诊之前，医生已经可以看到病人的完整病历资料，对于一些疑难和复杂病历，可以事先查找资料或者和同事讨论，提前制订方案，看门诊的时候，也有充分的时间就关键问题给病人讲清楚。

我也终于戒掉以前工作时养成的拼命三郎精神和苦行僧一般的工作状态，不再一口水不喝，一次厕所不去，在诊室里埋头苦干，而是给自己留一个十分钟的 coffee break（茶歇时间），喝杯水，去下洗手间，或者走到窗前极目远眺，缓解一下视觉疲劳，活动一下因为紧盯屏幕非常容易疲劳的肩颈。人过 40，我感觉到和 20 岁完全不同的身体状态，在你过度使用身体的时候，它不再一味沉默和无条件支持，而是动辄发动一些小的抗议或者干脆大罢工，我开始意识到，要是没有一个好的身体，这些年苦练的技术，一点点积累起来的经验都要付诸东流，写作和看病都需要一个好身体。

妇科病人进行经腹部 B 超时，需要事先憋尿，检查时医生的探头要略微用力地按在鼓胀的膀胱上方，才能看清后面的子宫和卵巢。做过检查的人都知道，那滋味不太好受，往往是检查一结束，病人就忙不迭地跳下床去，直奔卫生间。

完成前面一个病人的妇科扫描后，我告诉护士助理自己要去洗手间，被刚刚跳下床的病人听到，马上停下急急的脚步说："大夫，您也要去洗手间？那您先去吧，还有病人等着您呢。"我笑着说："谢谢，门外有三个洗手间呢，咱们一起去吧。"

* * *

有一次，我和心直口快的王医生一起工作。一位 50 岁的女性复查子宫肌瘤，我反复扫描，都没有发现她说的肌瘤在哪里，只能告诉她，目前没有发现肌瘤。她完全不肯相信："肯定有，去年还有，今年怎么会没有呢？医生请您再检查仔细一些。"我向她解释："女性绝经后，雌激素水平降低，子宫肌瘤会发生萎缩，如果原来就不是很大，会有看不清楚的情况发生的。"她仍然不依不饶，我只好再帮她检查一次，仍然看不到肌瘤。旁边的王医生听到这一切，可能有些看不过去，用广东话哇啦哇啦地说了她一大通，大概意思是：医生说没有就是没有，你应该回家开瓶红酒庆祝，而不是在这里耽误医生的时间。

我倒吸一口凉气，担心会不会吵起来，结果不但没有吵架，而且那位女性不再纠结，向我道谢后，悄声离开。那一刻，我突然意识到，想做一个好医生，光是技术过关不行，和病人交流和沟通的语言太重要了，她可能就是因为我不会讲粤语，才无法对我产生信任，那以后，我买了本《粤语学习三百句》，坚持看 TVB 肥皂剧，主动学习广东话。

不过非母语学习就是这样，离开语言环境后，会很快忘光。离开澳门一年，我原本已经能够流利查房的粤语，只剩下"脱裤子，上床"这两句了。

妇产科超声检查中，最令医生紧张的是为孕妇做第一次胎儿大排畸检查，一旦漏诊严重或者致死性畸形，会为整个家庭和社会造成极大负担，更会影响医生的执业前景，甚至陷入旷日持久的医疗诉讼。

幸运的是，医生这个团体最讲究传帮带，工作过程中，身边总有可以随时请教的高手。山顶医院妇产科有几位 B 超扫描一流的专科医生，其中给我帮助最多的是王医生，全院上下不论老小都亲切地称呼他"强哥"。他早年在英国和香港地区接受专业培训，并在 2008 年作为客座教授来到协和，协助产科开展妊娠 12 周的 NT 检查，算是半个协和人，对历年来接受外聘到山顶医院工作的协和医生也是关照颇多。

那是一个星期五的上午，我发现一个胎儿的侧脑室扩张，头颅切面略呈柠檬形状，心脏和肠道有多处强光点回声，一侧肾脏有多囊改变。出现"柠檬头"要高度怀疑胎儿是否有开放性神经管畸形，孕妇的腹壁很厚，我无法很好地判断，又不能轻易放孕妇走，自然是非常着急，于是打电话求助强哥，希望他能前来救场。

他当时正在院外开会，让我不要着急，把病人转给他，周一通过更高分辨率的超声波机器进行二级扫描，必要时还能进行 3D 重建。

我如释重负，挂断电话，给孕妇进行必要的解释和后续安排，没想到强哥旋即将电话拨回，叮嘱我不要在报告上写那些吓人的，例如脑积水、胎儿畸形等专业词汇，只做简单的数据记录即可，因为报告使用英文，孕妇很少能读懂其中含义，这样不会让她整个周末都担惊受怕。

每逢年节，强哥会尽地主之谊，请我和另外几位同时外派的协和医生吃饭。医生的饭局，自然也是谈论医疗为主。席间，强哥讲他在英国学习的时候，周末是不发唐氏儿筛查报告的，因为这只是一个关于胎儿先天性愚型的筛查结果，不能最终说明问题。如果筛查结果高危，只能说胎儿是先天愚型的风险高，还需要做羊水穿刺染色体核型分析确诊，如果筛查结果低危，也不能完全排除胎儿畸形，还要结合 12 周的 NT、孕妇年龄、20 周后的胎儿结构扫描综合评估。任何一份医学报告都牵动着孕妇和整个家庭的心，必须有专业人员的咨询和解释及时跟进，否则将这样一份"唐氏儿筛查高风险"的医学报告简单粗暴、毫无解释地发给孕妇，就像法院寄出的一份判决书，可以想象这一家人要如何度过这个异常艰难的周末。

在澳门工作两年，在高级别医生的最终核准下，我先后发现开放性脊柱裂、严重心脏畸形、肾脏畸形、下肢和足部畸形等问题，为澳门的优生优育工作贡献了自己的一份薄力。欣慰之余，更多其实是隐隐的担忧和恐惧。离职半年之后，在得知分娩胎儿中没有严重畸形发生，才敢松一口气，卸载这一份职业的责任和沉重。

在澳门，见过的恐怖和复杂病例远不如在协和的时候多，临床方面并无太多深刻记忆，但是王医生打回电话，叮嘱我"不在没有十足把握的情况下做出吓唬人的医学诊断，不在周末签发没有咨询解释跟进的唐氏儿筛查报告"这件事，成为一直敲击我心深处的深刻警醒。在日后的医疗工作中，我总是告诉自己，我每一天的行医，都是为了帮助女性，让她们的生活变得更好，而不是令其陷入无端的恐惧。

08
|

宁小有撕裂，不个个侧切

清晨查房，护士会向我简单介绍病人的基本情况。马上将要进入的房间，住着一位侧切伤口裂开，昨夜急诊入院的产妇。我的大脑迅速拉响紧急警报，虽然脸上淡定轻松，浑身上下的敏感神经早已全面进入戒备状态。

管理产科病房，伤口裂开是最让人挠头的事情。通常，产房里来一批新手医生，就会在一段时间内比较频繁地坏伤口，这是客观规律，没有人天生就会接生和缝合，就算在模型上练习过，在实验动物身上缝合过，到了真人身上，想要缝得又好又快，仍然需要一个过程。每一位产科医生都有一个学习曲线，每一位医生缝合技术的日趋成熟，都有流血和裂开的无辜伤口为其埋单，好的医生培训只能是尽量缩短学习曲线，尽量让无辜伤口减少，完全消除却是不可能的。

在协和，碰到坏伤口的产妇，不光我会紧张，整个病房的教授、主治医师、住院医师都会紧张。坏了伤口，每一个小医生都要在第一时间去翻病历，看看是不是自己缝的，这事关乎一个医生的职业荣誉，更是因为医生都被吓怕了，如果不是自己缝的，起码可以暂时松一口气。一个极度不满、骂骂咧咧、动辄要打官司告状赔钱的产妇，经常让整个病房在很长一段时间都沉浸在沉闷和压抑的气氛当中。我这惊弓之鸟，甚至在踏入病房之前，不由自主地做了一个深呼吸，在内心深处我一定认为，考验自己经验技术、处理复杂事件、做解释说明和病人思想工作的时候到了。

然而进门看到的景象却是：产妇坐在椅子上，正表情温柔十分安静地给宝宝喂奶。护士轻声提醒医生来了，她才注意到我们，把孩子放在婴儿车里，一边问候医生早上好，一边慢慢走回病床等我检查。

我正纳闷，一个会阴侧切伤口裂开的产妇怎么能如此轻松地坐在椅子上喂奶呢，等她站起来我才发现，椅子上有一个儿童用的小型充气游泳圈，看来是用于减少伤口受压，缓解伤口疼痛的，这个我要学回协和，以后给孕妇产前讲课的时候，告诉她们每人在待产包里准备这样一个游泳圈。

本来以为会面对一张臭脸，没想到竟是礼貌的问候，我多少有点手足无措。看过伤口后，我亲自帮她清洁换药，告诉她不要担心，再换几次药，伤口干净以后我们帮她重新缝合，很快就能出院。因为伤口有化脓，医生使用了青霉素类抗生素，药物对于母乳喂养是安全的，可以放心喂奶。医生都不愿意伤口长不好的，让她再次住院，实在是抱歉。

她在得知药物并不影响母乳喂养后，显得异常轻松，赶紧说不要紧，是她不够幸运，并且反复感谢我为她的伤口换药。

我就这样毫发无损波澜不惊地从病房出来了，没有想象之中的脱掉一层皮。我偷偷观察护士的表情，好像也没有什么特别，我没言语，继续查房。

当晚，我和一位同事讨论了这个产妇的情况，问了一些关于住院费、误工费甚至打官司告状之类的问题。同事告诉我，澳门的医患关系非常好，好过内地，甚至好过香港，病人最尊重医生，最听医生的话，很少有医疗诉讼。而且我完全不用担心钱的问题，本澳居民从早孕第一次发现尿妊娠反应阳性，直到产后 42 天，孕妇和宝宝的医疗费用全部由政府埋单，每个家庭还有几千块的出生补助，住院期间宝宝的衣帽、包被、尿不湿、母亲的消毒卫生巾，还有一日三餐，全部免费，随时都有面包牛奶等加餐。

即使有助产士的会阴保护，多数女性在初次分娩时，都会遭遇或轻或重的会阴撕裂。如果产妇会阴水肿，会阴过紧，缺乏弹性，耻骨弓过低，胎儿过大，胎儿娩出过快，产道来不及缓慢和充分扩张，都容易发生严重会阴撕裂。

如果严重的会阴撕裂不可避免，例如会阴过紧，胎儿过大，发生难产需要使用产钳或者吸引器助产，或者胎儿发生宫内窘迫，胎心迅速下降，需要加快产程，尽快结束分娩让胎儿脱离险境，就需要进行会阴切开术。这就是老百姓常说的在下身剪一剪子，目的是人为扩大产道，加快分娩进程，减少严重会阴撕裂的发生。

这一剪子朝向肛门的方向剪开，就是正中切开术，剪开的组织少，出血少，产后伤口的肿胀和疼痛轻微，如果胎儿过大或者接生者技术不熟练，会阴保护不好，孩子冲出产道的一刻，切口有可能向后延长，一直撕裂到肛门括约肌和直肠，造成更大伤害。所以，目前大部分医院是将剪刀朝着会阴左侧旁开 45 度的方向剪开，就是最常用的会阴左中侧切术，简称"侧切"。

是否侧切，由助产士或者医生根据产时情况综合评估决定。不论是自然撕裂还是侧切，分娩结束后都要进行修补缝合。会阴是一个复杂的有菌环境，随时可能受到尿液、恶露以及大便的污染，但是只要缝合妥帖，保持伤口清洁，该部位的血液循环异常丰富，伤口通常具有超乎想象的愈合能力。

侧切伤口没长好，除了医生的缝合技术，还有多方面原因。例如产妇沿袭古法坐月子，不洗脸不刷牙不洗澡，局部细菌过度繁殖，伤口很容易发炎化脓裂开。有的产妇失血较多，产后贫血，本该积极进补，多吃猪牛羊等红肉，猪肝血豆腐之类含铁丰富的食物，结果有些地方风俗却只给产妇喝小米粥，一天三顿，连喝数日，或者只给吃些大枣桂圆枸杞阿胶之类民间认为补血，其实效力很低的东西，结果贫血状态迟迟得不到纠正，最终影响了伤口愈合。如果产妇合并控制不好的糖尿病、低蛋白血症、免疫功能缺陷等疾病，都会不利于伤口愈合，"黄鼠狼专咬病鸭子"说的就是这个道理。

* * *

然而，再艺术的切开、再漂亮的缝合、再不厌其烦的冲洗和清洁，都不如不去主动制造伤口。如果不做侧切，初产妇或多或少可能也会有撕裂，但是大都浅表，不如侧切的创口大、流血多。经产妇经历过产道的扩张，尤其是多产妇，分娩经验丰富，越生越有信心，越生越会用劲儿，很多经产妇根本不会出现产道撕裂，生完孩子马上熟练地抱起宝宝喂奶、换尿布，忙得不亦乐乎，根本没空搭理医生护士，只需在医院观察 24 小时，就毫发无损地抱孩子回家了。

　　侧切是一种对分娩的医源性的、有创性的主动介入，这一术式的发明，避免了大量可能非常严重的会阴撕裂，挽救了无数卡在产道里行将窒息的孩子。但是，在相当长的一段时间里，在全世界范围内，甚至直到现在，仍有个别医院对全部初产妇进行常规侧切，就是生孩子的时候，不管有没有分娩困难，也不评估胎儿大小、会阴条件如何，都切一刀，使得很多女性无辜遭受没有必要的身体创伤。

　　产科是一个古老的行业，分娩是人类繁衍生息中最自然而然的过程，任何介入和创伤性操作，都应该在必要的时候才进行，都应该在利大于弊，都应该在非如此不可的情况才下进行。随着经验的积累、历史的验证，产科学界已经初步达成共识，避免会阴切开术是使会阴损伤风险最小化的最佳办法，并且呼吁产科医生严格掌握会阴侧切的指征。那种随意的或者不论产程进展如何，不论产妇会阴条件如何，更不顾产妇的主观意愿，一律进行常规侧切的"一刀切"行为，肯定是不对的。要根据指南充分评估每个产妇的特殊性，做到有所切有所不切，能不切尽量不切，能小切不大切，才能用好这把"双刃剑"，既有利于分娩的顺利进行，又能最大程度保护产妇的身体。

　　如果孕妇在妊娠晚期学会会阴按摩，将有利于产道扩张，减少会阴撕裂的风险，避免不必要的侧切。会阴按摩可以在预产期前几周开始，先用肥皂和热水彻底将双手清洗干净，把指甲修剪光滑，将拇指涂抹温和的润滑剂，伸入阴道，向肛门的方向下压阴道后壁，每次持续一分钟左右，每天坚持做8 ~ 10分钟，也可以请爱人帮助按摩。按摩过程中，可能感到略有刺痛或者轻微不适，这不要紧，如果有锐利的疼痛发生，一定要马上停止，必要时咨询医生。

　　包括美国梅奥诊所的很多产科医生都会建议这种会阴按摩，同时强调，即使已经进行了非常好的会阴按摩，也拥有了非常好的会阴弹性，并不能绝对避免侧切。毕竟，侧切的手术指征并非都是因为会阴缺乏弹性，有的时候是因为胎儿发生宫内窘迫，必须尽快结束分娩，或者胎儿过大、胎位异常导致难产发生。

09
|

产前教育，兹事体大

分娩应该是在医生的指导下，在家人的鼓励和陪伴下，在舒适安全的环境中进行的，产妇大脑清醒，内心镇静，配合自己的身体，一点点地将宝宝推出产道，推向外面的世界，是一个无比自然的过程。一场完美的分娩，首先需要女性坚定地相信自己能够顺产，相信自己的身体完全不需要侵入性医疗的帮助，照样可以完美地完成生育。

这些知识不能只有医生知道，作为生产过程中始终站在产妇身旁的、最值得信赖的人，医生一定要把科普工作和孕妇教育做在进产房之前。如何合理安排饮食，控制自身和胎儿体重，如何进行孕期锻炼，保证自己在体力、耐力和精神上胜任这场分娩的马拉松大赛，如何进行会阴按摩，增加会阴弹性，保证产程顺利进展，减少侧切，都是产科医生在分娩之前要协助孕妇完成的工作。

传统的医学教育，使得医生这个团体更加习惯于介入，习惯要有所作为，要挥舞战刀奋勇杀敌，或者扬起拂尘降妖除魔，总之不能坐以待毙或者坐视不管。但是产科医生不同，他们应该谨记的是尽量减少对产程的干预。产房里，大部分孩子都是产妇自己生下来的，医生不需要做什么，上海一家著名妇幼保健院的院长讲过一句名言：一个优秀的产科医生应该是背起双手在产房隔壁喝咖啡的。意在强调产科医生要将教育和督导工作做在产房之前，一旦产程开始，要相信女性身体的智慧和力量，不轻易干预生命降生的自然过程，更不轻易出刀伤害产妇的身体。

对于正常分娩，越是清闲的产科医生，越是说明他和他的团队产前工作做得好。那些一进产房就着急，对着看似不那么平顺的产程喋喋不休的医生往往是无能或者缺乏作为的：你都吃什么了，怎么把孩子养这么大？平时难道一点都不锻炼身体？瞧你这一身肥膘，哪有一点用得上力气的肌肉？你根本就不会使劲，这孩子没法生，赶紧侧切，否则产程过长，孩子憋坏了，生出来不哭，将来考不上大学，可别怪医生。然后，急火火地一剪子剪下去，就侧切了。

孩子出生了，分娩结束了，会阴侧切之后的出血、疼痛、伤口感染、裂开，甚至远期的会阴部子宫内膜异位症可能才刚刚开始。医生看似解决了眼下的问题，但也成为新问题的制造者。久而久之，便会失去人类之友这一医学产生之初被赋予的职业美誉，成为一个乱施武力的技术贩卖者。

没有充分的产前教育，进入产房之后，医生说什么，疼痛中的产妇完全顾不上听，或者听也听不懂，懂也不会做，做又做不好。产妇说什么，医生只觉愚昧无知荒唐可笑甚至不可理喻，各种鸡同鸭讲使得产房之内顿时冰火两重天，医生和产妇完全不在一个频道，双方都很容易擦枪走火恼羞成怒，最终医生为整体教育的缺失埋单，产妇为自我学习的缺失埋单，甚至付出血和泪的代价。

医生的产前教育、孕妇的自我学习都刻不容缓，是医生和孕妇共同行动起来的时候了。如果你已经做好顺产的身体准备和心理准备，可以在产前和医生交流，自己是否愿意接受侧切，但是紧急时刻，必须尊重医生的建议，不可固执己见。生孩子是一个过程，必须以开放的心态进入产程，能顺产最好，一旦出现紧急情况需要胎儿立即娩出，千万不要固执在这一刀上，一切以大人孩子的生命安全为第一要务，该切就切，该剖就剖，产科情况瞬息万变，可能一分钟顺产变难产，关键时刻，医生和产妇都不能拖泥带水。

产时一旦进行侧切，或者发生自然撕裂，伤口会有一段时间的疼痛，尤其是走路或者站起和坐下的瞬间，可以进行冰敷止痛。方法是用干净的薄毛巾包裹冰袋敷在伤口上。在澳门，护士经常通过冰敷，帮助产妇止痛，效果很好。我暗暗记下，想回到北京后如法炮制，但是一想到很多内地产妇即使夏天也要红头巾包脑袋，不开窗子不开空调，穿厚袜子棉拖鞋，如果护士把冰凉的东西敷在她们产后的身体上，会不会让姥姥奶奶以及三姑六婆还有产妇一起炸锅？

有会阴伤口的产妇都面临一天几次的小便问题，尤其是为了母乳的充足，势必要多食汤水，排尿次数少不了。为了避免尿液接触会阴伤口产生刺痛，可以在排尿时用一个塑料杯在阴唇上方倾倒温水，帮助稀释尿液，并在排尿后使用冲洗瓶或者淋浴喷头清洗会阴伤口，保持局部干净和干燥，不需要进行医学消毒，伤口也能很快愈合。

大便时，产妇可以使用一块干净的棉片用力压住会阴伤口，这样不仅可以预防疼痛，还能减少用力大便对伤口的牵扯。如果大便秘结，要注意饮食调节，多喝水，多运动，并且养成定时排便的习惯，也可以使用开塞露，增加便意，提供润滑，帮助顺畅排便。

有侧切伤口的时候，一定要小心坐下，由站立改为坐下时，记得收紧臀部肌肉，并且不要坐在坚硬的物体表面，可以坐在柔软的枕头或者游泳圈形状的座垫上，或者干脆准备一个儿童游泳圈，放在常坐的地方。

在澳门，产时和产后止痛工作都做得非常到位，这充分体现了现代医疗的人性化关怀。除了无痛分娩的按需提供，只要没有用药禁忌，以扑热息痛（又名对乙酰氨基酚）为代表的止痛药常规包括在产后医嘱套中，并且都是 PRN 医嘱。PRN 就是随时需要随时使用的意思，决策权在护士，无须请示医生。把常用药物的处方权交到离产妇最近的专业护理人员手中，是最高效和安全的做法，值得内地医院借鉴。除了伤口疼痛，宫缩痛也可使用止痛药，母乳喂养产妇也可以安全使用。

山顶医院有助产士工作在产房的第一线，我被呼叫的时候，大都是遭遇难产。大部分情况下，医生能够通过吸引器或者产钳迅速完成助产，使胎儿脱离险境，这时候必须先做会阴侧切，拉过吸引器，尤其拉过产钳的产道，或多或少都会发生不同程度的撕裂，偶尔相当严重，需要医生亲自缝合。

感谢协和的培养和训练，在澳门执业的两年时间里，我的每一次助产都是成功的，没有坏过一个伤口。被助产士紧急呼叫，面临严峻考验的一刻，我深深体会到"只能成功不许失败"的压力，我不仅在为一大一小两条生命战斗，也在为我的职业荣誉和个人尊严而战。

开启一段不同以往的人生旅程后，你会发现，每一个全新的日子，都是对一个人过去全部积累的考核。面对新的生活，每一天到底过得怎么样，也是过去全部修行的映照。如果你曾经真心地努力过，辛苦过，付出过，脚踏实地生活过，此刻都会彰显和回报予你，让你在各个方面多一分游刃有余，少一分捉襟见肘。

当你从天而降，迅速评估产妇和胎儿的情况，果断决定助产，并且一气呵成地把孩子拽出来，还能三下五除二地将撕裂得不成样子的会阴重建如初，脱下手术衣礼貌地感谢产房里同道的配合之时，获得的是所有助产士由衷的感谢和尊敬。

我总是故作镇定，轻描淡写，貌似波澜不惊，其实小心脏在胸膛里怦怦跳个不停。

在经历过一次次惊心动魄，最终皆大欢喜之时，在脱下手术衣，拽下一次性口罩和帽子，虽然满身疲惫，但是欢喜从容走出产房的一刻，我总是双手合十，感谢上苍，感谢产妇和胎儿的情况还没有严重到医生也回天无力，感谢我的同事给予最有力的技术配合与同心协力，然而我最感谢的，是我身后的协和。

那些日复一日魔鬼一般的临床训练，终于在我离开她的怀抱之时，成为对我个人最有力的托举，在离开她的那些日子里，你会觉得所有的付出和辛苦都是值得的，那些曾经令你头破血流的镣铐一般的考验和磨难，终有一日将会化作荣耀的袍服，加持在耕耘者的身上。

《冀连梅谈：中国人应该这样用药（图解母婴版）》

作　者：冀连梅
出版时间：2016年1月

中国向大众普及用药第一药剂师冀连梅，应微博、微信百万粉丝要求，专为中国妈妈和宝宝量身定制。

书中针对0～6岁儿童和孕产妇用药问题，从孕期用药、哺乳期用药、补充维生素、打疫苗、湿疹、感冒、秋季腹泻、蚊虫叮咬等多个方面进行了讲解，就对症用药、对症护理、药物的购买与使用等给出了详细的指导和建议。全书更配以生动有趣的手绘插图和"一图读懂"，让您一看就懂，轻松照做！最贴心的母婴科学用药全方案，让妈妈在最特殊的时期、让宝宝在最脆弱的年龄段也能得到周密细致的医学护理，真正做到放心用药，安全用药。

* * *

《肠子的小心思》

作　者：[德]朱莉娅·恩德斯
出版时间：2016年1月

2014年德国最畅销图书，年销售超过100万册，荣获德国读者选择奖2014年度金奖。版权已授30多个国家和地区，全球销售狂飙500万册。

肠道的自白。关于肠子，你应该知道的，不止吃喝拉撒！肠道组成了人体2/3的免疫系统，能制造20多种人体激素，它有自己独立的"大脑"，它从食物中汲取能量并提供给我们的身体，它训练着我们的免疫系统。

肠道健康了，不吃药病也好了，皮肤变光滑了，身材更有线条了，这都是肠道默默为我们做的好事！

* * *

《虾米妈咪育儿正典》

《虾米妈咪育儿正典——疾病篇》将于2016年5月震撼上市！

亿万中国家长最关心的幼儿疾病护理常识，独生子女一代最缺乏的二胎养育知识，统统收录其中。

微博百万粉丝验证，千万新手爸妈强烈推荐，最适合中国人的育儿方法首次结集公开！

数百万父母心中母婴育儿领域的"业界良心"，和美国育儿专家斯波克、日本育儿专家松田道雄并肩的中国育儿专家虾米妈咪，针对0～6岁儿童养育从日常护理、营养与喂养、生长发育、行为习惯等几个方面进行详细讲中国父母会遇到的育儿难题，绝大多数都能在这本书里找到答案。